Elisabeth Poniz

PERSPEKTIVE

Der Zeichenkurs

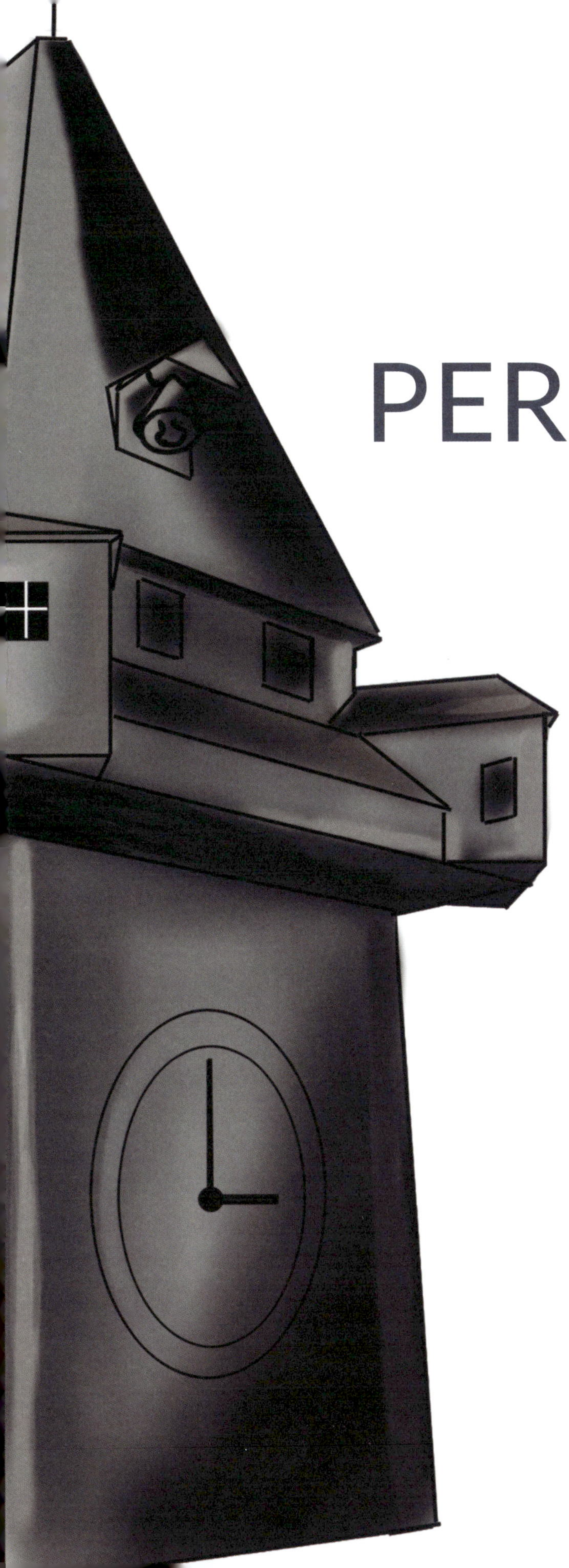

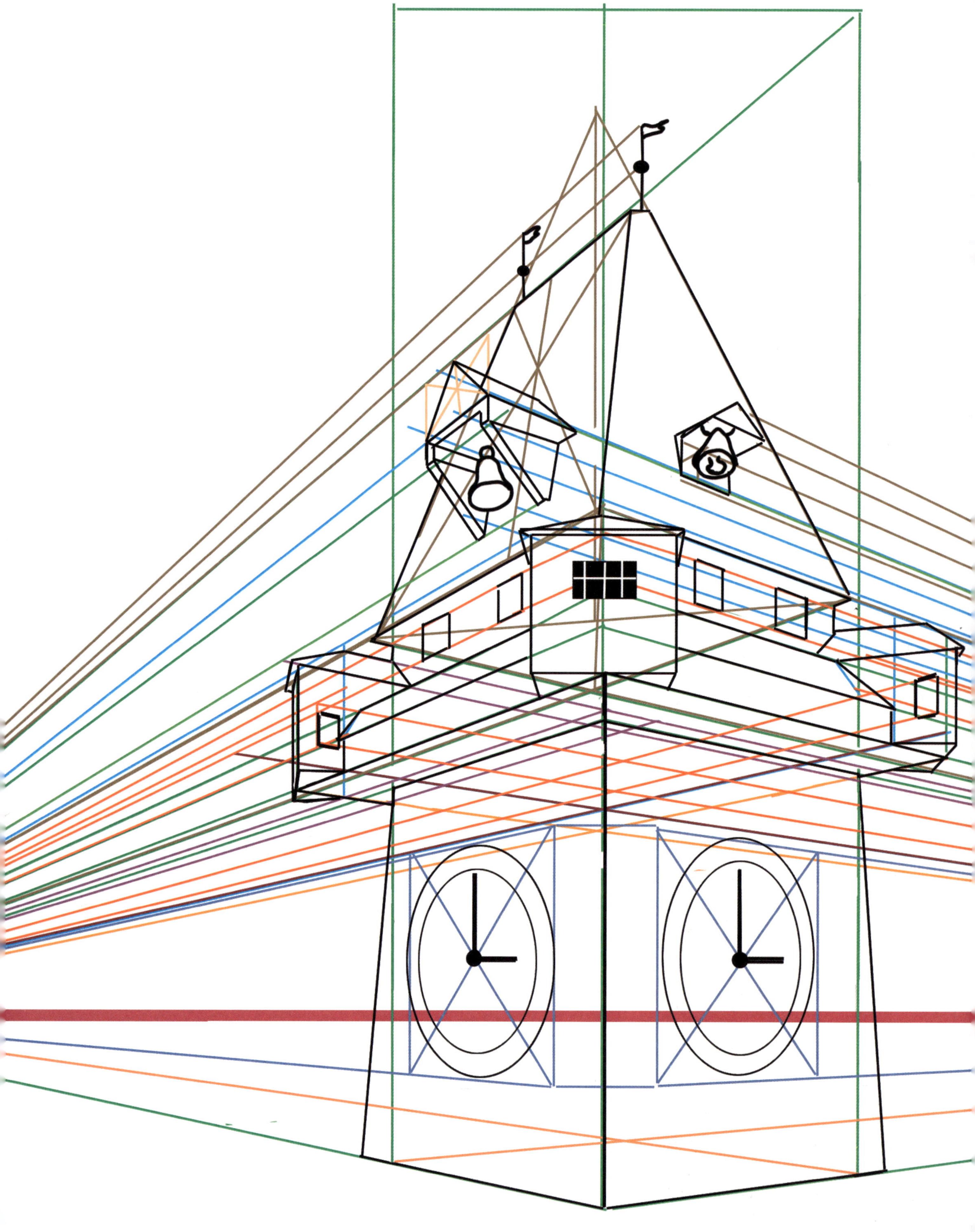

Elisabeth Poniz

PERSPEKTIVE

Der Zeichenkurs

Vom Horizont zum Fluchtpunkt

Schritt für Schritt zum harmonischen Bild

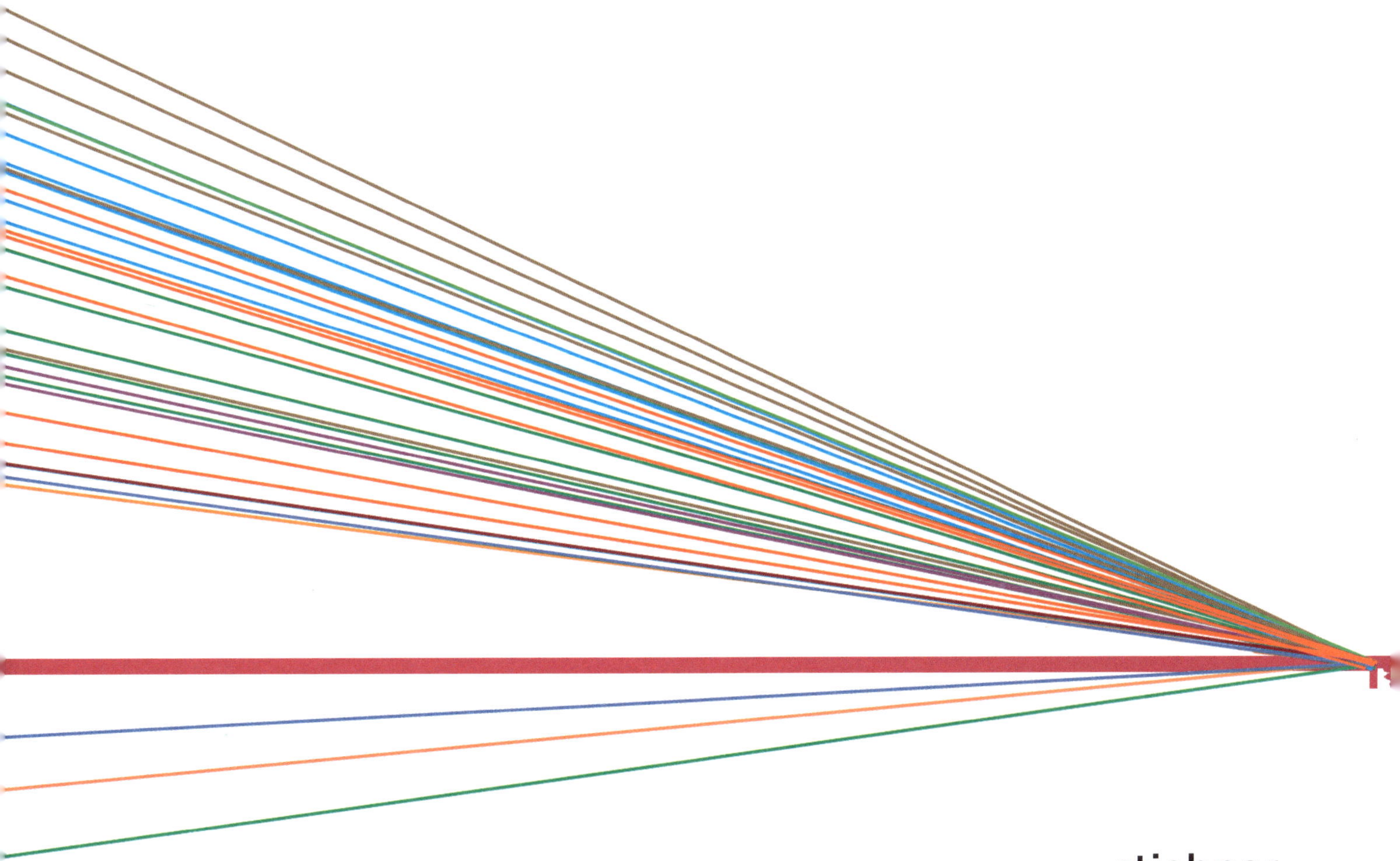

stiebner

INHALTSVERZEICHNIS

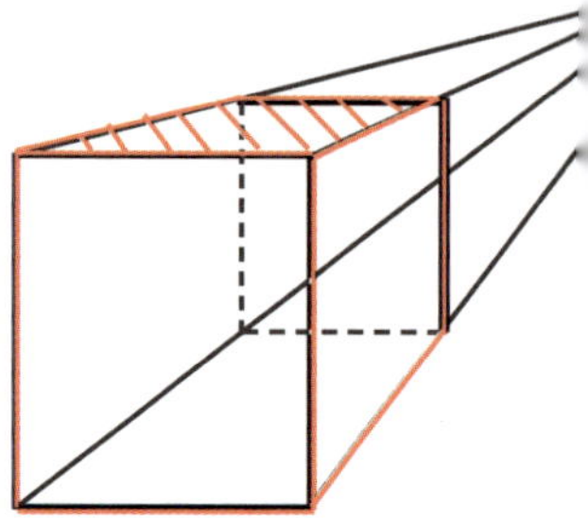

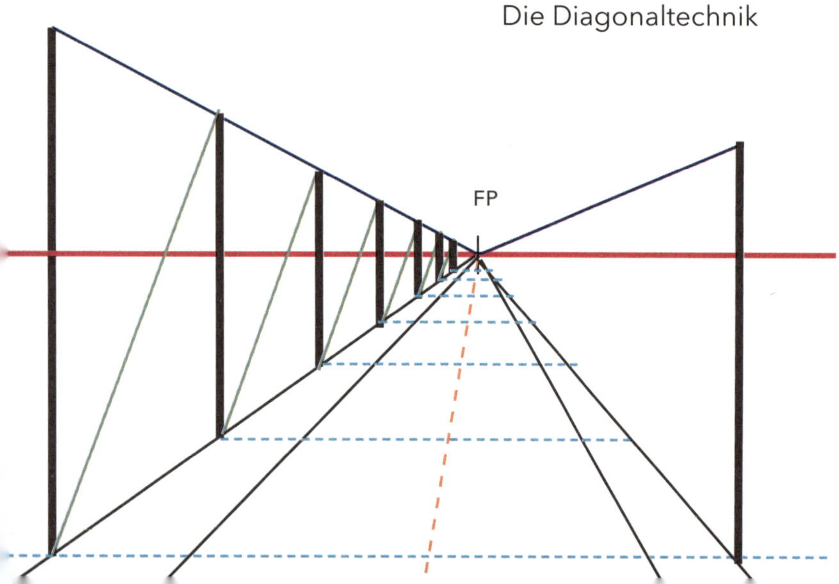

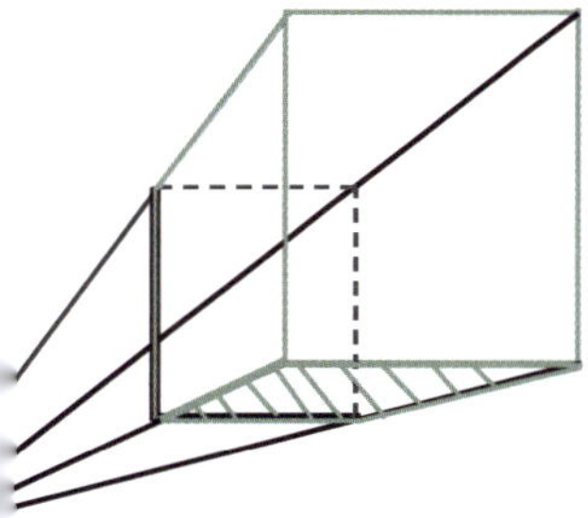

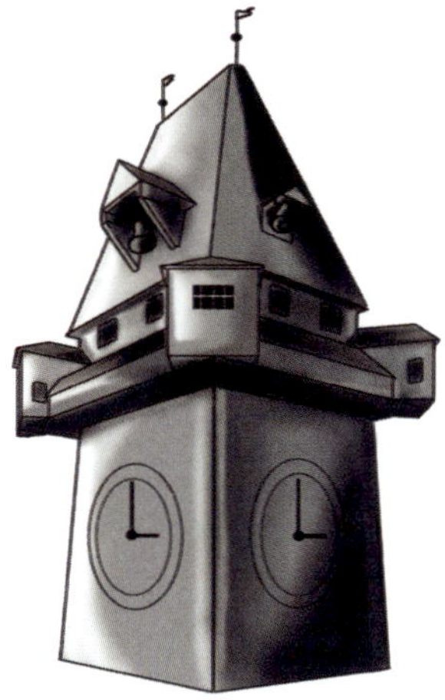

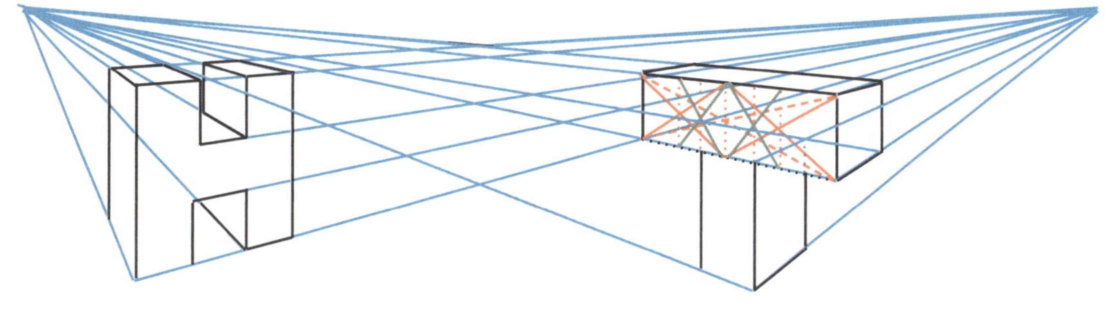

FP1
FP2

EINLEITUNG

Perspektive richtig zu sehen und zu verstehen, das ist für viele eine Herausforderung. Es gibt tatsächlich nur sehr wenige Menschen, die das Konstrukt Perspektive auf Anhieb begreifen. Doch das ist kein Grund, den Kopf in den Sand zu stecken, sondern bedeutet einfach, dass es für den Rest von uns heißt: üben und probieren, mit einer großen Portion Geduld und Gelassenheit. Denn auch wenn es vielleicht ein bisschen länger dauert, irgendwann ist der Punkt erreicht, an dem man sich fragt: »Warum hat es überhaupt so lange gedauert, bis ich die Sache mit der Perspektive verstanden habe?«

Auch bei mir hat es drei Jahre gedauert, bis ich Perspektive nachvollziehen konnte. Oft bin ich verzweifelt dagesessen und fragte mich, wie das gehen sollte. Nun, viele Jahre später, gebe ich selbst Zeichenkurse zum Thema »Perspektive« und versuche es den Teilnehmern ein Stück weit leichter zu machen und das Konstrukt Perspektive schneller zu verstehen.

Dieses Buch ist durch meinen Kurs entstanden und ich bin mir sicher: Es wird auch Ihnen helfen. Keine Sorge, Sie müssen anfangs noch gar nicht alles verstehen, wichtig ist es einfach, zu beginnen und die Grundlagen aufzunehmen. Sie können täglich üben, ohne gleich einen Stift und Papier zur Hand zu nehmen, indem Sie sich einfach kurz hinsetzen, umschauen und überlegen, was Sie gerade sehen und wo sich der Horizont befindet.

Eine kurze Geschichte der Perspektive:

» Erste perspektivische Zeichnungen findet man schon in 30.000 Jahre alten Höhlenmalereien.

» In der frühchristlichen und mittelalterlichen Malerei wurde die sogenannte Bedeutungsperspektive verwendet: Je wichtiger eine Person oder ein Objekt war, desto größer wurde sie / es dargestellt.

» In der Renaissance ab 1500 n. Chr. wurde die Zentralperspektive wiederentdeckt. Vor allem durch die Camera Obscura konnte 3D-Realität in 2D dargestellt werden.
Berühmte Beispiele hierfür sind die »Dreifaltigkeit« von Masaccio oder »Die Schule von Athen« von Raffael.

Nur durch die Perspektive ist es uns möglich, auf einem zweidimensionalen Medium (z.B. Papier oder Leinwand) eine dreidimensionale Illusion zu erzeugen. Dabei ist es nicht notwenig, die Perspektive mit einem Lineal einzuzeichnen. Ein paar schnelle Striche reichen. Gerade beim so beliebten Urban Sketching, für das man einfach in die Stadt geht und diese mit schnellem Strich zeichnet, kommt einem perspektivisches Wissen sehr zu Hilfe.

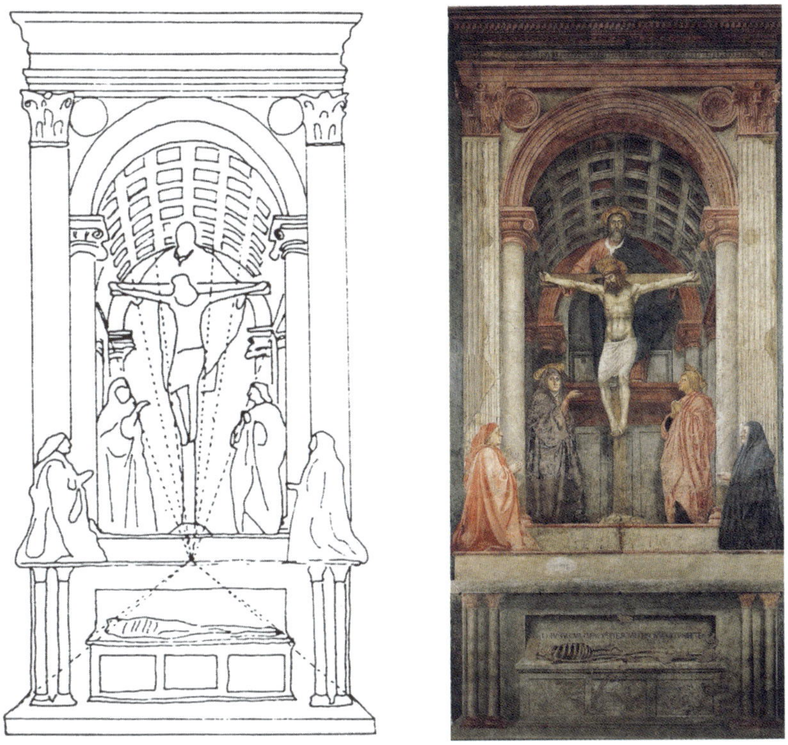

»Dreifaltigkeit von Masaccio«

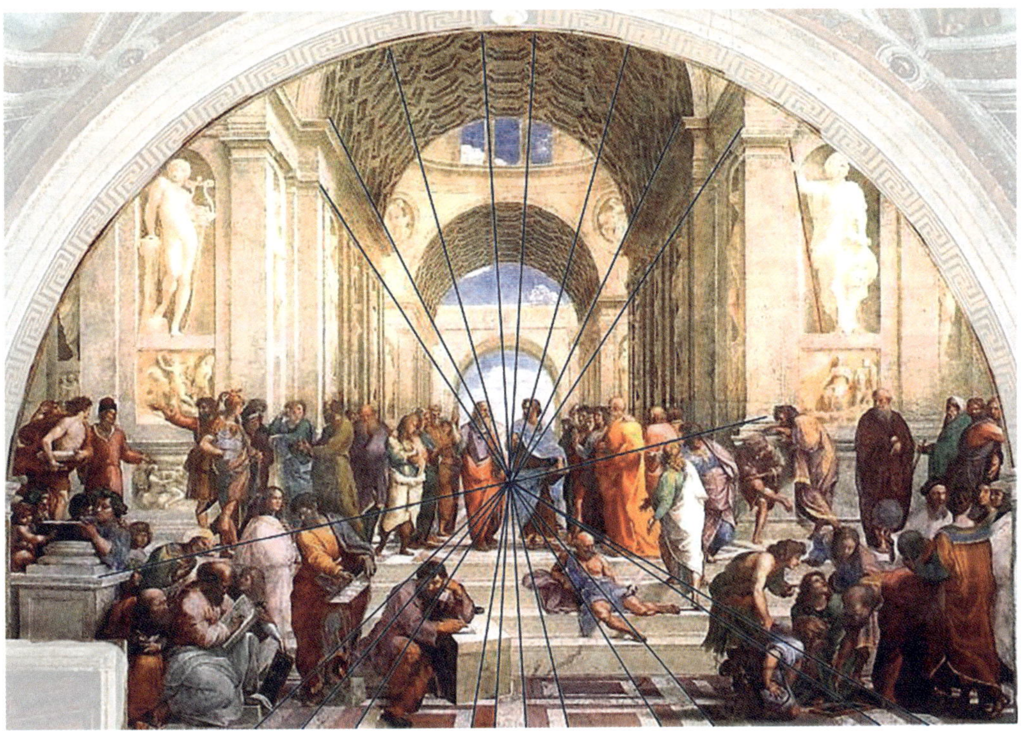

»Die Schule von Athen von Raffael«

DER HORIZONT

In diesem Buch wird der Horizont bzw. die Horizontlinie immer mit der Farbe Magenta dargestellt (s. Bilder rechte Seite). Das dient nicht nur dazu, Ihre Aufmerksamkeit zu wecken, sondern Sie lernen dadurch, die Augehöhe des Betrachters zu erkennen.

Ich verwende im Folgenden hier und da einige Abkürzugnen, die ich kurz vorstellen möchte, bevor wir loslegen:

Begriffserklärungen:
Augenhöhe = Horizont = HZ
Hintergrund = HG
Vordergrund = VG
Fluchtpunkt = FP
Komposition = Komp.

Das Erste, was wir verstehen müssen, um Perspektive zu begreifen, ist der Horizont. Denn mit diesem beginnt alles. Die erste Frage, die ich mir stelle, wenn ich ein Foto ansehe oder aus dem Fenster blicke und versuche die Perspektive zu verstehen, muss sein: »Wo ist der Horizont?«

Dabei gibt es einen einfachen Trick: Der Horizont wird auch Augenhöhe genannt! Prinzipiell ist es dasselbe. Der Horizont ist gleich der Augenhöhe des Betrachters. Bei einem Foto bildet die Augenhöhe des Fotografen den Horizont, wenn Sie in der Landschaft stehen, ist es natürlich Ihre eigene Augenhöhe.

Wenn ich mich in die freie Landschaft stelle, liegt der Horizont dort, wo Himmel und Erde aufeinandertreffen, genau auf der Höhe meiner Augen. Setzt sich der Betrachter dagegen auf den Boden und sieht sich dieselbe Szenerie an, dann ist der Horizont natürlich weiter unten – so wie auch seine Augenhöhe. Und natürlich wären Horizont und Augenhöhe weiter oben, wenn sich der Betrachter auf eine Leiter stellt.

Nur zu! Probieren Sie es selbst aus. Suchen Sie sich ein Stück freie Landschaft, wo Sie in die Ferne schauen können, und versuchen Sie es.

Warum beginnen wir diesen Kurs mit der Horizontlinie? Nun, diese ist deshalb so wichtig, weil alle weiteren Linien der Zentralperspektive und Zweipunktperspektive sich immer auf der Horizontlinie treffen. Am leichtesten ist der natürliche Horizont übrigens bei großen Gewässern zu erkennen, z.B am Meer. Dort ist deutlich zu sehen, wo Himmel und Wasser aufeinandertreffen. Bei Landschaften ist er oft schwieriger zu erkennen. Das liegt daran, dass häufig Gebäude, Berge oder Bäume die Sicht verstellen. Stellen Sie sich dann einfach vor, dass die Berge mit ihren Spitzen über den Horizont hinausgehen und der Horizont an der Stelle ist, wo der Berg und das Flachland zusammentreffen.

Merke:
Alle Linien fluchten zur Horizontlinie.
Horizontlinie = Augenhöhe des Betrachters
Am Horizont ist die fluchtende Linie horizontal

Den Horizont begreifen

Die Augenhöhe verändert sich, je nachdem ob Sie auf einer Brücke stehen oder auf dem Boden. Ebenso verhält es sich mit dem Horizont. Fachlich drücken wir das in den Begriffen Frosch- und Vogelperspektive aus. Die Bezeichnung Froschperspektive, beschreibt einen tiefer positionierten Horizont. Das ist leicht zu merken: Wenn ich klein bin, wie ein Frosch, sind meine Augen näher am Boden und ich sehe mehr vom Himmel. Bei der Vogelperspektive verhält es sich genau umgekehrt. Das Spannende ist, auch wenn Sie sich aufrecht hinstellen, eine normale Perpektive einnehmen und nach oben schauen, wird sich zwar Ihr gesehener Ausschnitt verändern, doch Ihre Augenhöhe ändert sich dadurch nicht!

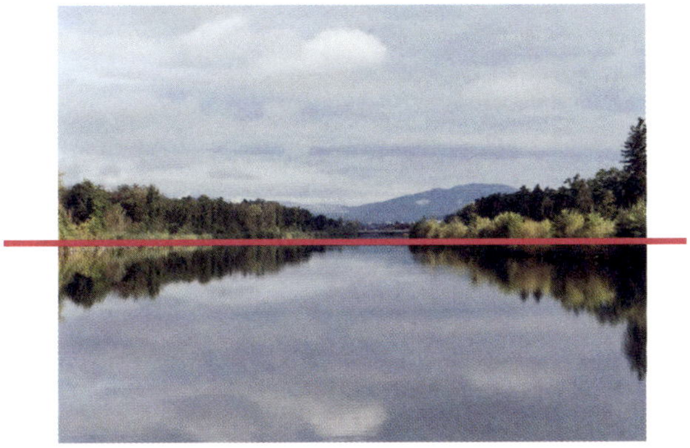

Normaler Horizont

Dieser muss natürlich nicht immer mittig sein. Hier hat es sich so ergeben.

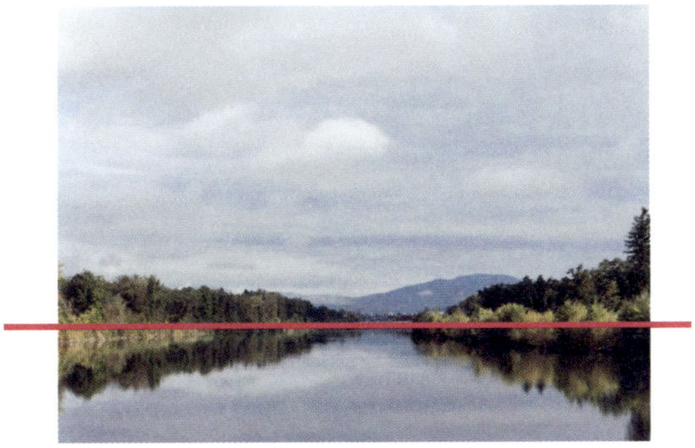

Die Froschperspektive

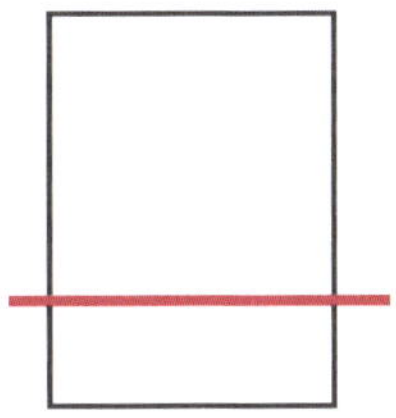

Ich bin sehr klein, meine Augen sind sehr nah am Boden: Froschperspektive.

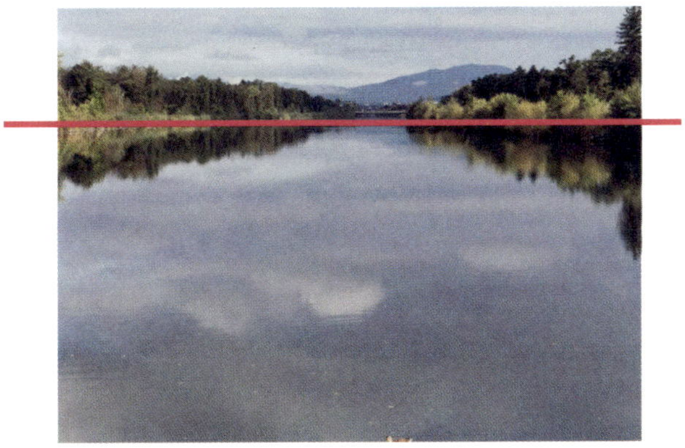

Die Vogelperspektive

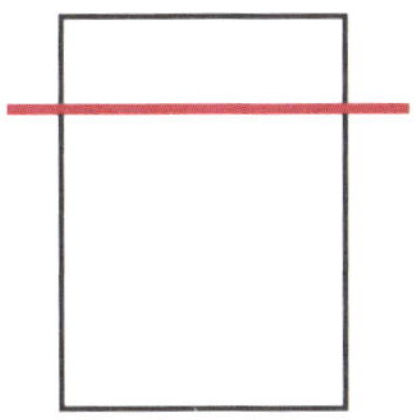

Ich bin sehr groß oder stehe weit oben, meine Augen sind sehr weit oben: Vogelperspektive.

ZENTRALPERSPEKTIVE

Die einfachste Form Perspektive darzustellen, ist mithilfe der Zentralperspektive. Sie wird auch Einpunktperspektive genannt. Dabei fluchten alle Linien in einem Bild zu demselben Punkt am Horizont. Dadurch ensteht eine Tiefenwirkung und das Bild wirkt perspektivisch. Der Punkt, an dem alle Linien zusammentreffen, nennt sich Fluchtpunkt.

Doch der Fluchtpunkt muss in der Zentralperspektive nicht unbedingt in der Bildmitte liegen.

Schon die alten Meister haben den Fluchtpunkt in ihren Gemälden leicht versetzt, um mehr Dynamik zu erzeugen.

Wenn ich mir nicht sicher bin, wo der Horizont in einem Bild ist, brauche ich nur zu überprüfen, wo alle Linien am Fluchtpunkt aufeinandertreffen.

Im Beispiel unten haben die Bäume unterschiedliche Höhen. Hier wählt man als Linie die Höhe des Druchschnitts.

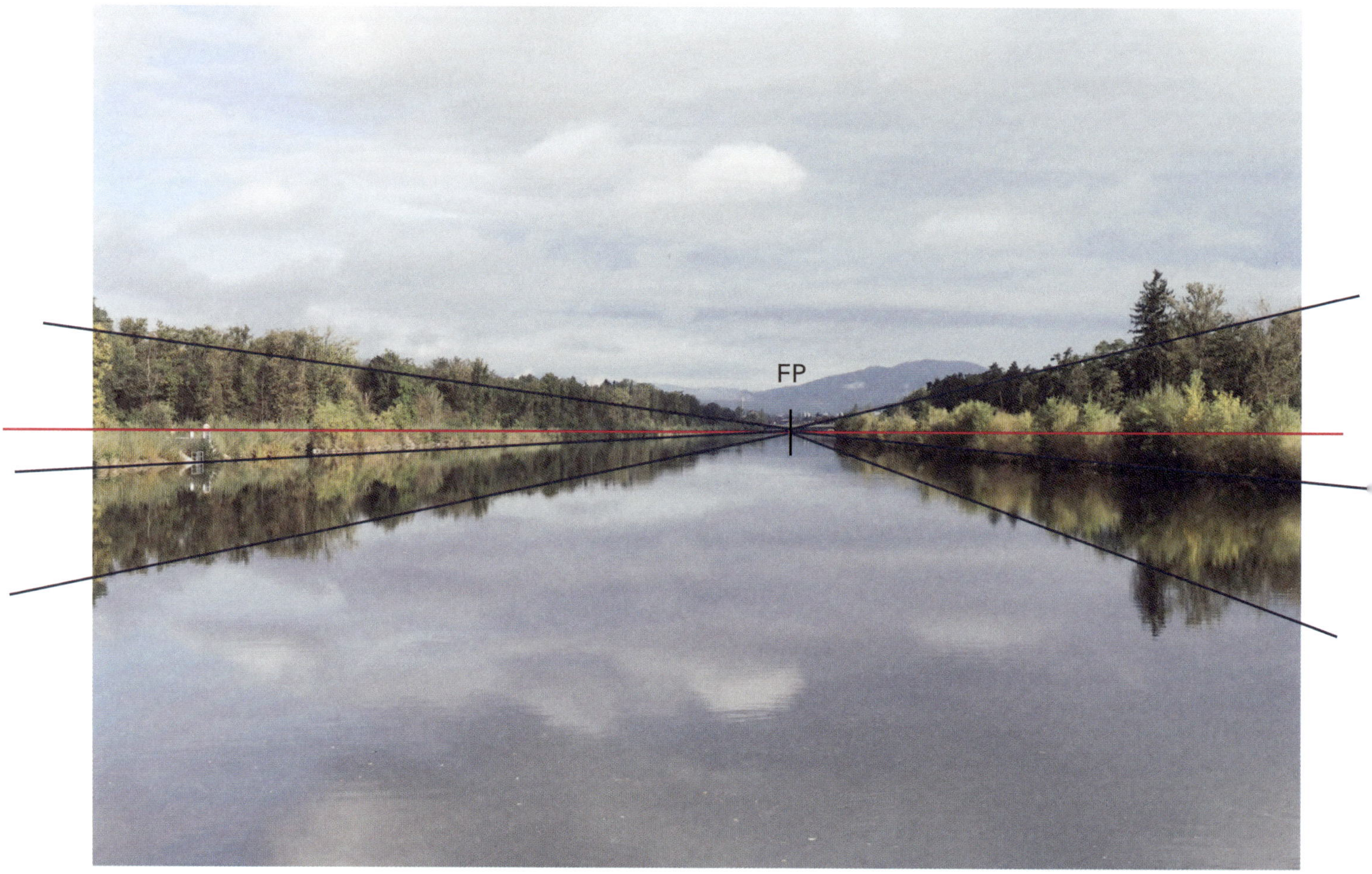

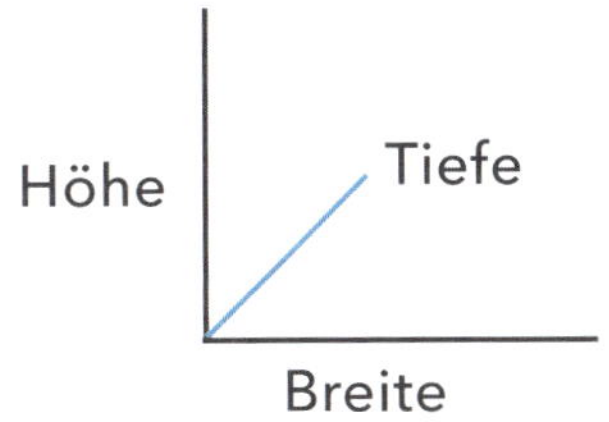

Darußen in Landschaften ist die Zentralperspektive leicht zu erkennen, vor allem wenn man einen Weg oder ein Gewässer vor sich hat, das in einen Punkt fluchtet.

Im Innenbereich ist sie dagegen immer daran zu erkennen, dass Höhe und Breite waagrecht und senkrecht verlaufen und nur die Tiefe eine Diagonale zum FP bildet.

Übung: Finde den Horizont und den Fluchtpunkt

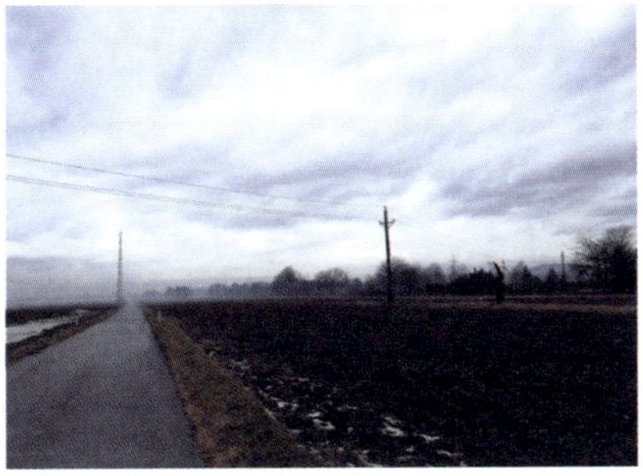

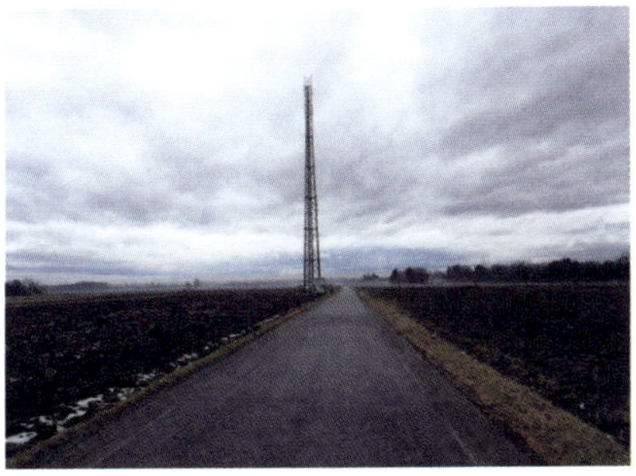

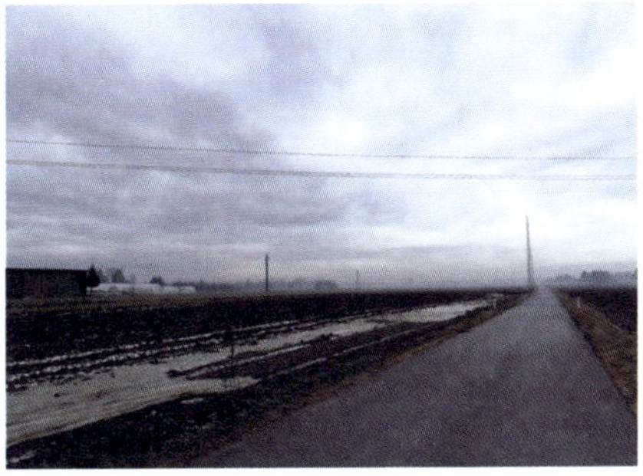

Wiederholung

- Welche Perspektiven haben wir hier in den ersten drei Kästen?
- Wo befindet sich in Kasten vier die Horizontlinie?
- Wie nennt man den Horizont noch?
- Macht es einen Unterschied, wenn ich zu etwas hinaufschaue?

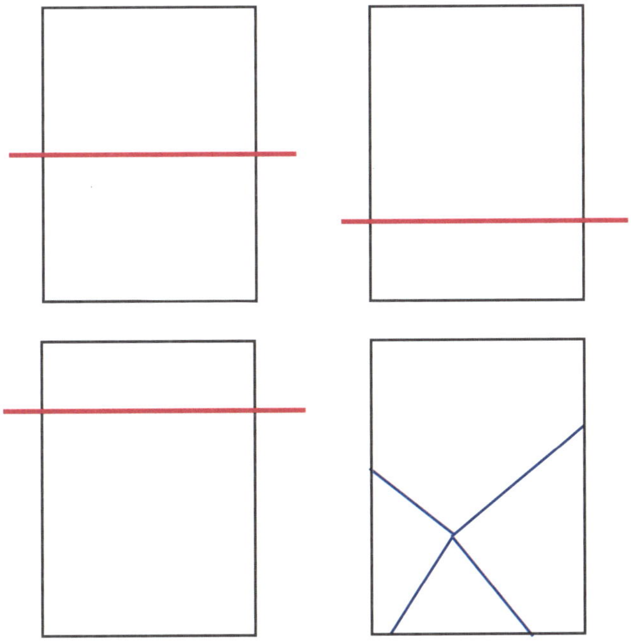

Merke:
Zentralperspektive hat nur einen Fluchtpunkt und wird deshalb auch Einpunktperspektive genannt. Ich erkenne sie daran, dass nur die Tiefe in einer Diagonalen verläuft.

Der Quader in der Zentralperspektive

Quader, Würfel usw., alle geometrischen Formen fluchten zu einem Fluchtpunkt. Jede Form kann vereinfacht und so mithilfe von Quadern perspektivisch korrekt gezeichnet werden. Sehen wir uns als Erstes eine Box an:

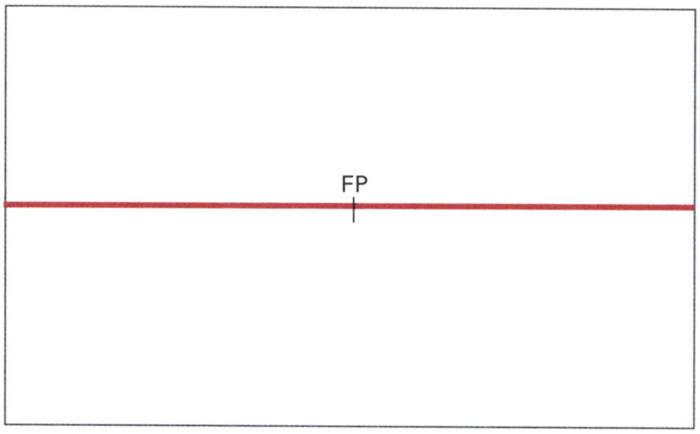

1. Als Erstes nehmen wir ein leeres Blatt und bestimmen Horizont und Fluchtpunkt. Wenn wir von einem Foto wegarbeiten, ist es natürlich notwendig, den Horizont und den Fluchtpunkt des Fotos zu übernehmen. Doch wir üben hier erst einmal mit einem weißen Blatt.

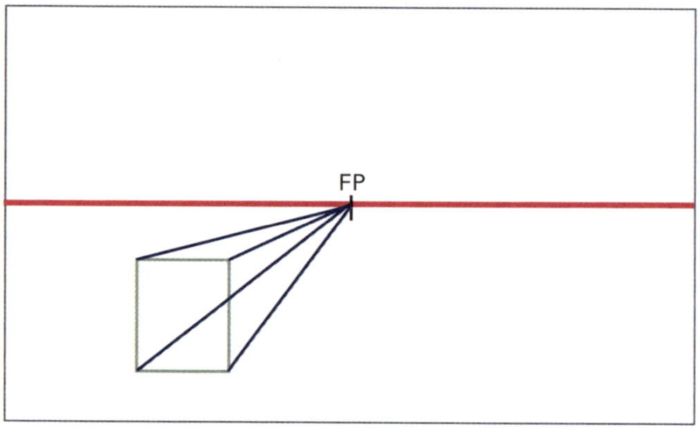

2. Zeichnen Sie ein Rechteck unter den Horizont (grüne Linien). Verbinden Sie anschließend die Ecken des Rechtecks mit dem Fluchtpunkt (blaue Linien).

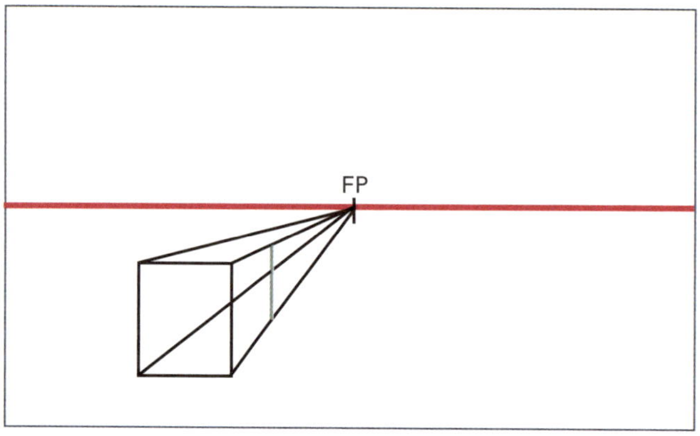

3. Nun wird die Breite des Objekts bestimmt, (grüne Linie), wählen Sie diese beliebig. Wichtig ist, das sich die Tiefe optisch verkürzt und sich das auf die Länge Ihres Objektes auswirkt. Die Linie muss natürlich senkrecht sein. Wenn Sie nach einem bestimmten Foto arbeiten, müssen Sie sich genau an die Tiefenvorgaben des Fotos halten.

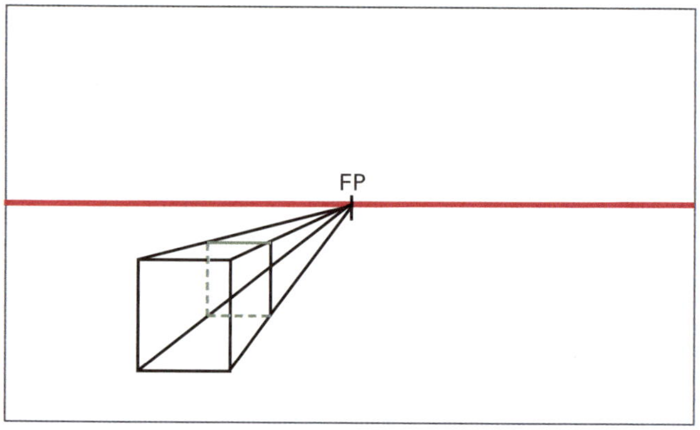

4. Den in Punkt 3 gezogenen Strich verbinden Sie nur noch zu den nächsten Tiefenstrichen. Die grüne gestrichelte Linie stellt hier die Stelle dar, die eigentlich nicht mehr sichtbar wäre, weil sie vom Objekt verdeckt wird.

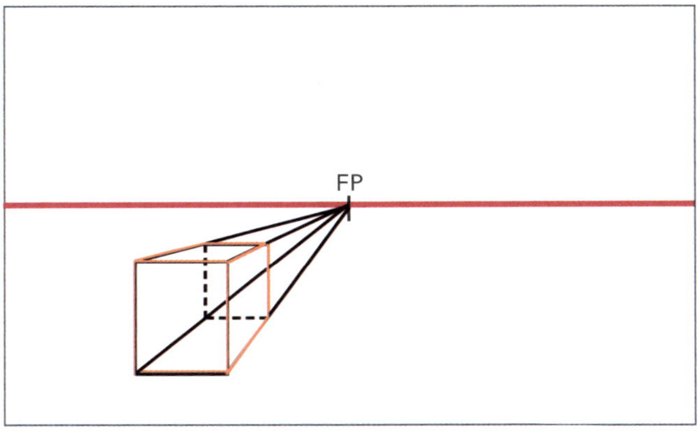

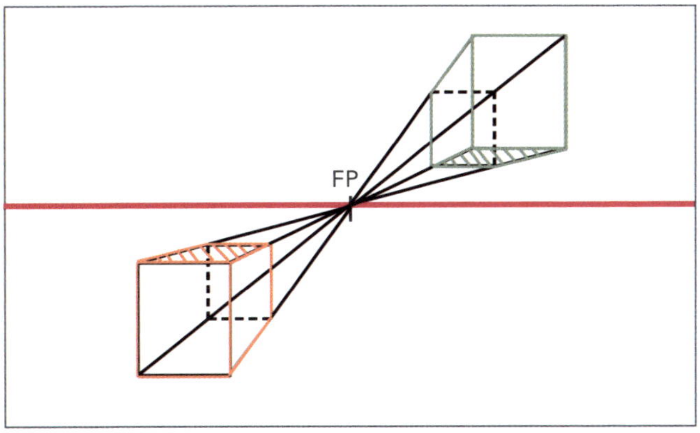

Zu Beginn können diese vielen Striche sehr verwirrend sein, deshalb empfehle ich die fertige Box am Schluss mit einem Farbstift hervorzuheben. Diese Übungen sollen für Sie auch später noch nachvollziehbar sein, deshalb radieren Sie die Striche, die zum Fluchtpunkt führen, nicht weg.

Hier gleich ein ganz wichtiges Merkmal: Alles unterhalb des Horizonts besitzt eine Aufsicht (orange schraffiert). Je weiter das Objekt vom Horizont entfernt ist, desto mehr sehe ich von dieser Fläche. Je näher am Horizont, desto weniger. Ganz auf Augenhöhe ist diese Fläche nur noch ein Strich. Alles über dem Horizont hat eine Untersicht (grün schraffiert.)

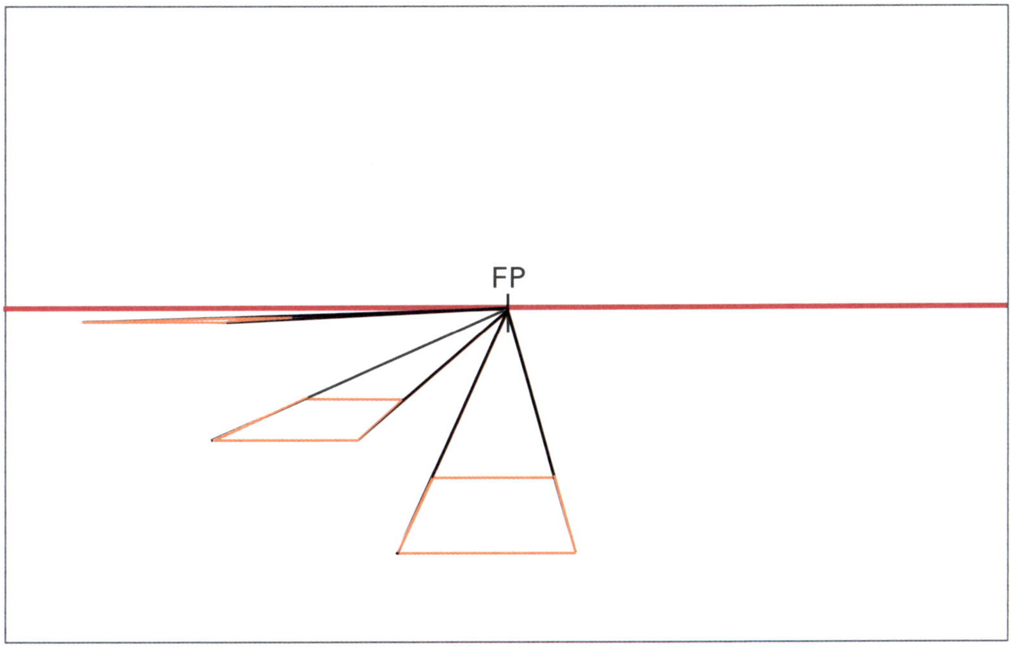

Die Aufsichten sind orange dargestellt. Zum Horizont hin sehe ich fast nichts mehr, auf Augenhöhe wird die Aufsicht zum Strich und oberhalb des Horizonts wird sie zur Untersicht. Durch das Wissen, dass ich am Horizont keine Auf- oder Untersicht habe, kann ich viel schneller einschätzen, wo sich der Horizont befindet. Wenn Sie auf der Straße unterwegs sind, schauen Sie einfach auf die Fenster der Häuser. Wo sehen Sie noch ein Fensterbrett und wo können Sie den Rand im inneren des Fensters sehen?

Übung 1: Der Glasquader

Zeichnen Sie 9 Rechtecke auf ein Blatt Papier im Querformat. Zeichnen Sie den Horizont und den Fluchtpunkt in der Mitte des Blattes ein. Diese Rechtecke sollen 3 cm hoch und 5 cm breit sein. Die Tiefe können Sie selbst bestimmen. Im Beispiel ist sie ca. 1 cm. Teilen Sie sich das Blatt so ein, dass Sie genügend Platz für alle 9 Rechtecke haben.

Vervollständigen Sie diese Übung und verbinden Sie jedes Rechteck mit dem Fluchtpunkt. Heben Sie das fertige Rechteck mit Farbstift hervor, um sich nicht im Strichegewirr zu verlieren. Lassen Sie sich Zeit und verwenden Sie ruhig auch das Geodreieck.

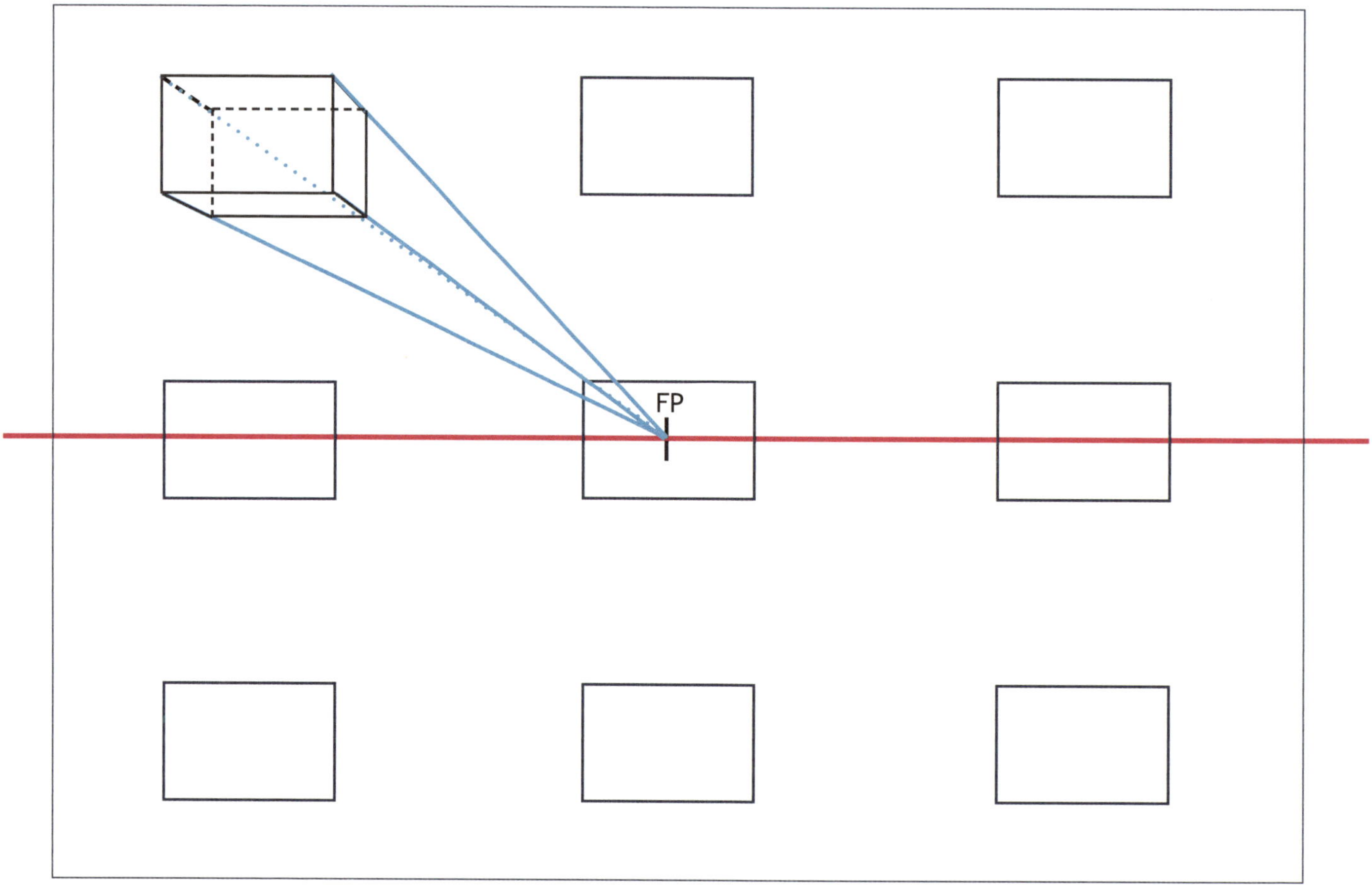

Übung 2: Die Formen, mit Formen spielen

Wie schon erwähnt, besitzt jede Form eine eigene Perspektive. Ein Kreis wird perspektivisch immer mehr zum Oval, je näher er zur Horizontlinie kommt. Dazu später mehr.

In dieser Übung geht es darum, genau das zu versehen und Spaß mit den Formen zu haben, egal ob Trapez oder Kubus oder sogar Buchstaben.

Wecken Sie die Dreidimensionalität von Formen. Denken Sie sich ruhig eigene aus und lassen Sie diese zum Fluchtpunkt fluchten. So werden z. B. Graffitis entworfen. Denn auch für diese ist perspektivisches Wissen von Vorteil.

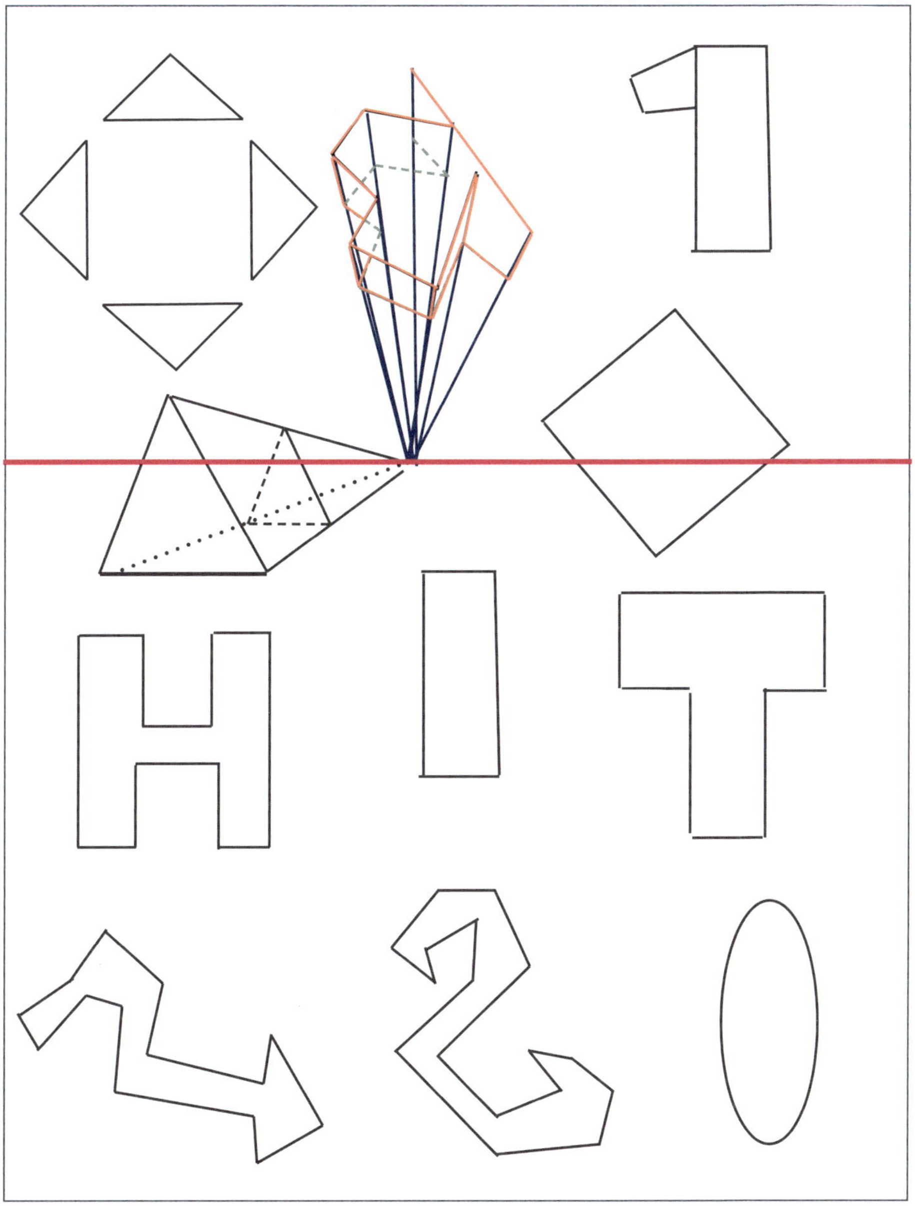

Übung 3:
Tisch und Stuhl in verschiedenen Perspektiven

Hier sehen Sie drei verschiede Perspektiven von einem Tisch mit Stühlen. Versuchen Sie alle drei Fotos nachzuzeichnen, indem Sie vorher den Horizont und Fluchtpunkt ermitteln. Bei Fotos kann es durch die Linse leichte Verzerrungen geben, lassen Sie sich davon nicht beirren.

Achten Sie zuerst darauf, was genau Sie sehen. Wo sehen Sie eine Aufsicht, wo eine Untersicht. Schätzen Sie ungefähr, wo sich der Horizont befindet. Danach verlängern Sie zwei Tiefen, um zu überprüfen, wo der Fluchtpunkt liegt. Da sich der Fluchtpunkt auf der Augenhöhe befinden muss, können Sie so überprüfen, ob Sie richtig liegen.

Stellen Sie sich jedes Objekt vereinfacht als Quader vor und lassen Sie sich nicht von den verschiedenen Linien verwirren. Beginnen Sie mit einem Objekt, damit Sie im Anschluss die Größen der anderen Objekte an das erste anpassen können. Finden Sie die Übung mit den drei Fotos noch zu schwer, dann habe ich auf der nächsten Seite eine kleine Hilfestellung vorbereitet.

Merke:
Arbeiten Sie als Erstes nur die Grundlinien aus und gehen Sie noch nicht ins Detail. Erst wenn die ganze Szene so aussieht, wie es sich richtig anfühlt, zeichnen Sie die Querstreben und Details ein.

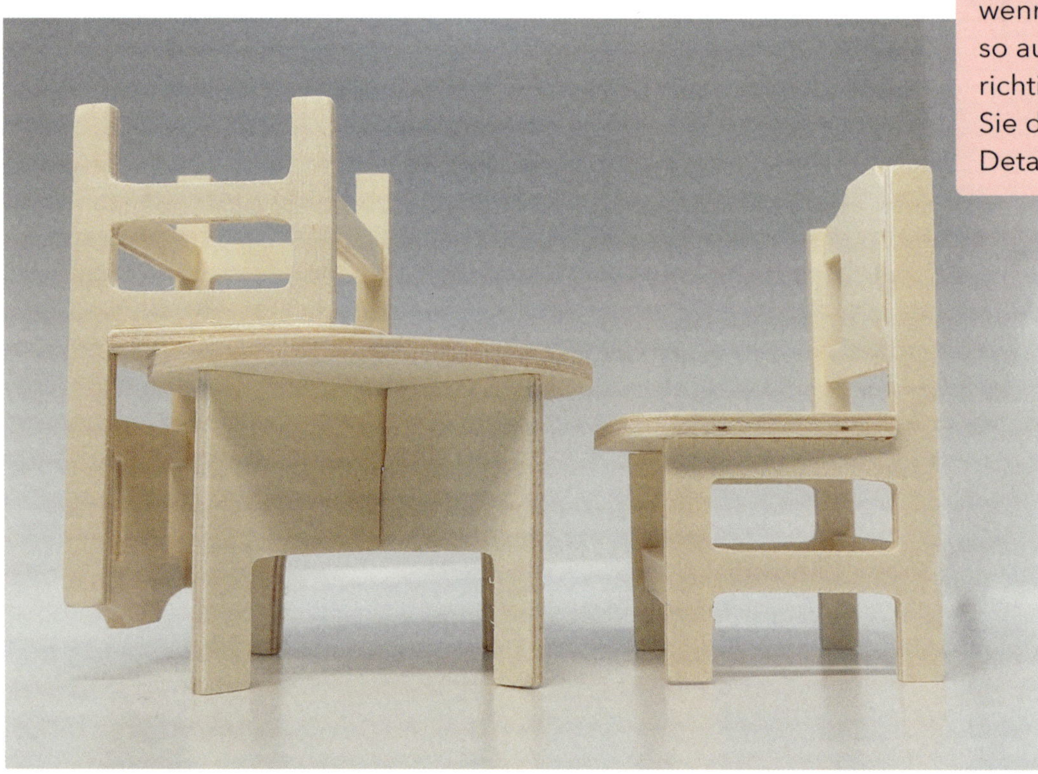

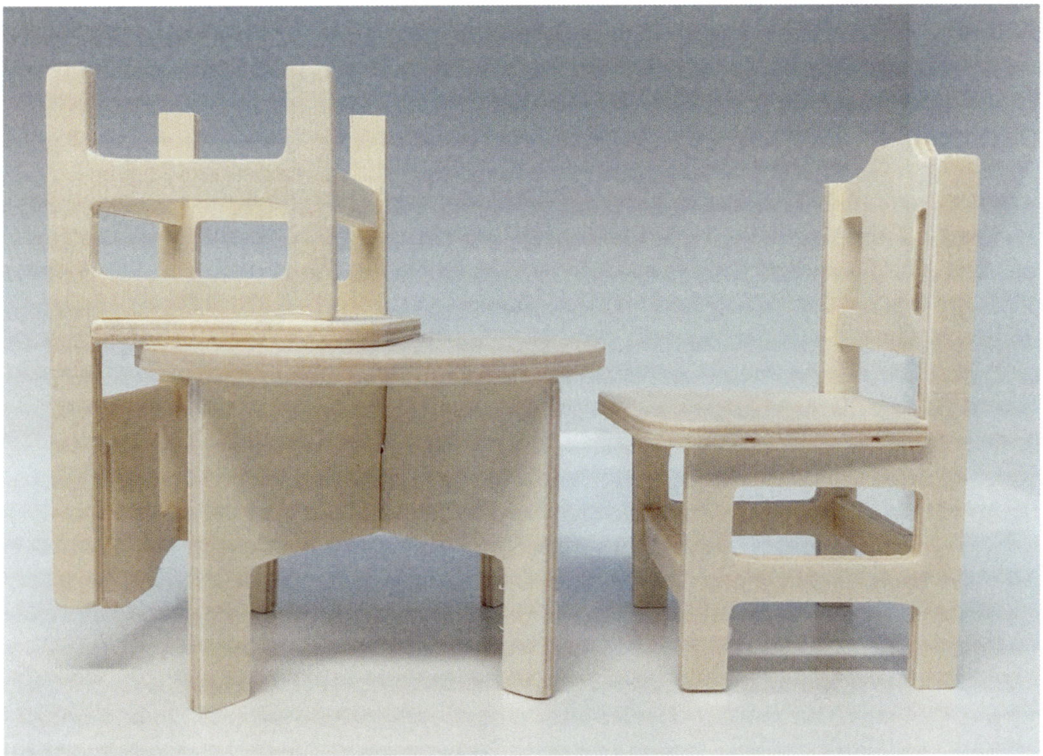

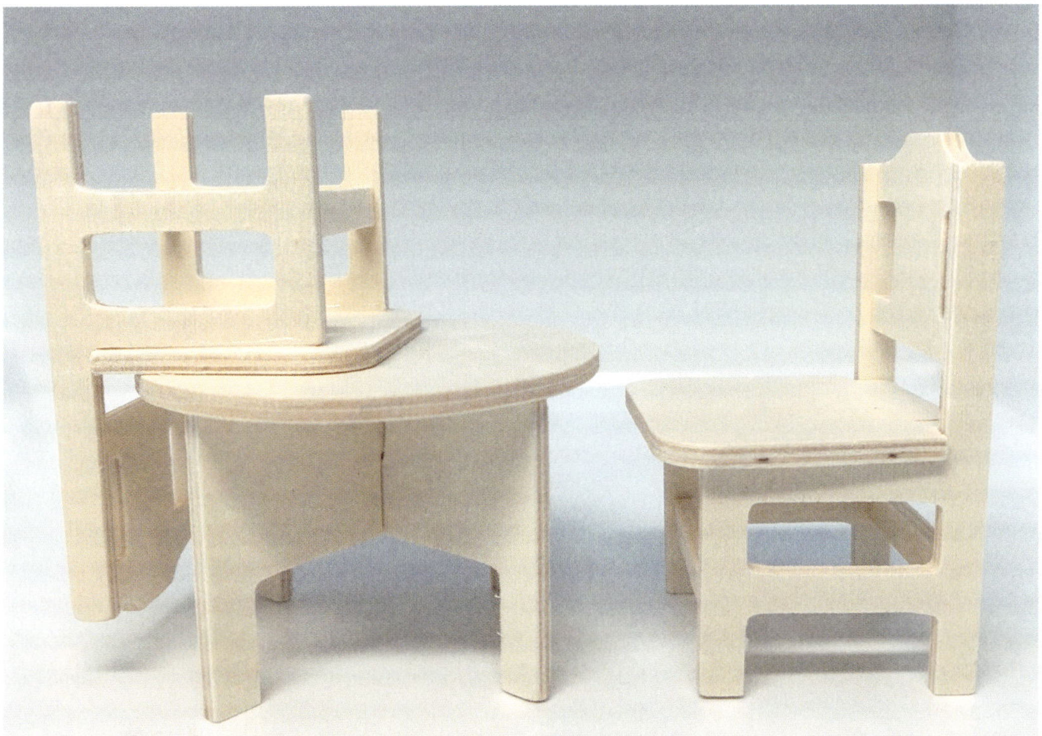

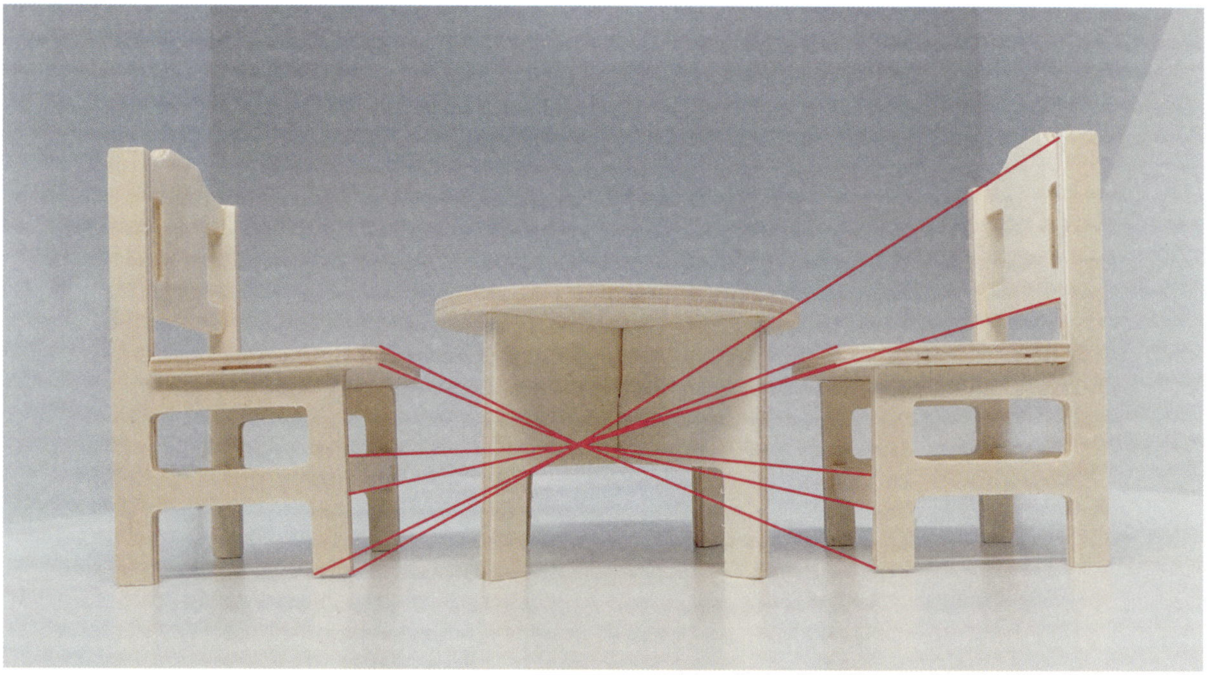

Oben: Froschperspektive. Sie sehen die Unterseite des Tisches. Auch die Unterseite der Sitzfläche des Stuhls ist noch zu sehen. Darum muss der Horizont auch darunterliegen. Nachdem aber die hintere Querstrange des Stuhls schon verdeckt wird, liegt die Augenhöhe, und damit der Horizont, knapp über dieser.

Unten: So sehen oft kleine Kinder die Welt, noch nicht groß genug, um auf alles draufzusehen. Hier sind weder Sitzfläche noch Tischober- oder -unterseite zu erkennen. Somit kann man gut erahnen, wo wahrscheinlich die Augenhöhe liegt.

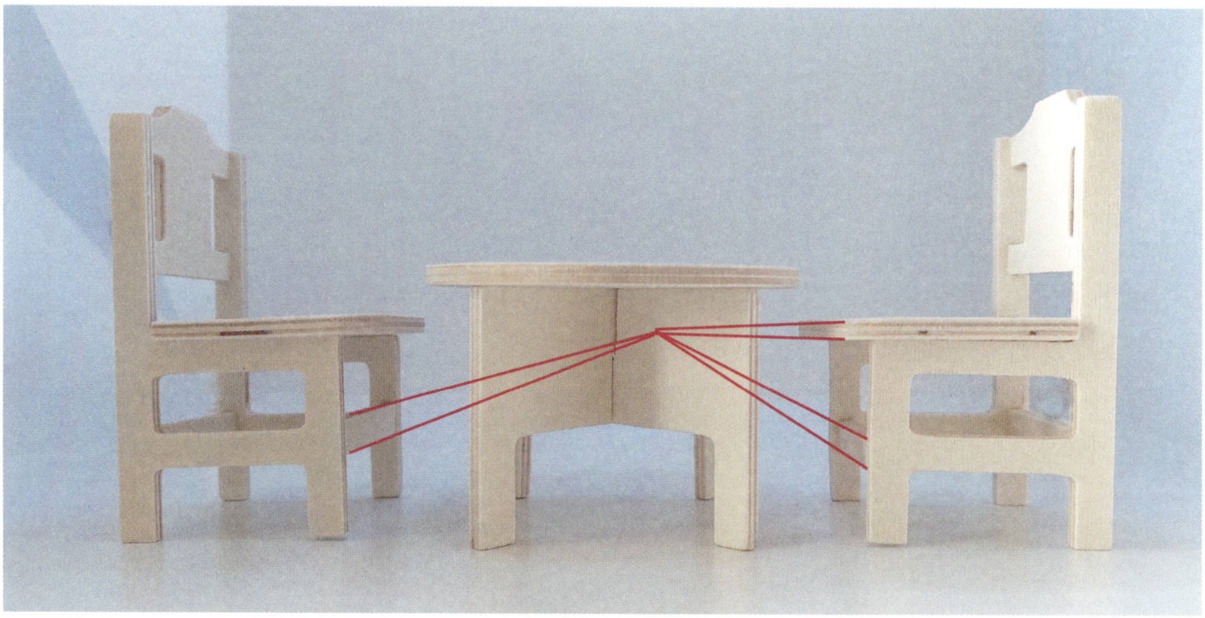

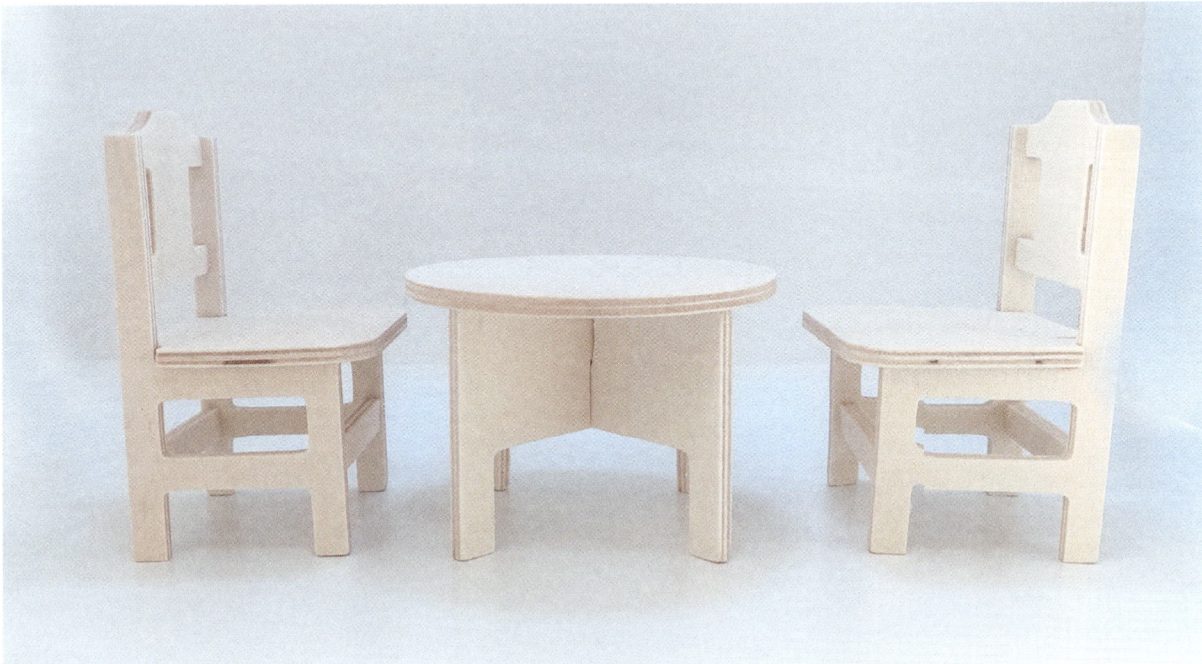

Oben: Dies ist eine Ansicht, die wir als Erwachsene recht häufig antreffen. Man sieht die Sitzfläche der Stühle und die Oberseite des Tisches. Beachten Sie, wie oval die Tischoberseite hier im Gegensatz zum Bild unten wirkt.

Unten: Würden Sie gerade die Glühbirne wechseln und deshalb auf der Leiter stehen, würden Sie auf diese Szene blicken. Sie sehen schon sehr viel Oberfläche von dem Tisch und den Stühlen. Das bedeutet, der Horizont liegt weit oben.

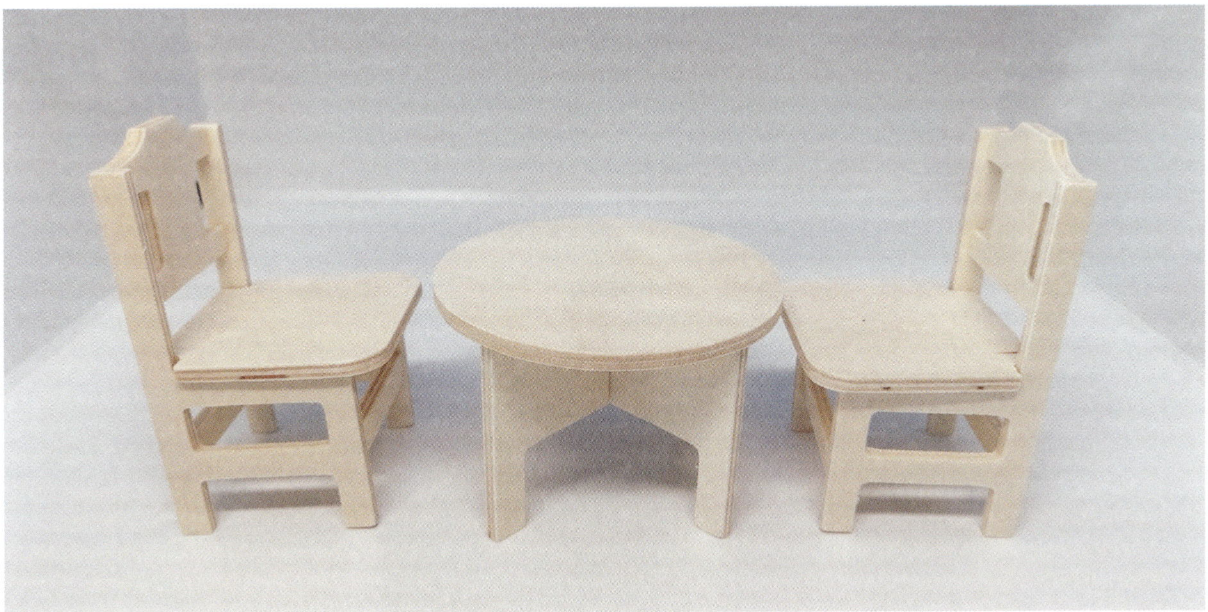

Gemeinsame Fotoanalyse

Betrachten Sie die Szene unten, fallen schnell zwei Dinge auf, die auf eine Zentralperspektive hinweisen: Bei der Garage links im Bild ist zu erkennen, dass die Höhe und Breite der zugewandten Seite waagrecht und senkrecht verlaufen. Eine Seite (die mit den Toren) fluchtet in die Tiefe. Außerdem fällt auf, dass das Dach der Garage nicht von oben zu sehen ist. Da sich der Betrachter aber auch nicht unterhalb der Straße befinden kann, muss also der Horizont auf diesem Bild irgendwo in der Höhe des Gebäudes liegen.

Nun nehmen Sie die Tiefendiagonalen der Garage, vom Dach (1) und vom Boden (2) zu Hilfe und verlängern diese. Dort, wo sie im Bild zusammentreffen, ist der Horizont. Um sicher zu sein, dass der richtige Punkt gefunden wurde, suchen Sie sich nun Anhaltspunkte – in diesem Bild wählen wir die Stromleitungen auf der rechten Seite. Da diese garantiert immer die gleiche Höhe haben, können Sie sie am Außenpunkt, oben (3) sowie unten (4) miteinander verbinden. Wenn der Kreuzungspunkt dieser Hilfslinien genau mit den anderen Linien zusammentrifft, haben Sie den Horizont gefunden.

Suchen Sie sich für eine Bildanalyse die offensichtlich einfachsten Diagonalen heraus und verbinden Sie diese. Je mehr Diagonalen von einem Objekt sichtbar sind, umso genauer können Sie den Fluchtpunkt treffen. So finden Sie heraus, wo sich die Augenhöhe des Fotografen befand.

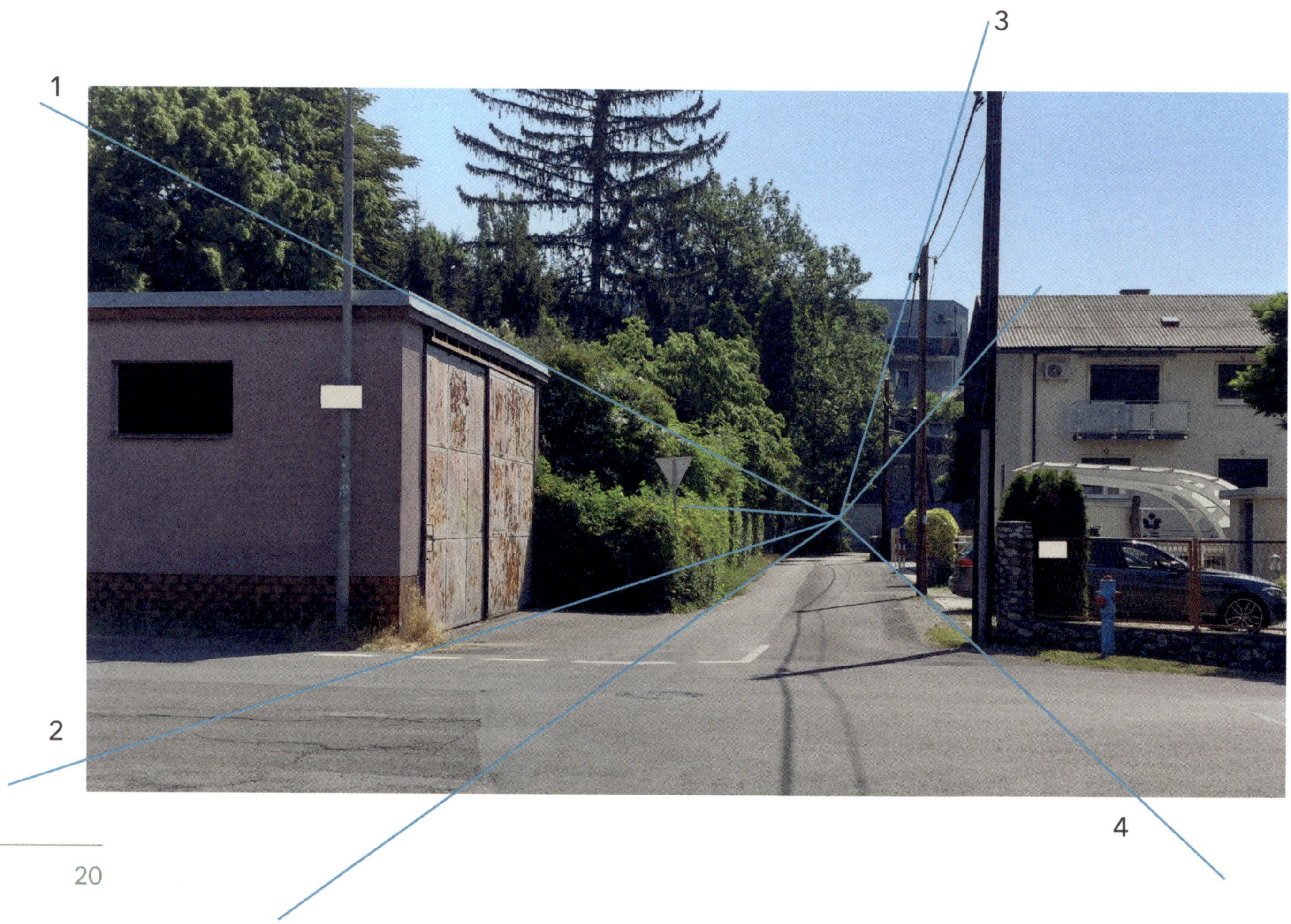

Übung 4: Erschaffen Sie eine eigene Straße

Nehmen Sie von dieser Landschaft die Tiefendiagonalen zu Hilfe und setzen Sie auf diese ein Rechteck. So können Sie ein Haus in einer Landschaft konstruieren.

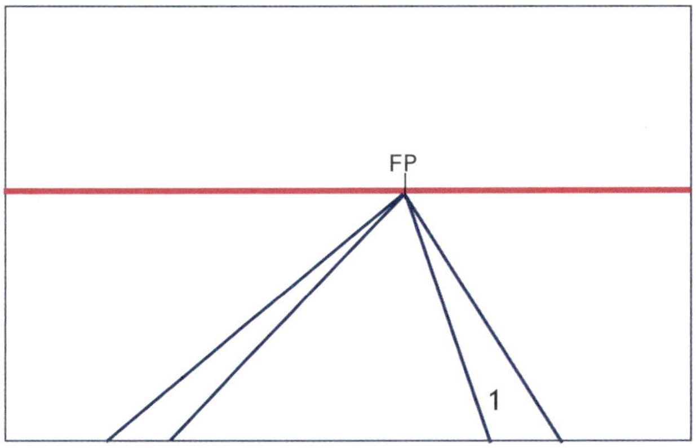

1. Legen Sie auf einem Blatt Horizont und Fluchtpunkt an. Ziehen Sie im Anschluss zwei Linien am unteren Blattrand, die eine Straße darstellen sollen. Daneben ziehen Sie links und rechts je eine Linie für den Gehsteig. Hier ist rechts der FP näher an der Linie als links, dadurch wird der Gehsteig auf dieser Seite optisch etwas breiter. (1)

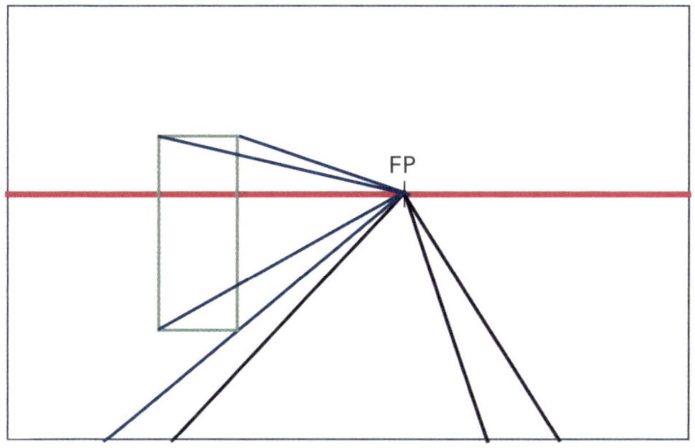

2. Zeichnen Sie ein Rechteck neben den Gehsteig und verbinden Sie jede Ecke mit dem Fluchtpunkt. Ein Haus wird sicher über den Horizont hinausragen. Objekte wie ein Briefkasten befänden sich dagegen unter dem Horizont. Wenn Sie ohne Referenzfotos arbeiten, bleibt es Ihnen überlassen, wie breit Sie das Haus darstellen.

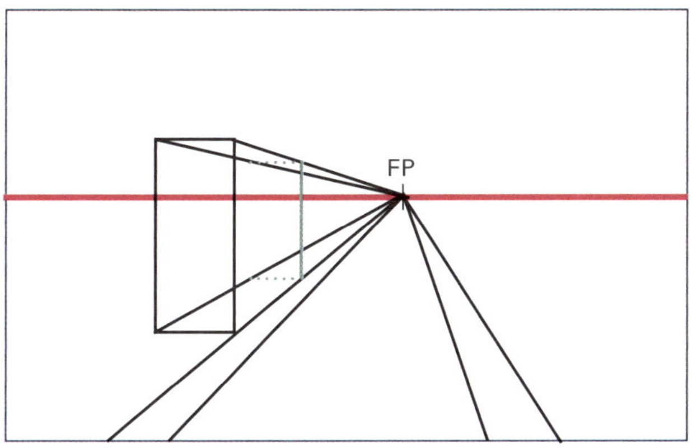

3. Legen Sie die Breite des Gebäudes fest (grüner Strich). Mehr müssen Sie eigentlich nicht zeichnen, das Gebäude ist ja nicht durchsichtig. Doch zur Übung stellen Sie sich einfach vor, es wäre aus Glas, und zeichnen die restlichen Verbindungen ein. Von der festgelegen Breite zeichnen Sie nun eine waagrechte Linie zum nächsten Strich, der zum Fluchtpunkt fluchtet (gepunktete Linie).

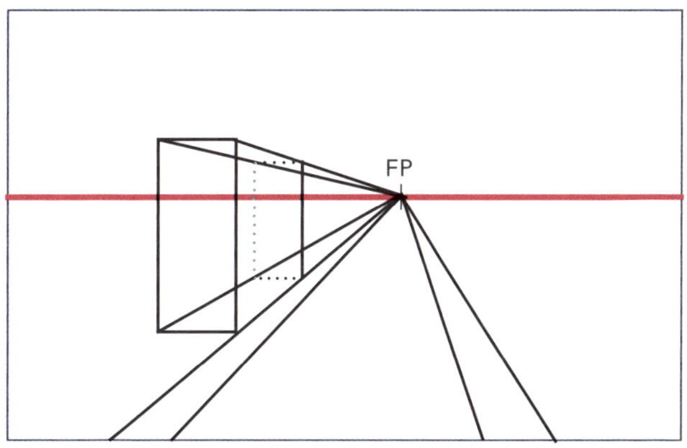

4. Die Senkrechte (gepunktete grüne Linie) verbindet jetzt das hintere Rechteck. So entseht ein durchsichtiger Kubus. Wichtig ist, dass senkrechte und waagrechte Linien parallel zueinander sind.

Zeichnen Sie nun auf die gegenüberliegende Seite ein größeres Haus neben dem Gehsteig ein.

Der Innenraum in der Zentralperspektive

Egal ob Zimmer, Gang oder Gasse, die Herangehensweise ist immer die gleiche. Wenn ich mich nicht an ein Foto als Vorlage halten muss, dann ist es mir überlassen, ob ich zuerst den Horizont mit Fluchtpunkt einzeichne oder das hintere Rechteck für die Wand des Raumes. Etwas muss aber auf alle Fälle eingehalten werden: In einem Innenraum schneidet der Horizont immer das hintere Rechteck, das die Wand des Raumes darstellt. Das lässt sich so erklären: Wenn Sie in einem Quader stehen würden, fluchten der Boden oder die Decke zum Ende des Raumes hin. Weil Sie nicht in der Luft stehen können, muss Ihre Augenhöhe dementsprechend auf diese hintere Wand fallen.

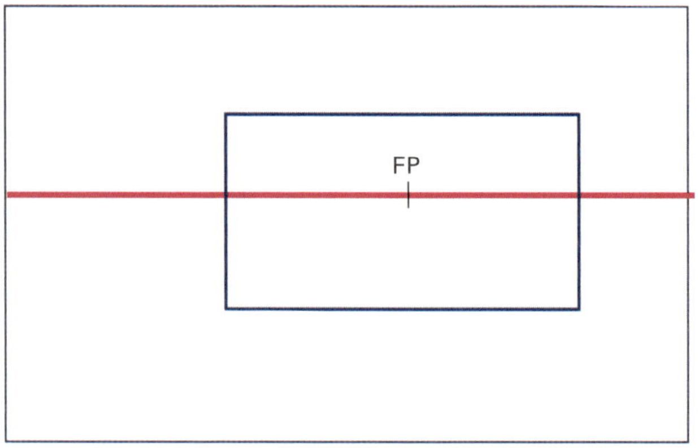

1. Legen Sie ein Blatt im Querformat vor sich, das eignet sich am besten für Räume. Für Gänge nimmt man eher eines in Hochformat. Setzen Sie den Horizont und den Fluchtpunkt fest und zeichnen Sie ein Rechteck an die hintere Wand.

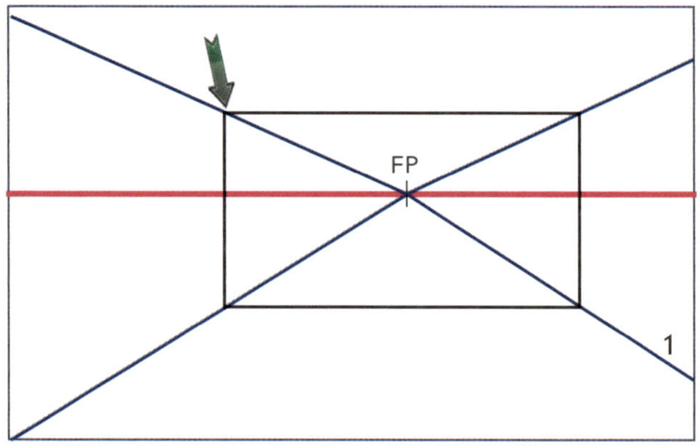

2. Verbinden Sie nun den Fluchtpunkt mit den Enden des gezeichneten Rechtecks und zeichnen diese darüber hinaus (grüner Pfeil). Wie Sie sehen können, verlaufen die verlängerten Striche nur selten in die Ecken des gewählten Formates. (1)

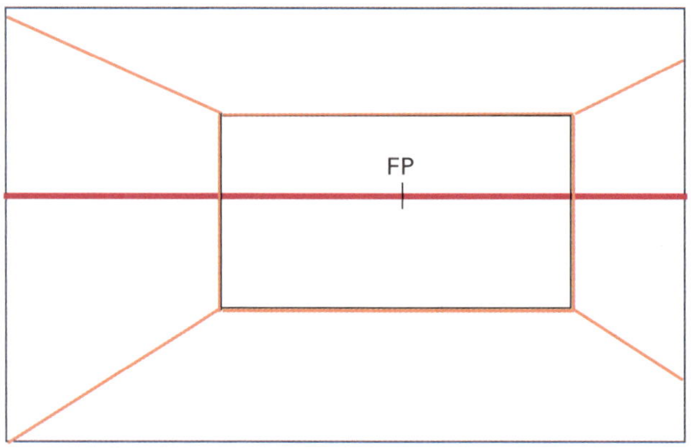

3. Verstärken Sie nun die Raumlinien, dann haben Sie einen besseren Überblick. Sie haben nun Decke, Boden, Seitenwände. Jetzt brauchen Sie eine Größenhilfe, um weiter zu zeichnen.

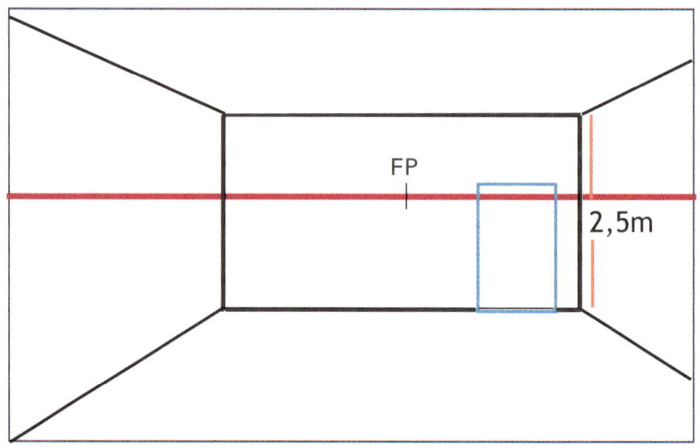

4. Wir nehmen an, dass Ihr Raum eine Höhe von 2,50 m hat. Bei einem Altbau wären es 3,50 bis 4,00 m. Eine Tür ist 2 m hoch 1 m breit. Sie müssen also die hintere Wand gedanklich dritteln, um die Tür einzuzeichnen.

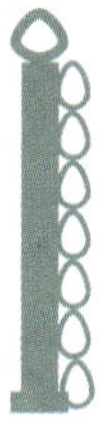

Merke:
Die Tür ist nicht notwendig, kann aber als Anhaltspunkt für alle weiteren Raumteile und Raumhöhen dienen. Sollen auch Figuren im Bild sein, kann anhand der Tür die Größe der Person bestimmt werden, z.B. mit der Durchschnittsgröße von 170 cm. Ein kleiner Tipp: Der Kopf einer Person passt 8-mal in den Körper. Jetzt können Sie das Platzhalter-Strichmännchen schon proportional richtig einzeichnen.

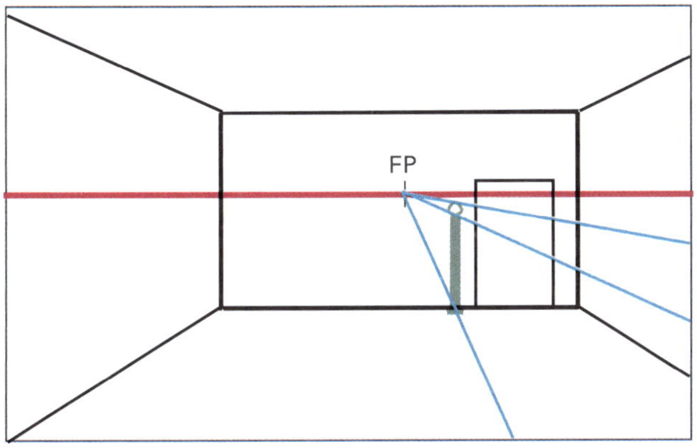

5. Die Figur ist nun platziert und steht als Hilfsperson zu Verfügung. Wenn Sie durch diese Person Fluchtlinien zeichnen, vom Scheitel und den Füßen, dann können Sie die Person leicht überall im Raum platzieren.

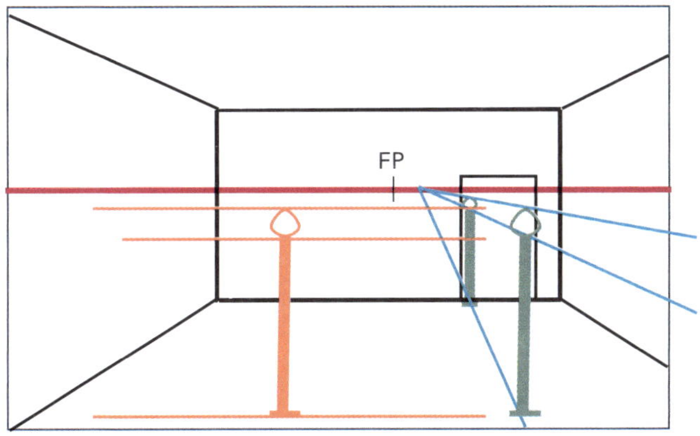

6. Durch die Fluchtlinien können Sie die Figur nun auf eine Position weiter vorn im Raum zeichnen. Die Fluchtlinie durch den Hals hilft, die Proportionen leicht anzupassen. Nun ist die Figur einfach nach links zu versetzen (orange Linien und Figur).

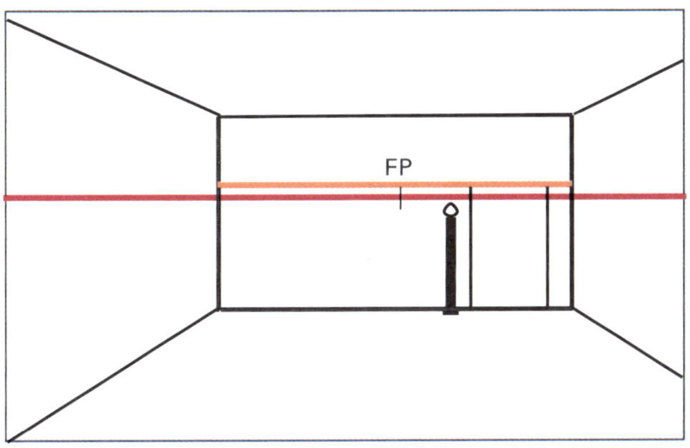

7. Die Höhe des Fensters kann entweder nach Gefühl gesetzt werden, oder Sie orientieren sich an der Tür. Dazu verlängern Sie die obere Kante der Tür horizontal über die komplette Wand (orange Linie).

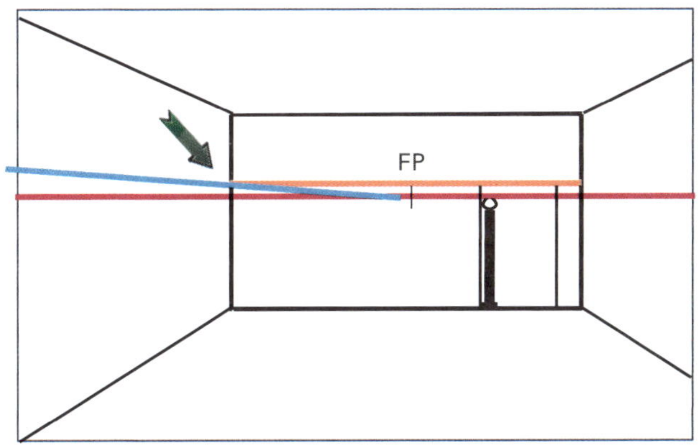

8. Jetzt wird die Linie, die vom Fluchtpunkt auf der Horizontlinie über den Schnittpunkt der roten Linie auf der Wand verläuft, gezeichnet (grüner Pfeil). Von diesem Punkt aus wird sie zur Seitenwand hin verlängert.

Merke:
Um die Mitte von einer Fläche oder einem Objekt zu ermitteln, wird immer die X-Technik angewendet. Wenn Sie das X an seinem Kreuzungspunkt mit einer waagrechten oder senkrechten Linie durchkreuzen, sehen Sie die perspektivisch korrekte Mitte.

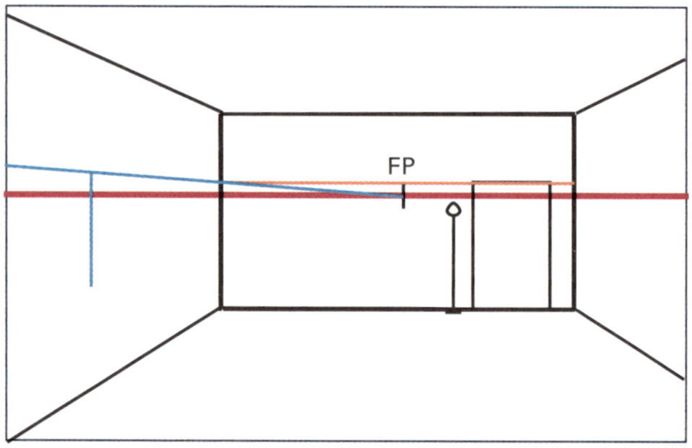

8. Bestimmen Sie nun die Position des Fensters mit einer Senkrechten. Ich wähle dazu am liebsten die mir zugewandte Seite des Fensters. Um die Größe zu ermitteln, überlegen Sie, ob vielleicht ein Heizkörper unter dem Fenster Platz haben soll.

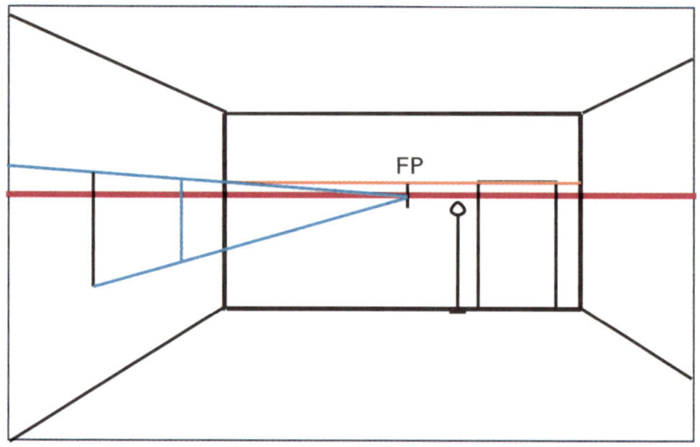

9. Verbinden Sie die festgelegte Größe mit dem Fluchtpunkt. Die Tiefe können Sie frei wählen, um dann die Senkrechte für das Ende des Fensters zu zeichnen.

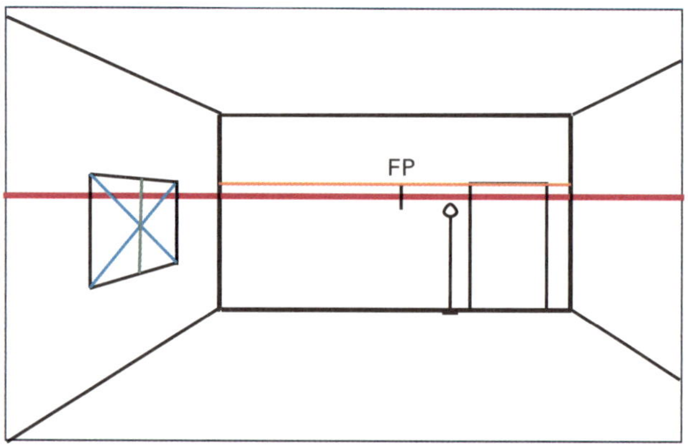

10. Soll das Fenster einen Mittelsteg bekommen? Dann verwenden Sie ein X, um die perspektivische Mitte zu ermitteln (blaue Linie). Danach durchkreuzen Sie die Mitte des X mit einer senkrechten Linie, die auch durch die Linie des FP verläuft (grüne Linie).

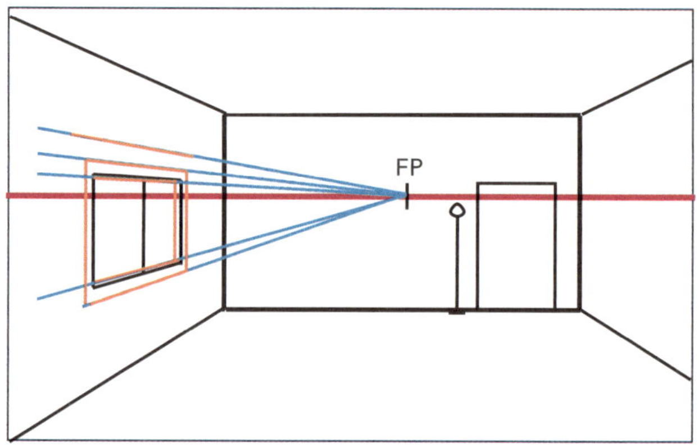

11. Jetzt können Sie dem Fenster noch die richtige Tiefe geben und das Fensterbrett und die Breite des Fensterrahmens einzeichnen. Auch eine Vorhangstange wäre jetzt möglich.

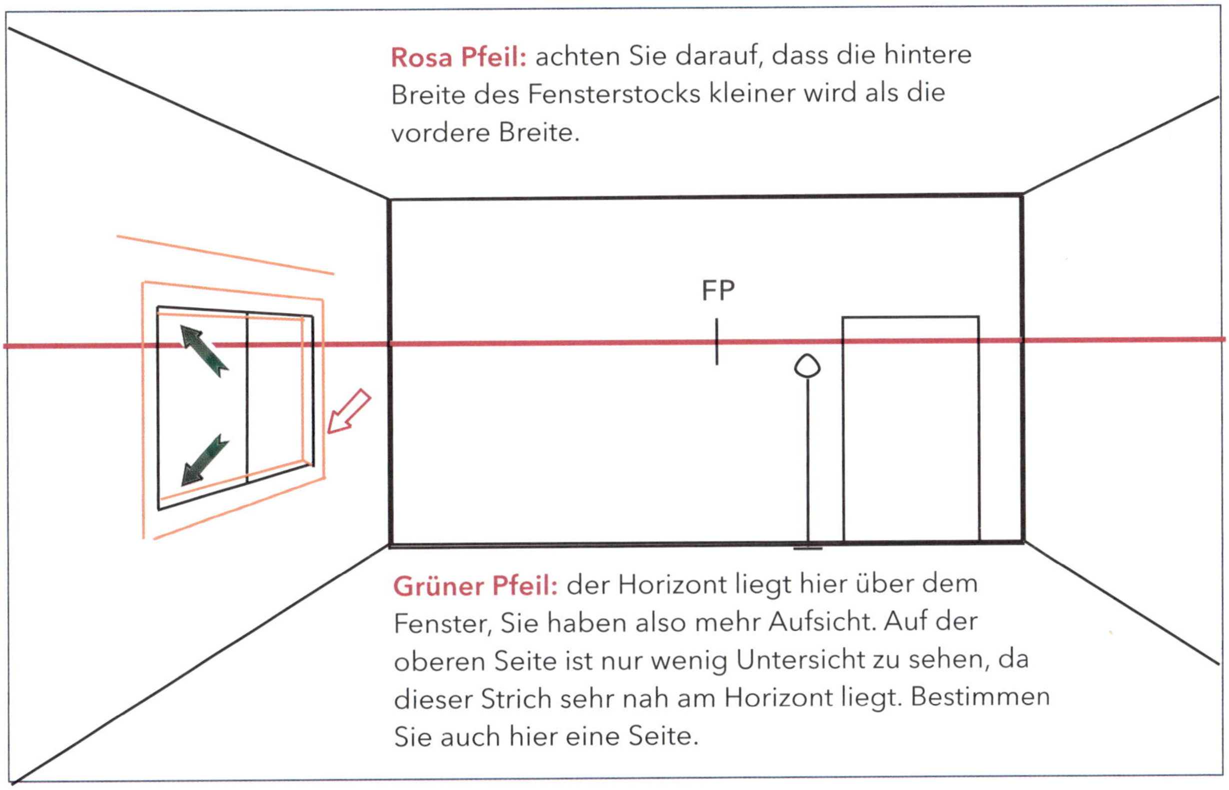

Übung 5: Zeichnen Sie diesen Raum noch einmal

Zeichnen Sie einmal in der Vogel- und einmal in der Froschperspektive. Versetzen Sie den FP, wenn Sie mehr Herausforderung benötigen. Anstelle eines Raumes kann auch ein Gang gezeichnet werden.

Tipp: Das innere Rechteck muss noch den Horizont berühren.

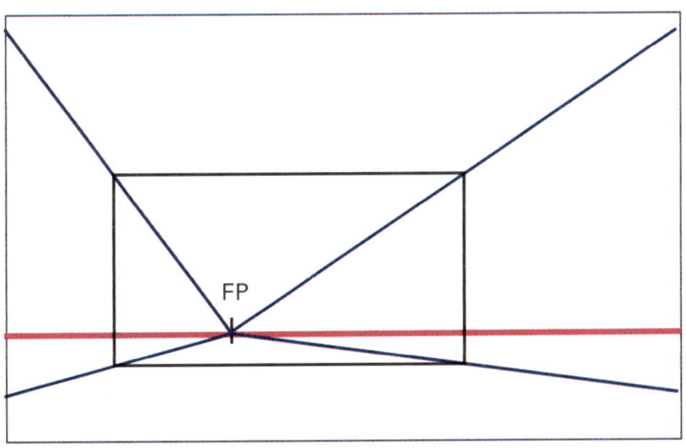

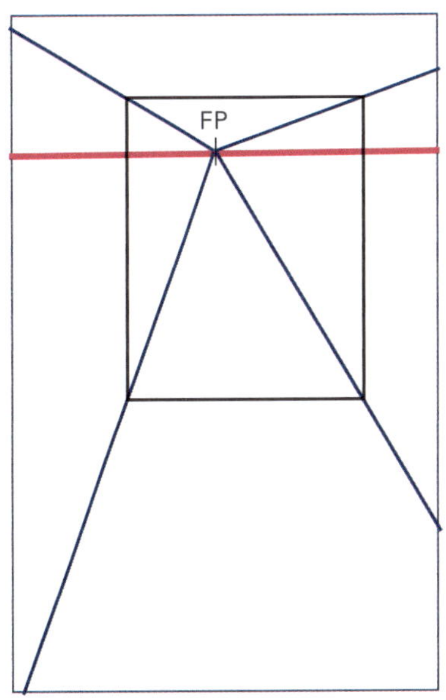

Personen platzieren

Ein Mensch ist im Durchschnitt 8 Kopfgrößen groß. Davon 1 Kopf für die Länge vom Scheitel bis zum Kinn, 3 Köpfe für Oberkörper bis Hüfte und 4 Köpfe für die Beine, davon 2 für die Oberschenkel und 2 für die Unterschenkel.

Wenn Sie eine Person in ein Bild einzeichnen, müssen Sie zunächst die Größe definieren. Das können Sie nicht nur mithilfe einer Tür, wie im vorigen Kapitel erklärt, Sie können auch die kleinste oder die größte Person bestimmen. Es wäre ja möglich, dass es kein Gebäude gibt oder dass Sie Ihr Augenmerk zuerst auf die Person legen und danach den Raum gestalten. Dann müssen Sie alle weiteren Personen und Proportionen an der ersten Person ausrichten.

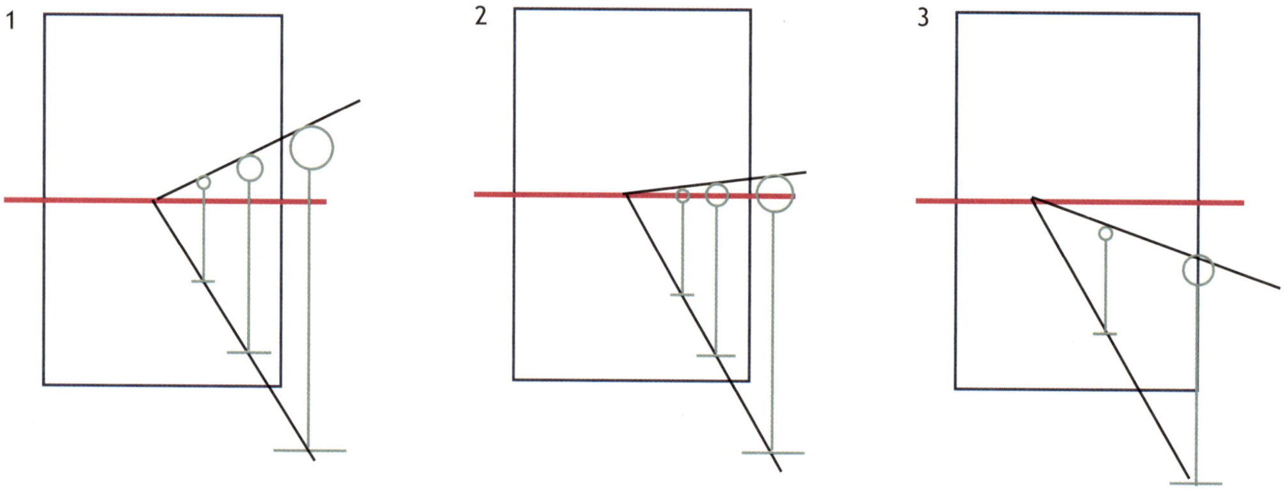

Eine relativ normale Perspektive, mit dem Brustkorb auf Höhe des Horizonts (1). Wenn man von allen Figuren die Hüfte auf den Horizont legt, erhält man eine Froschperspektive. Positioniert man die Köpfe auf die HZ, erhält man eine leicht erhabene Perspektive. Die Personen wirken dann etwas größer als man selbst (2). Bei Überflugszenen sitzt der Kopf unterhalb des Horizonts. Natürlich müssen immer die Proportion eingehalten werden (3).

Je näher Ihnen eine Person ist, desto eher kann man den Eindruck einer Frosch- oder Vogelperspektive erzeugen. Wichtig ist, dass immer dieselben Gliedmaßen auf dem HZ liegen.

Oft merkt man erst beim Zeichnen, dass das gewählte Format zu klein ist. Dann können Sie zusätzlich Hilfsblätter an Ihr Blatt kleben, um alles zeichnen zu können.

!! Das geht nicht, es muss immer das gleiche Körperglied der Personen am Horizont ausgerichtet sein.

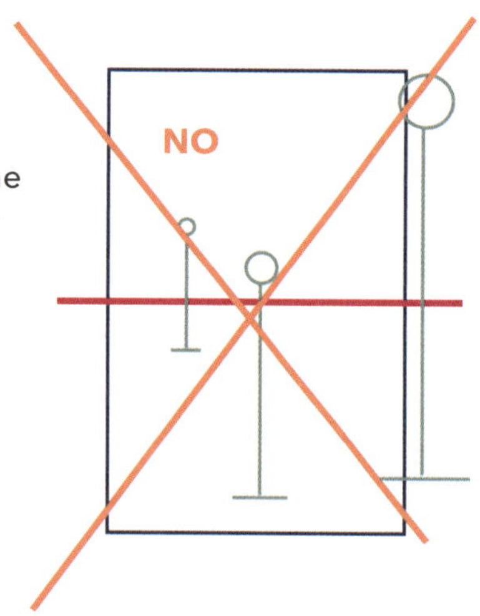

Bei der Nahansicht einer Person kann man durch den HG mehr Tiefe oder Nähe erzeugen. Das kann nochmals verstärkt oder gemindert werden durch die Hintergrundobjekte, z.B. Berge, Zaun, Weg oder Bäume etc. Auch das Format spielt eine Rolle: So erzeugt das Querformat eine gewisse Weite, während das Hochformat Enge und mehr Fokus signalisiert.

Merke:
Je nachdem, wo man den Kopf der Person platziert, erzeugt man unterschiedliche Perspektiven. Bei mehreren Personen im Bild müssen immer die gleichen Körperteile am Horizont ausgerichtet sein.

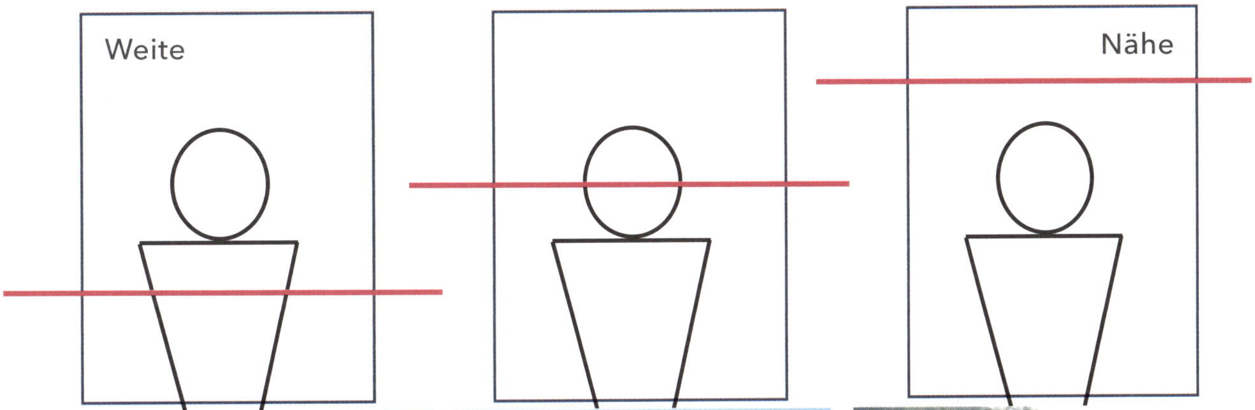

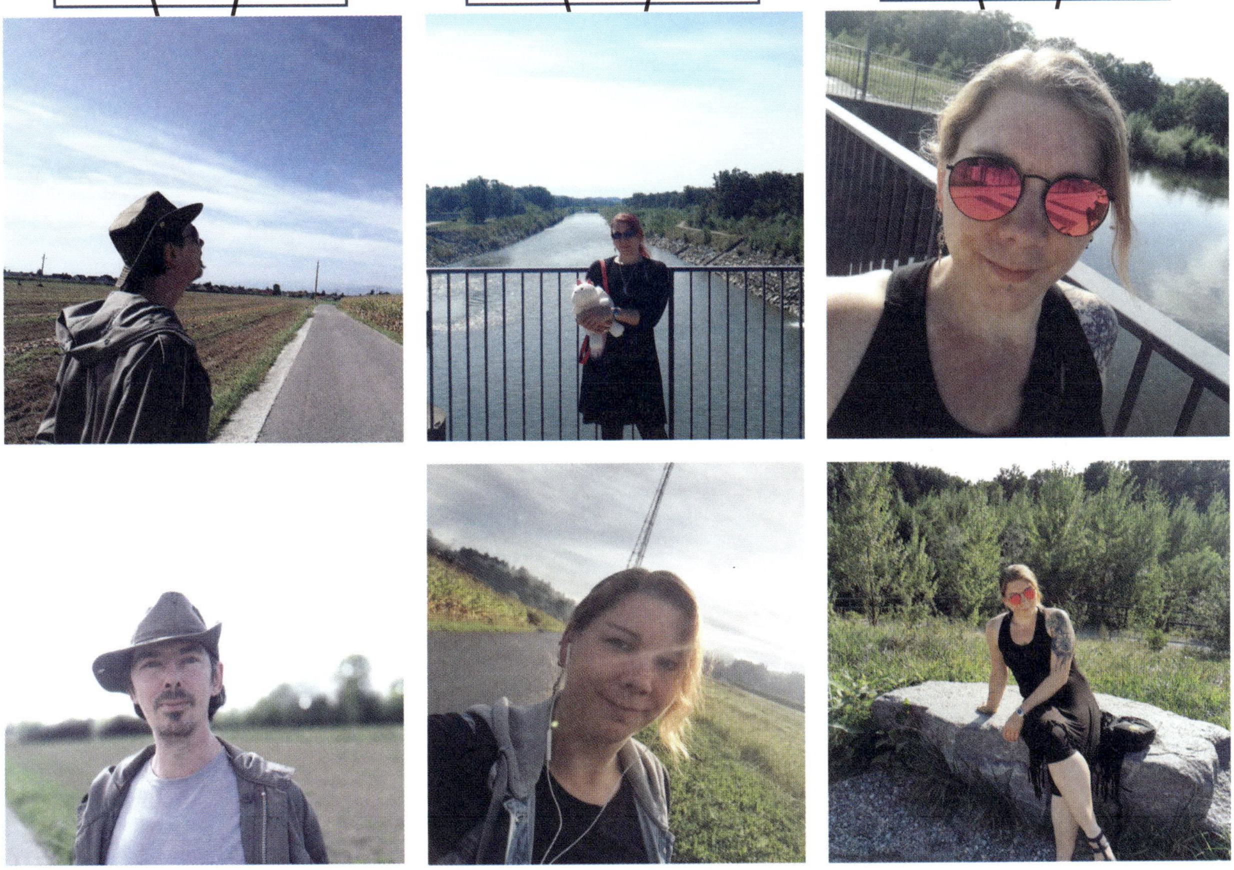

Übung 6: Reihenhaussiedlung

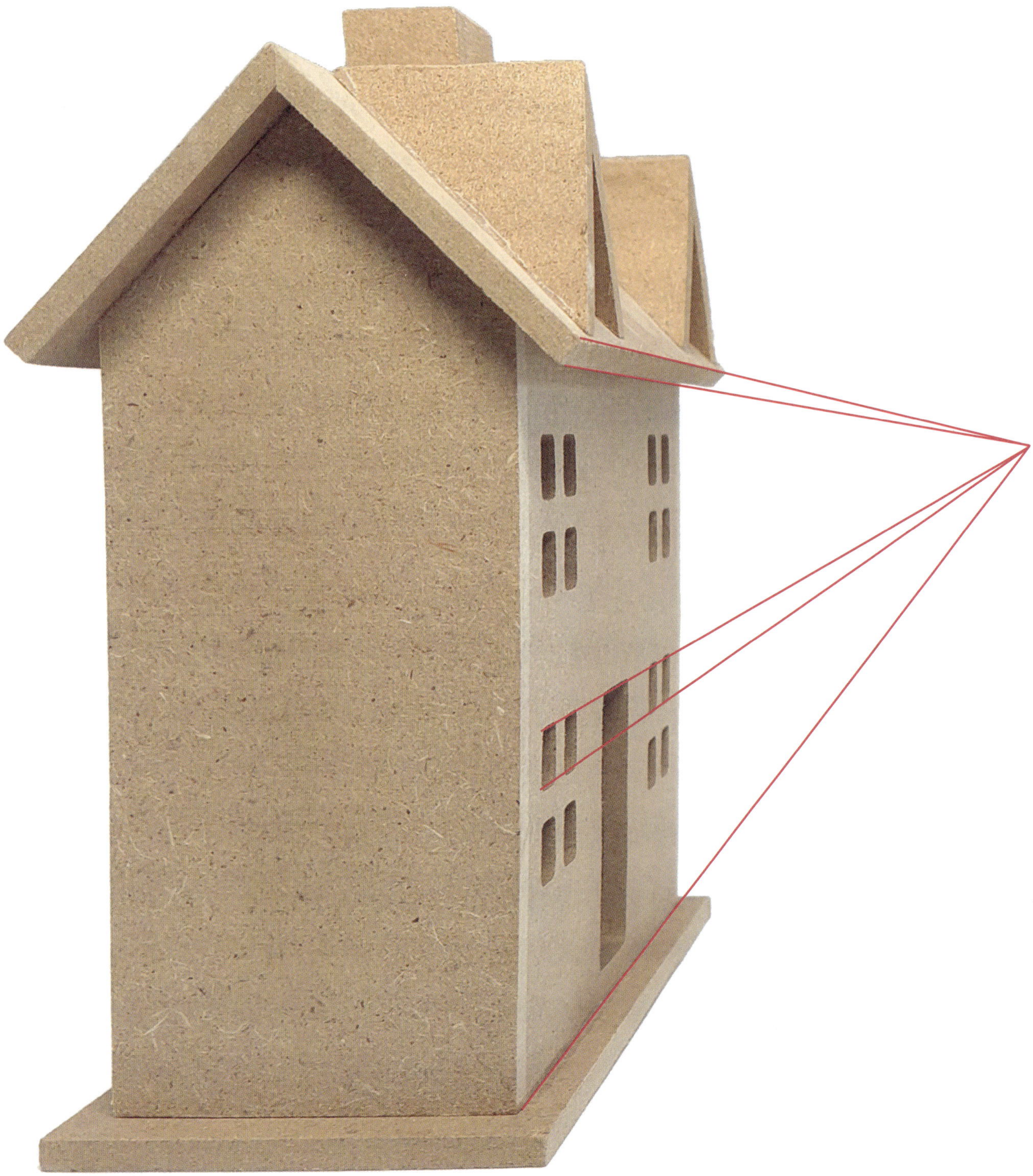

Erschaffen Sie eine Straße mit einer Reihenhaussiedlung. Denken Sie an den Gehsteig und an die Menschen, die die Straßen passieren. Ein Zebrastreifen wäre toll.

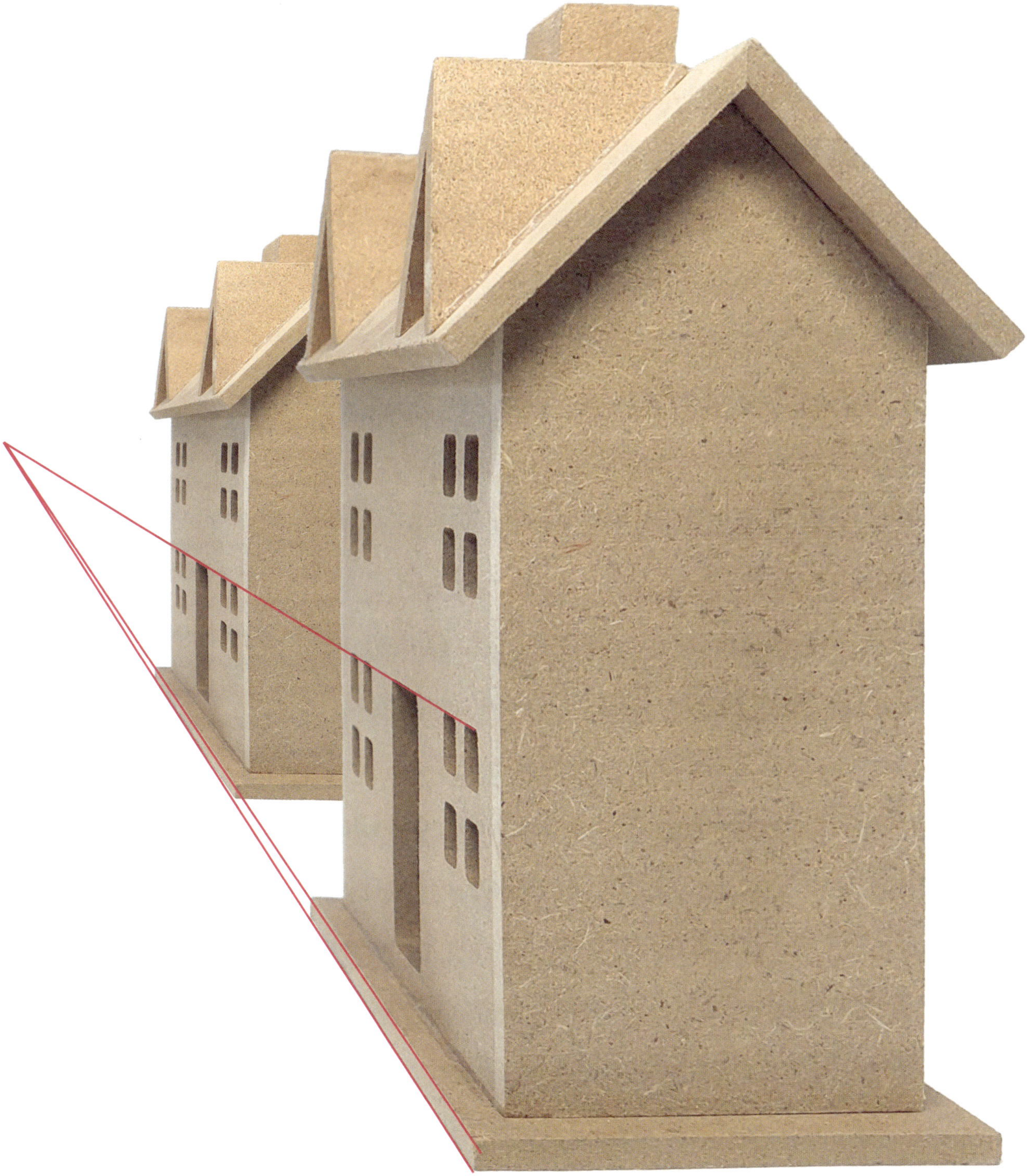

Diagonaltechnik in der Zentralperspektive

Die Diagonaltechnik wird in der Zentralperspektive gebraucht für: Kacheln, Fliesenboden, Plattenboden, Decke usw.

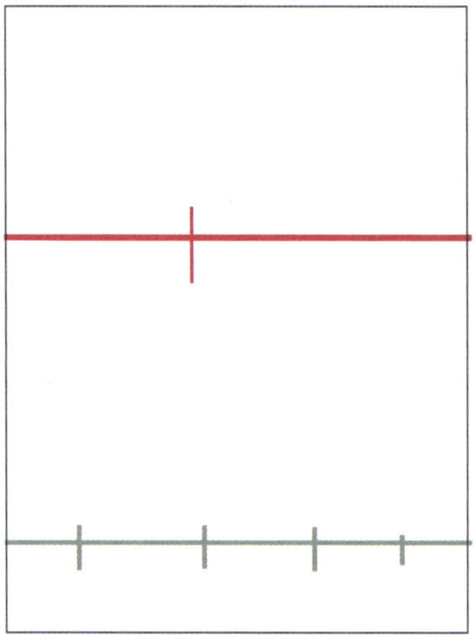

1. Wählen Sie zum Üben ein Hochformat. Legen Sie den Horizont im oberen ersten Drittel an und den Fluchtpunkt leicht nach links versetzt, um ein bisschen mehr Dynamik zu erzeugen. Stellen Sie sich vor, dass der Boden ein Weg ist und Sie direkt darauf stehen. Um die Fliesen realistischer ins Bild fließen zu lassen, werden die vom Rand aus erscheinenden später angeschnitten. Also legen Sie nun den ersten waagrechten Strich an, von dem aus die Fliesen zu sehen sind (grüne Linie). Überlegen Sie, wie breit die ersten Fliesen sind, und zeichnen Sie mit kleinen senkrechten Strichen den gleichen Abstand als Hilfslinien ein. Tipp: Wenn die Fliesen sich über eine breite Front ziehen würden, dann würde ihr Abstand nach links und nach rechts vom FP gesehen natürlich kleiner werden. Dies können wir aber bei unserem kleinen Fliesenboden vernachlässigen.

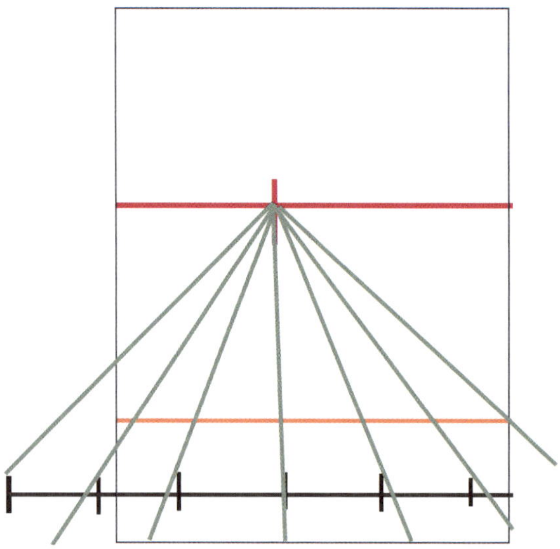

2. Alle Hilfslinien zur Fliesenbreite werden nun mit dem Fluchtpunkt verbunden. Wenn Sie links und rechts noch ein Blatt hinzufügen, können Sie über das Format hinaus zeichnen und so mehr Breite der Fliesen erzeugen. Ich ziehe die Striche gerne über meine Hilfslinien hinaus auf das Formatende, damit auch die angeschnittenen Fliesen zu sehen sind. Nachdem Sie die Linien verbunden haben, zeichnen Sie ein, wie viel man von der ersten Fliese sehen soll, und ziehen hier einen Strich (oranger Strich). Genau diese Breite zwischen orangem und schwarzem Strich soll sich jetzt perspektivisch verkleinern.

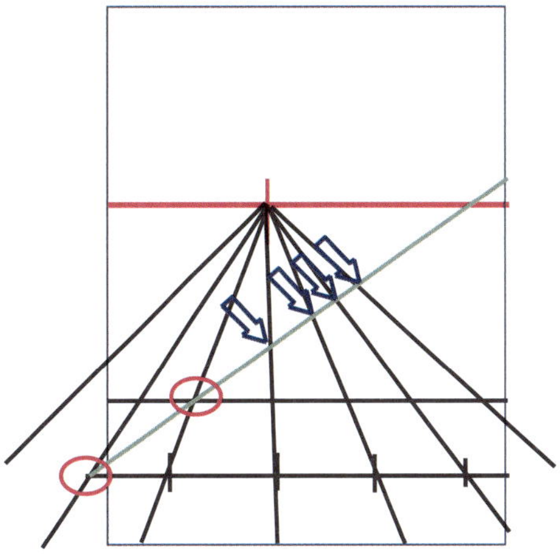

3. Da, wo Ihre Fliesen die komplette Breite haben und nicht angeschnitten sind, ziehen Sie nun eine diagonale (grüne Linie) durch die Ecken (Kreise). Hier ist es egal, ob Sie die Diagonale auf der linken oder auf der rechten Seite nach oben ziehen.

Da, wo die Diagonale auf die nächsten Fluchtlinientrifft (blauer Pfeil), befinden sich die Schnittpunkte für die nächste Waagrechte.

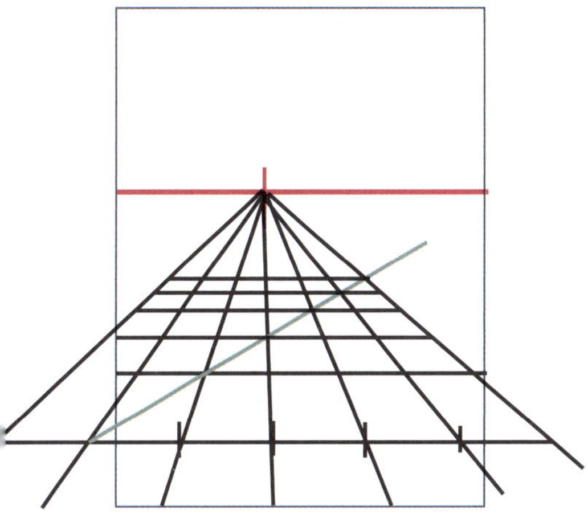

4. Nun werden die Waagrechten überall eingezeichnet, wo die Diagonale die Fluchtlinien trifft. Umso genauer Sie arbeiten, umso schöner wird das Muster. Schon kleine Ungenauigkeiten können das Bild sehr stark verfälschen. Also mit viel Geduld und Konzentration an die Sache herangehen, das spart später sehr viel Zeit.

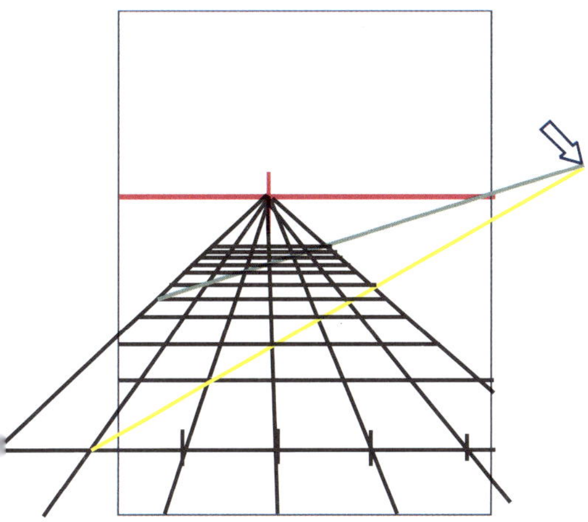

5. Um die Fliesen noch weiter in die Tiefe zeichnen zu können, wiederholen Sie den Vorgang und zeichnen in das zuletzt gezeichnete Fliesenfeld eine Diagonale ein.

Wenn Sie sehr viel Platz haben, werden Sie festellen, dass diese Diagonalen alle zu einem Hilfspunkt fluchten werden. Dieser Hilfspunkt liegt nicht auf der Augenhöhe. Es wäre also auch möglich, diesen Hilfspunkt (blauer Pfeil) mit den ersten Linien zu bestimmen und diesen immer wieder zu verbinden. Beide Herangehensweisen kommen zum selben Ergebnis.

Übung 7: Außenansichten mit Diagonaltechnik

1. Zeichnen Sie ein Schachbrett von verschiedenen Perspektiven aus.

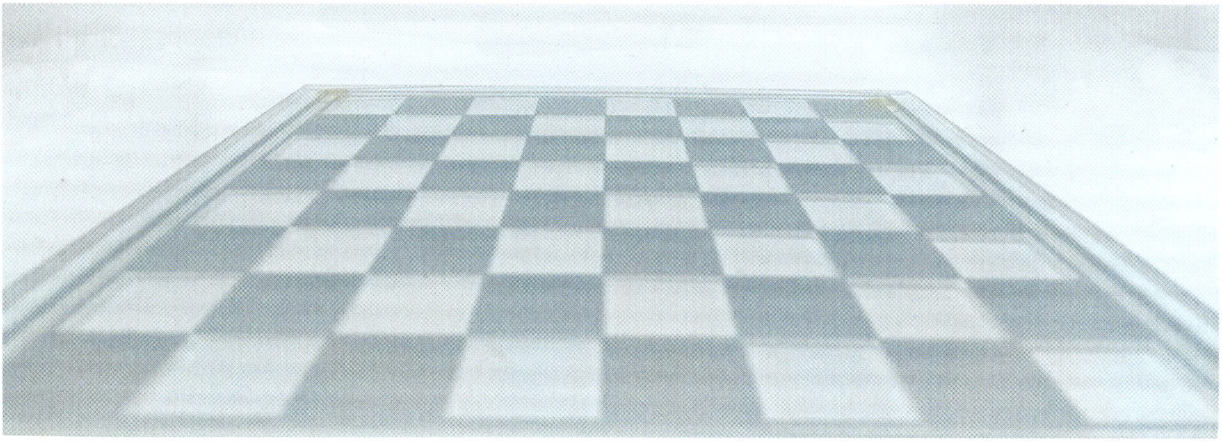

2. Zeichnen Sie einen gepflasterten Weg mit Objekten daneben. Stellen Sie sich vor, Sie gehen durch einen Skulpturengarten und der Weg führt Sie direkt zum Glanzstück. Versuchen Sie davon verschiedene Ansichten zu zeichnen. Wie würde es aussehen, wenn Sie über den Garten fliegen. Wie würden Sie sich als Maus fühlen? Wie viel wäre dann noch zu sehen?

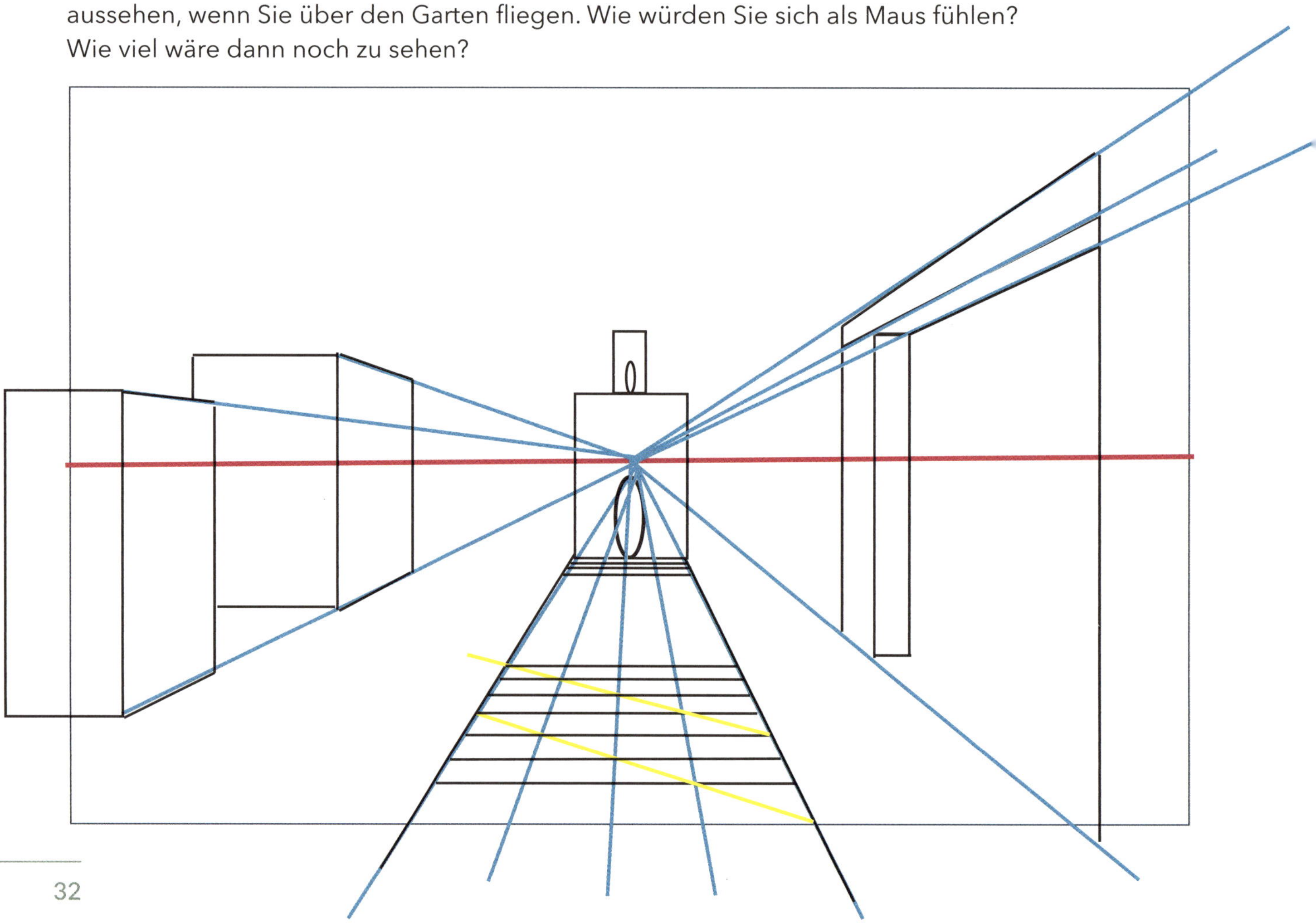

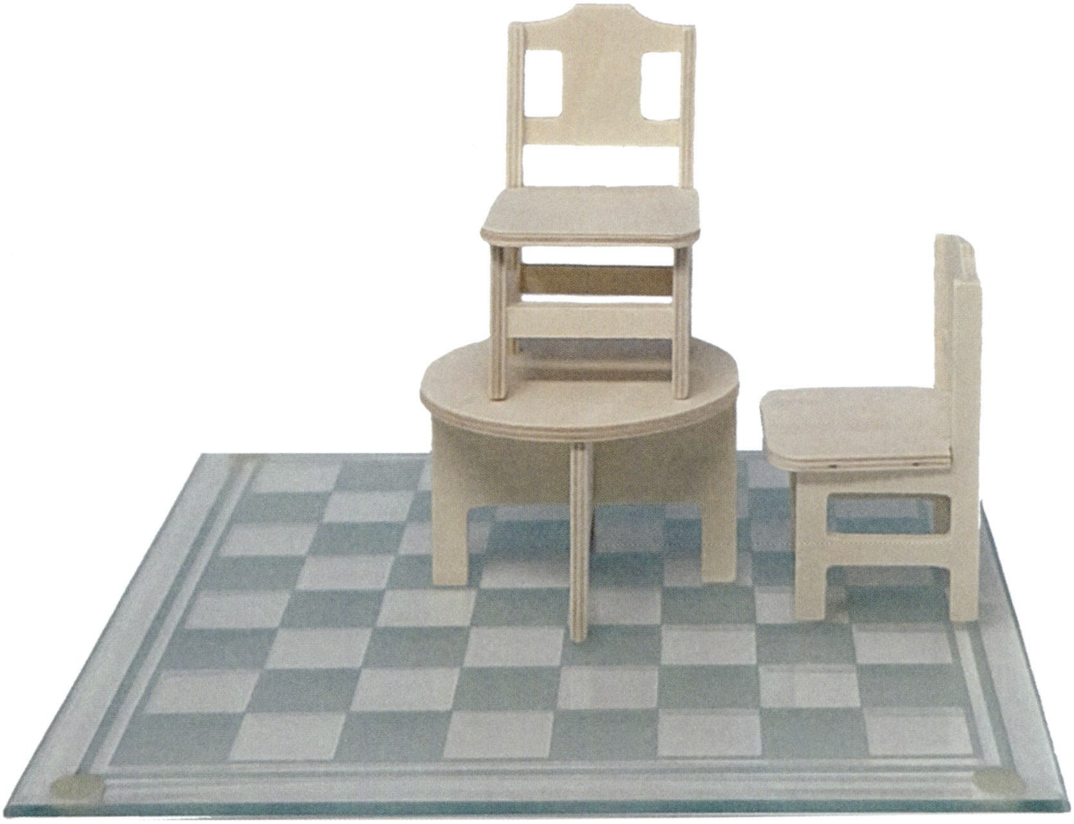

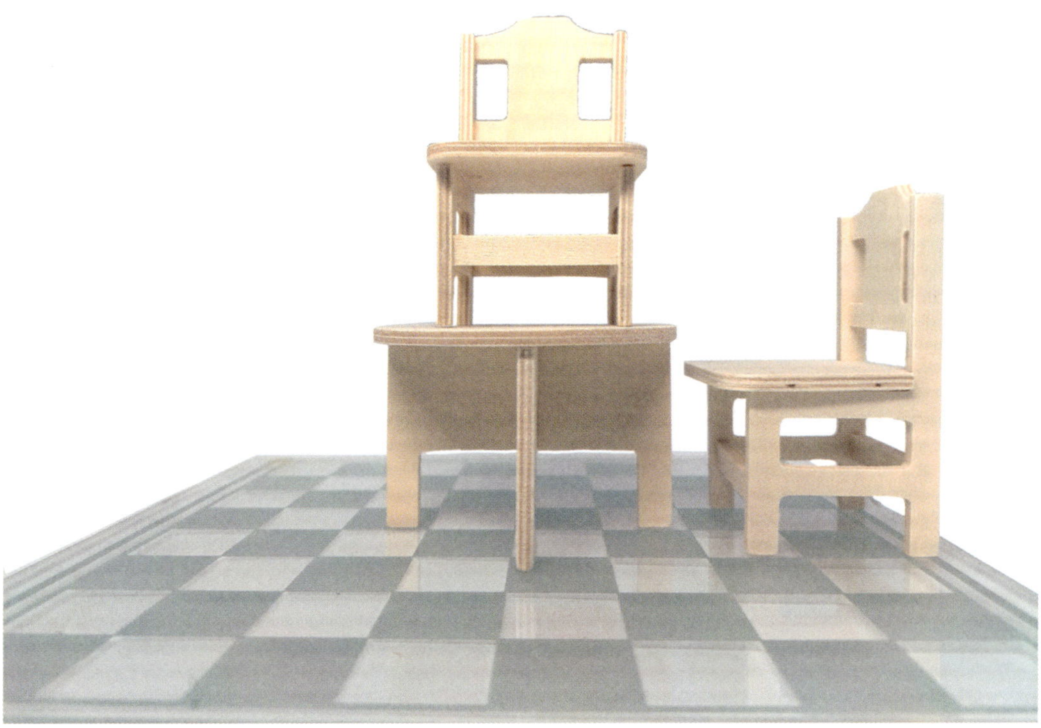

N-Technik in der Zentralperspektive

Diese wird in der Zentralperspektive gebraucht für Objekte, die den gleichen Abstand aufweisen oder im gleichen Abstand gepflanzt wurden. Zaunlatten, Lichtmasten, Säulen, Bäume, manchmal auch Fenster.

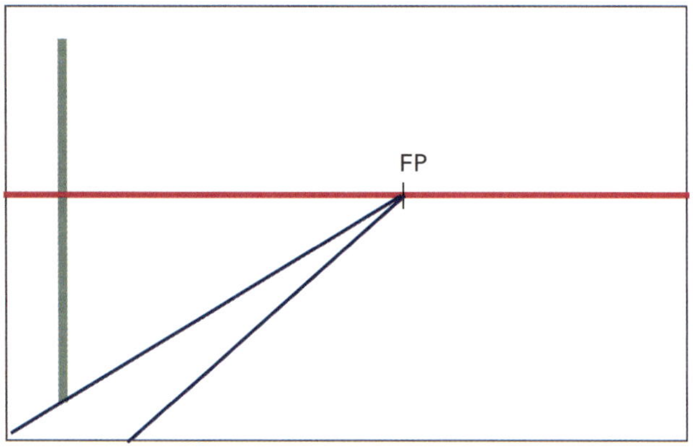

1. Zeichnen Sie eine Reihe von Straßenlaternen: Wählen Sie ein Querformat und platzieren Sie HZ und FP. Links soll sich der Gehsteig befinden, zeichnen Sie dort die erste Laterne ein (grüne Linie).

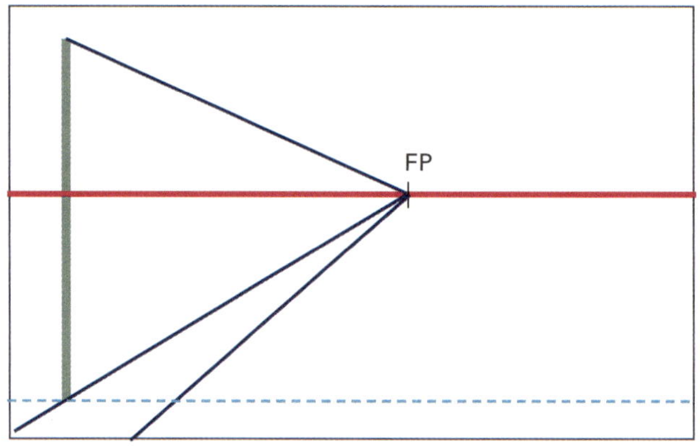

2. Verbinden Sie die Höhe der Laterne mit dem FP. Alle Laternen sind gleich hoch. Damit es realistischer wirkt, sollen auf der rechten Seite auch Laternen zu sehen sein. Da die Laternen sich gegenüberstehen, können Sie von der ersten Laterne einfach eine Gerade nach rechts ziehen (gestrichelte Linie).

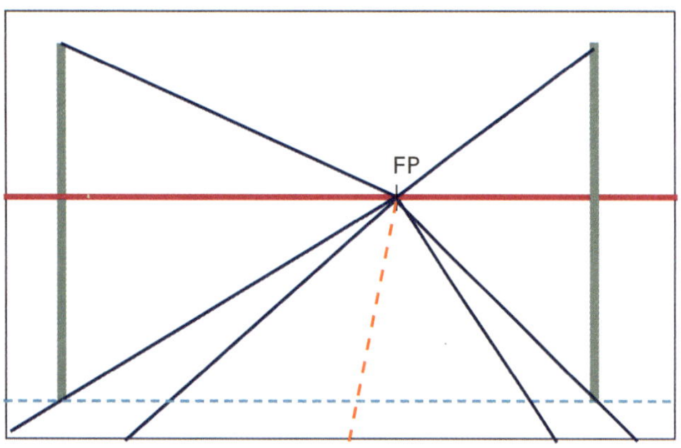

3. So stehen sich die Laternen gegenüber. Zeichnen Sie noch den Gehsteig und die Fluchtlinien ein. Zum Spaß bekommt unsere Straße auch einen Mittelstreifen. Verwenden Sie eine gleichmäßig gestrichelte Linie als Hilfe. In der Realität wären diese Striche nicht nur vorne breiter als hinten beim Fluchtpunkt, sondern sie würden sich natürlich auch nach hinten verkürzen.

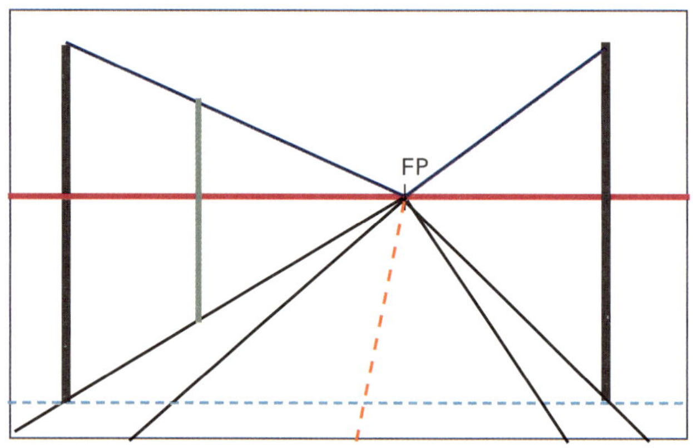

4. Nun zur N-Technik: bestimmen Sie auf der linken Seite den Abstand zur nächsten Laterne. Gehen Sie nach Gefühl vor. Die grüne Linie zeigt die zweite Laterne und definiert damit auch den Abstand, den die Laternen über die gesamte Länge der Straße haben sollen.

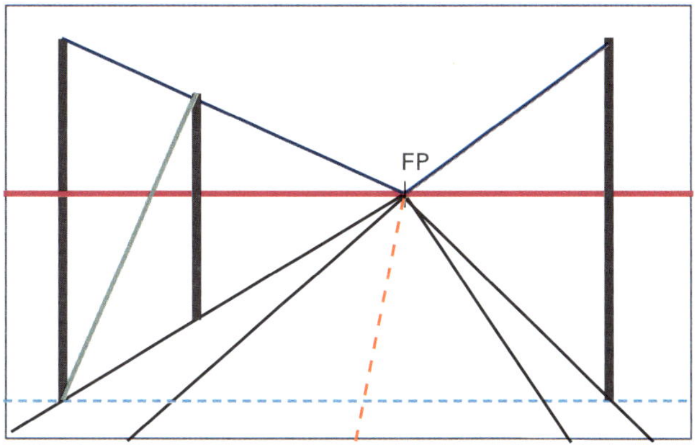

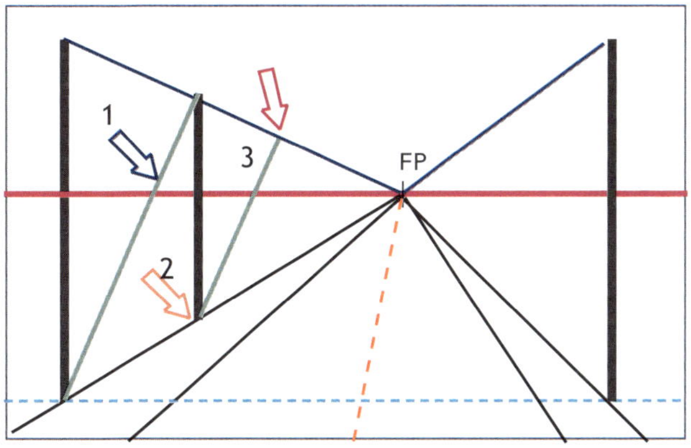

5. Nun ziehen Sie eine diagonale (grüne Linie) von Laterne 1 zu Laterne 2. Dies ist von oben nach unten, aber natürlich auch umgekehrt von unten nach oben möglich. Wenn Sie das auf die rechte Seite übertragen möchten, können Sie auch dort die N-Technik anwenden. Leichter ist es allerdings, die Punkte mit einer Waagrechten zu übertragen, wie in Bild 4.

5. Legen Sie das Geodreieck an die gezogene Diagonale (blauer Pfeil) und schieben Sie das Dreieck so lange weiter, bis Sie parallel zu der Diagonalen am nächsten unteren Rand der Laterne ankommen (oranger Pfeil). Hier zeichnen Sie eine Diagonale ein, die bis zur Fluchtlinie reicht (magentafarbener Pfeil).

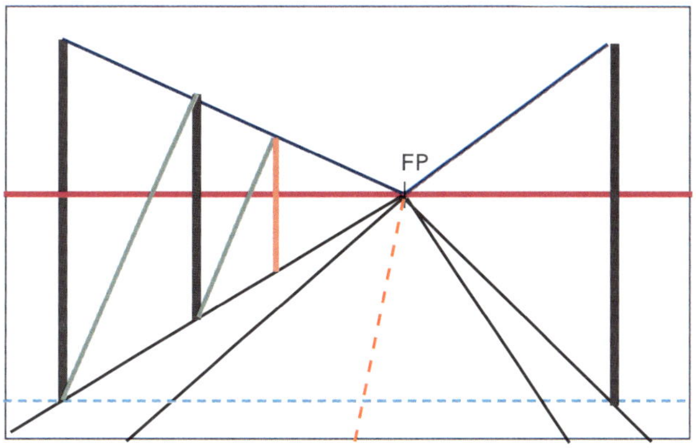

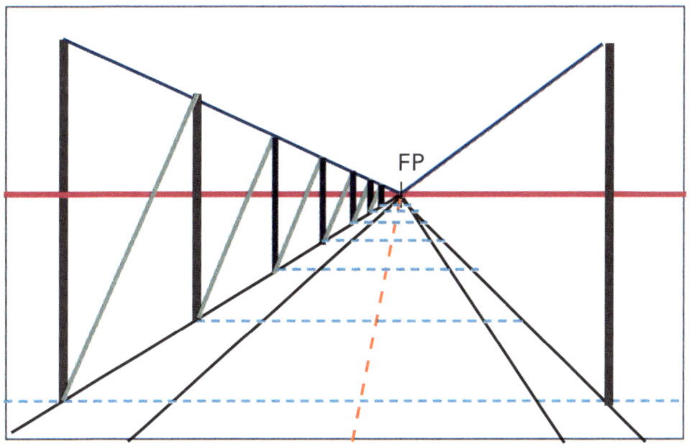

6. Es ist sehr wichtig, dass beide Diagonalen vollkommen parallel zueinander verlaufen (grüne Linien). Wo die Diagonale die Fluchtlinie trifft, können Sie jetzt einen neuen Strich für die nächste Laterne setzen (oranger Strich).

7. Das Ganze wiederholen Sie bis ans Straßenende. Diagonale parallel einzeichnen bis zur Fluchtlinie, dann eine Gerade zeichnen. Sind Sie links fertig, können Sie alles noch nach rechts übertragen. Am leichtesten geht das mit waagerechten Hilfslinien, wie die gestrichelten hellblauen Linien zeigen.

Merke:
Mit der N-Technik ist es auch möglich, zwei unterschiedliche Abstände, die sich immer wiederholen, zu definieren.
Beispiel: Ein Mehrparteienhaus, an dem die Fenster je 2,5 m lang sind und der Zwischenraum zum nächsten Fenster je 3,5 m breit.

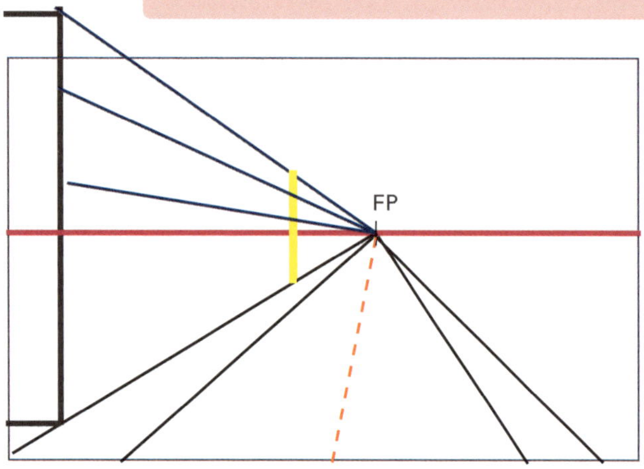

1. Zeichnen Sie eine Straße und ein Gebäude. Bestimmen Sie, in welcher Höhe sich die Fenster befinden. Da Sie die N-Technik verwenden, skizzieren Sie das Ende des Hauses nur (gelbe Linie). So können Sie es noch versetzen.

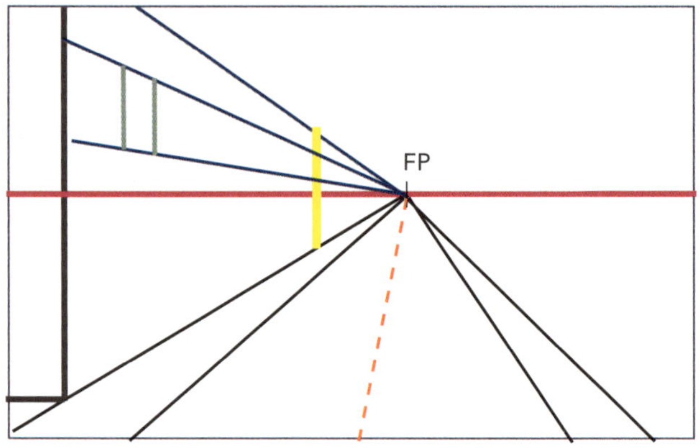

2. Jetzt definieren Sie den Abstand der Mauer zum Fenster und die Breite des Fensters selbst (grüne Linie).

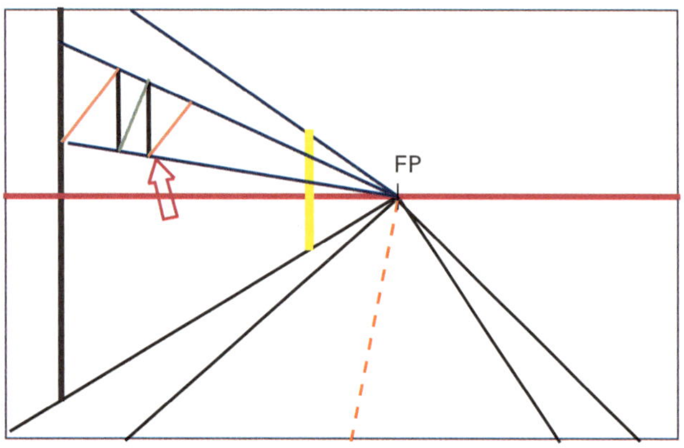

3. Als Nächstes setzen Sie zwei Diagonalen. Im Bild sehen Sie, dass die rote Diagonale anders verläuft als die grüne. Übertragen Sie zunächst die rote Diagonale (Abstand zwischen den Fenstern). Setzen Sie diese am unteren Ende des Fensters an (rosa Pfeil). So können Sie ermitteln, wo das nächste Fenster beginnt.

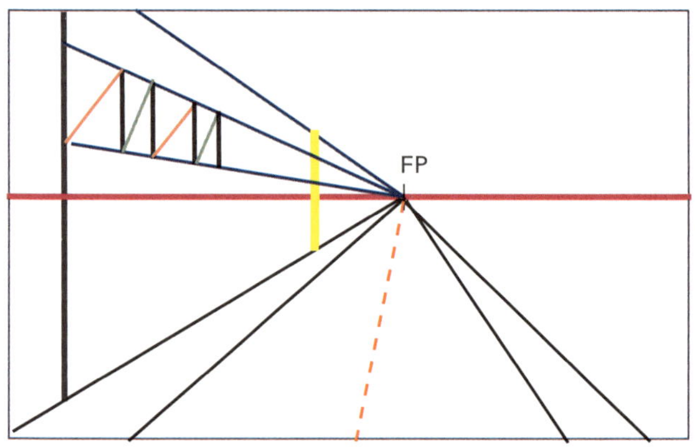

4. An diesem Punkt ziehen Sie einen senkrechten Strich nach unten. Nun müssen Sie die grüne Diagonale parallel übertragen. Auch hier wird ein Strich gezogen, an der die Diagonale die Fluchtlinie trifft. Wiederholen Sie die Schritte der Bilder 3 und 4, bis Sie am Ende des Hauses angelangt sind. Sie können nicht mit einem Fenster abschließen, deshalb müssen Sie Ihren Endpunkt ggf. leicht nach vorne verschieben (gelbe Linie).

Übung 8: Die N-Technik

Freunden Sie sich mit der N-Technik an!

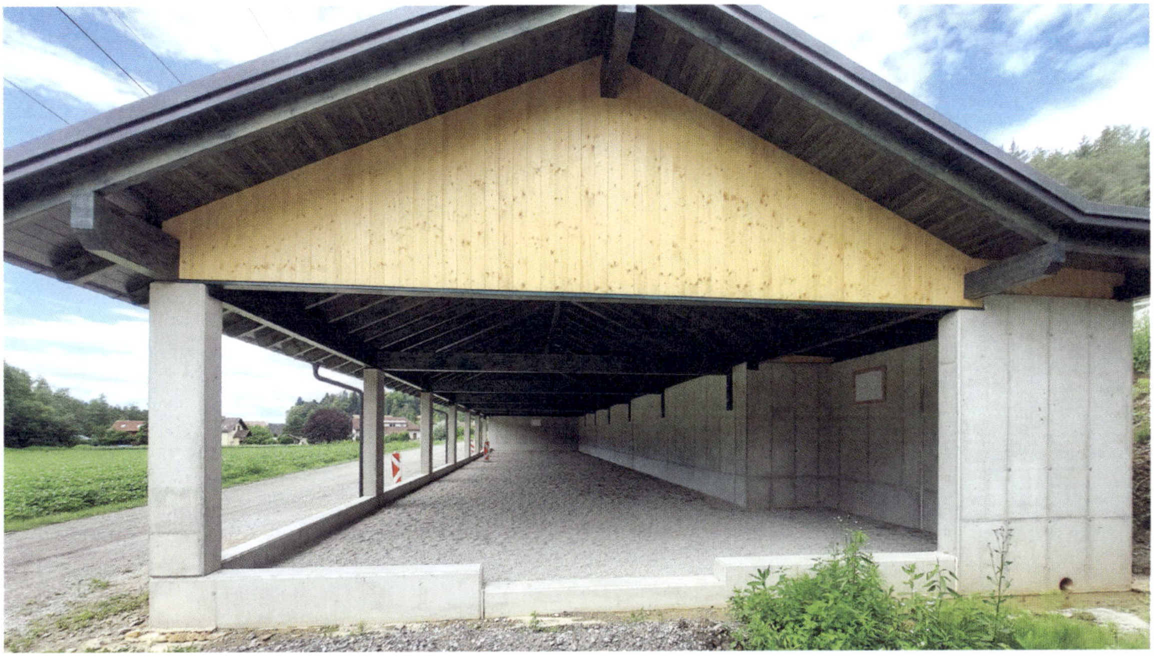

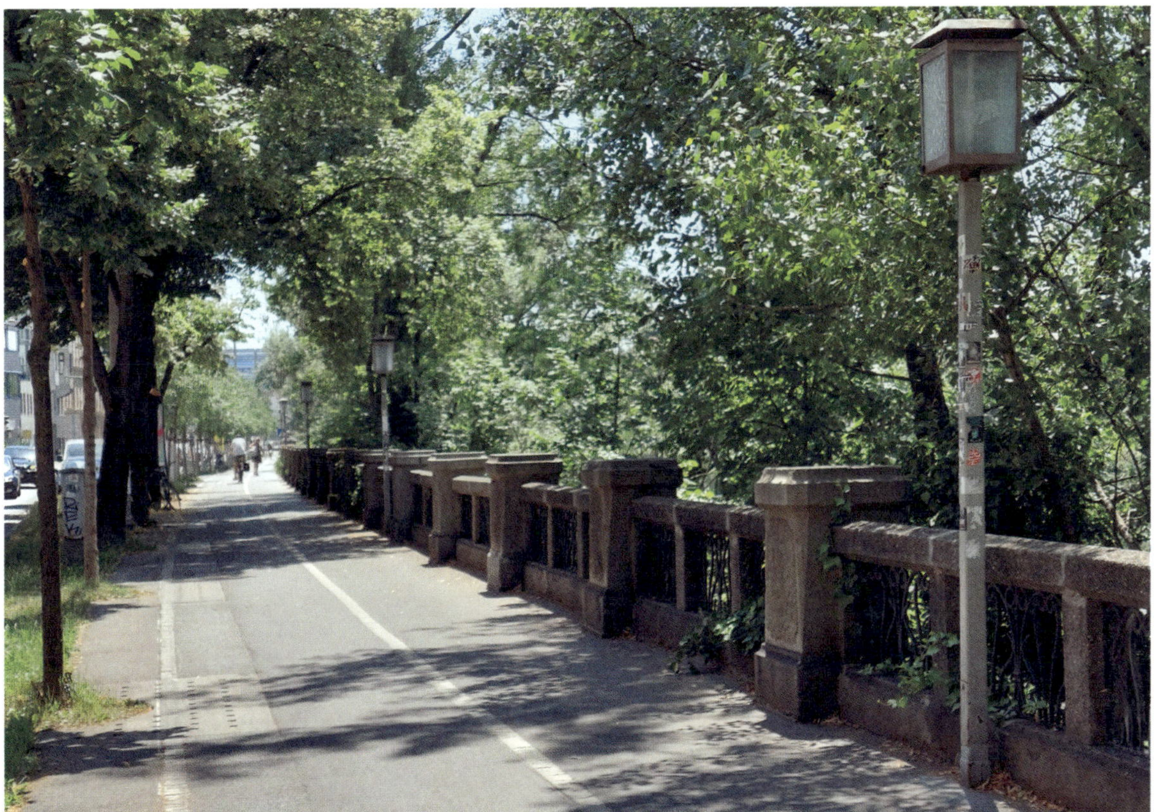

Die Kreuz- oder X-Technik in der Zentralperspektive

Diese wird in der Zentralperspektive gebraucht, wenn Anfang und Ende vorbestimmt sind. Mit ihr lässt sich die jeweilige Mitte ermitteln. Diese Technik vervielfältigt sich selbst weiter, wie Sie im Beispiel unten sehen. Trotz allem ist sie ein tolles Hilfsmittel zum Zeichnen von Häusern, Fensterfronten usw.

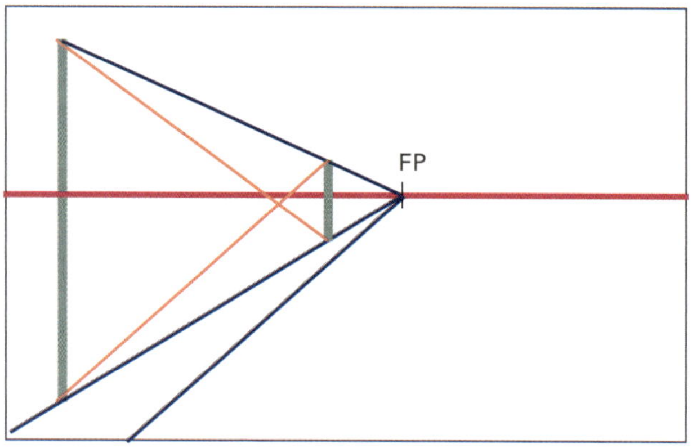

1. Legen Sie Anfang und Ende fest (grüne Linien). Diese werden gekreuzt (oranges Kreuz).

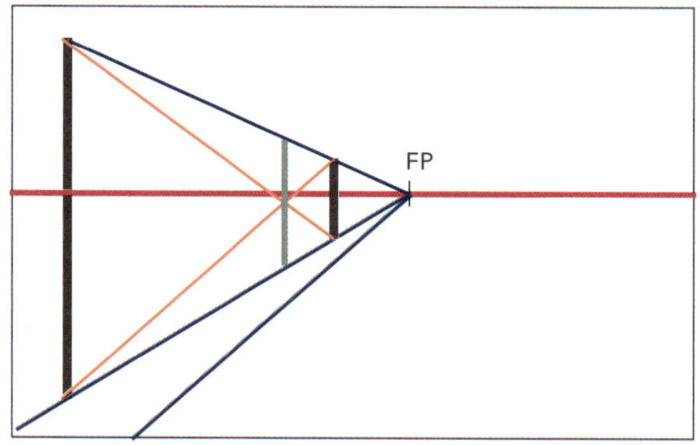

2. Dort, wo die Linie kreuzt, wird eine Gerade gezogen (grüne Linie).

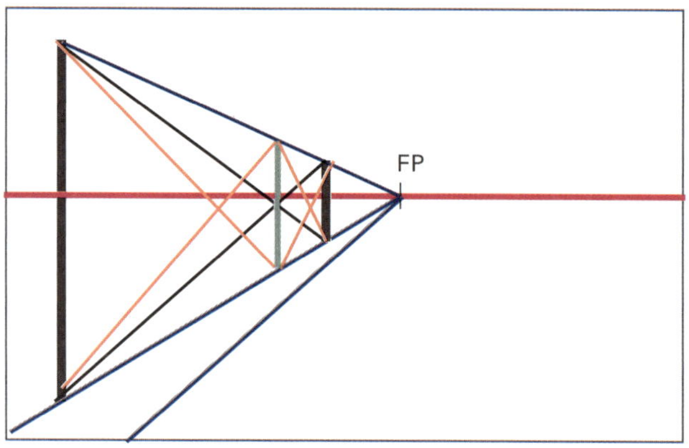

3. Durch diesen neuen Strich wird wieder gekreuzt. Jetzt aber links und rechts davon (orange Linie). Wenn Sie danach weiter Striche ziehen und dann nochmals kreuzen wollen, müssen Sie schon 4-mal kreuzen.

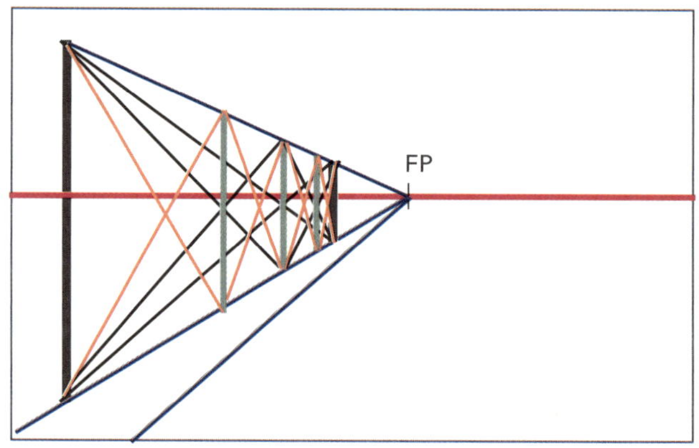

4. Jedes Teilstück muss immer gekreuzt werden, damit der Abstand gleich bleibt. Das kann sehr schnell in vielen verwirrenden Linien ausarten.

Merke:
Bei der N-Technik muss man zunächst den vorderen Abstand definieren, z.B. von Laterne zu Laterne. Danach ist es aber möglich, jede Anzahl zu zeichnen, so weit wie man möchte. Die Kreuztechnik benötigt einen fixen Anfang und ein vorgegebenes Ende. Sie erhöht sich exponentiell. Dadurch ergibt sich eine ungerade Anzahl von Strichen, die durch das Kreuz geführt werden, und eine gerade Anzahl von Zwischenteilen. (2^x-1)

Übung 9: Die Kreuz- oder X-Technik

Freunden Sie sich mit der X-Technik an!

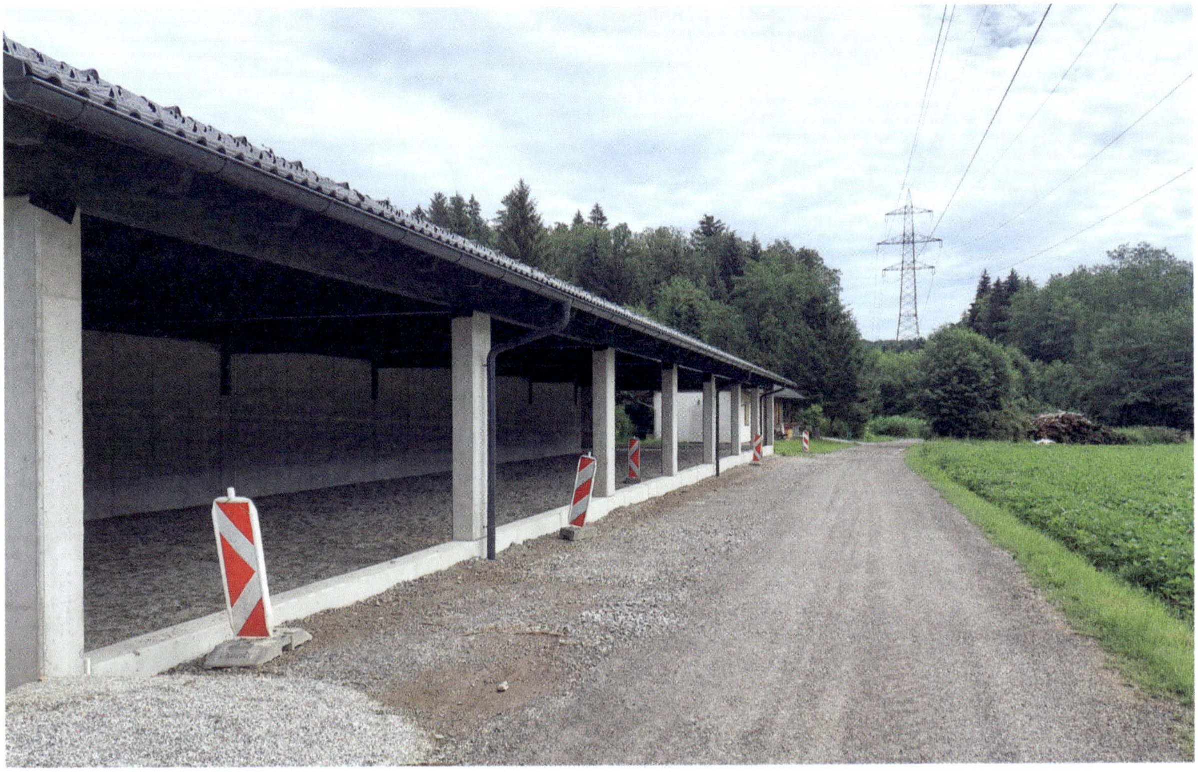

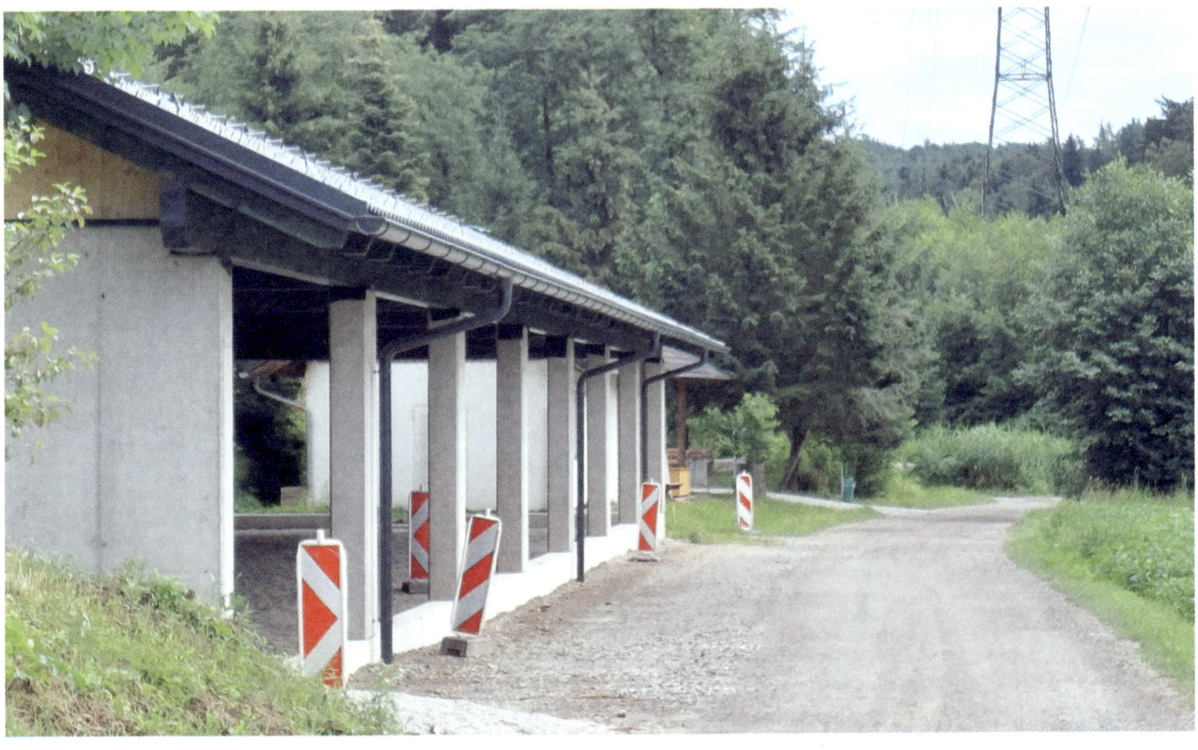

Übung 10: Das Gelernte umsetzen

Zeichnen Sie eines oder mehrere dieser Bilder als Übung nach.

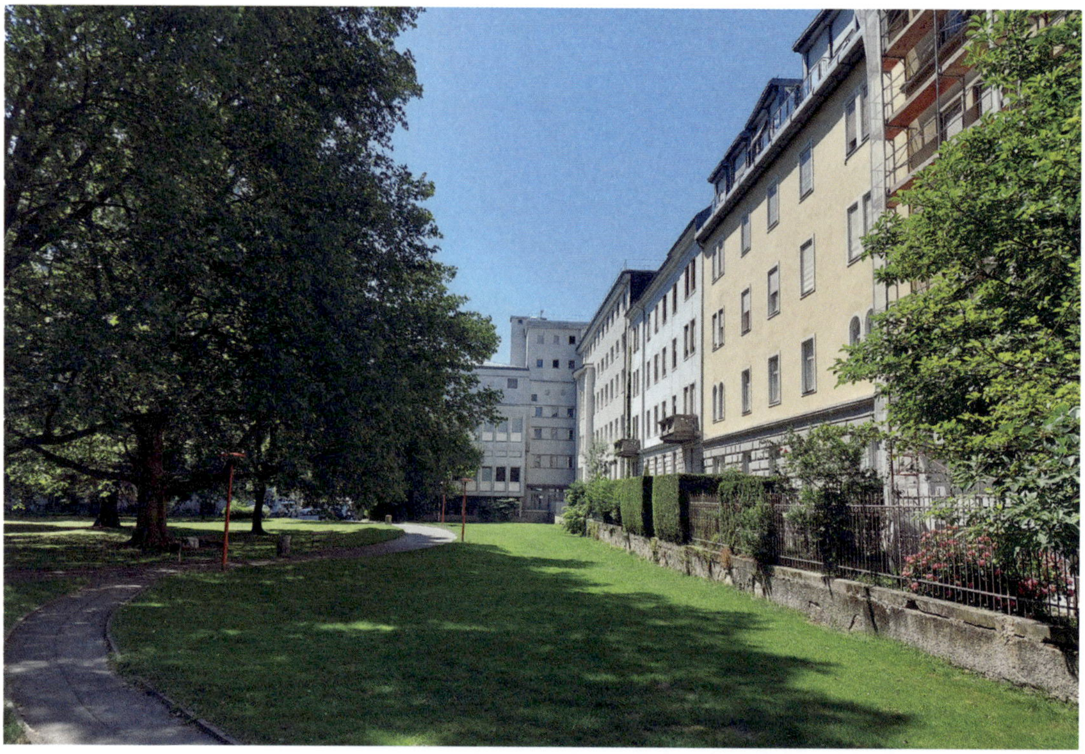

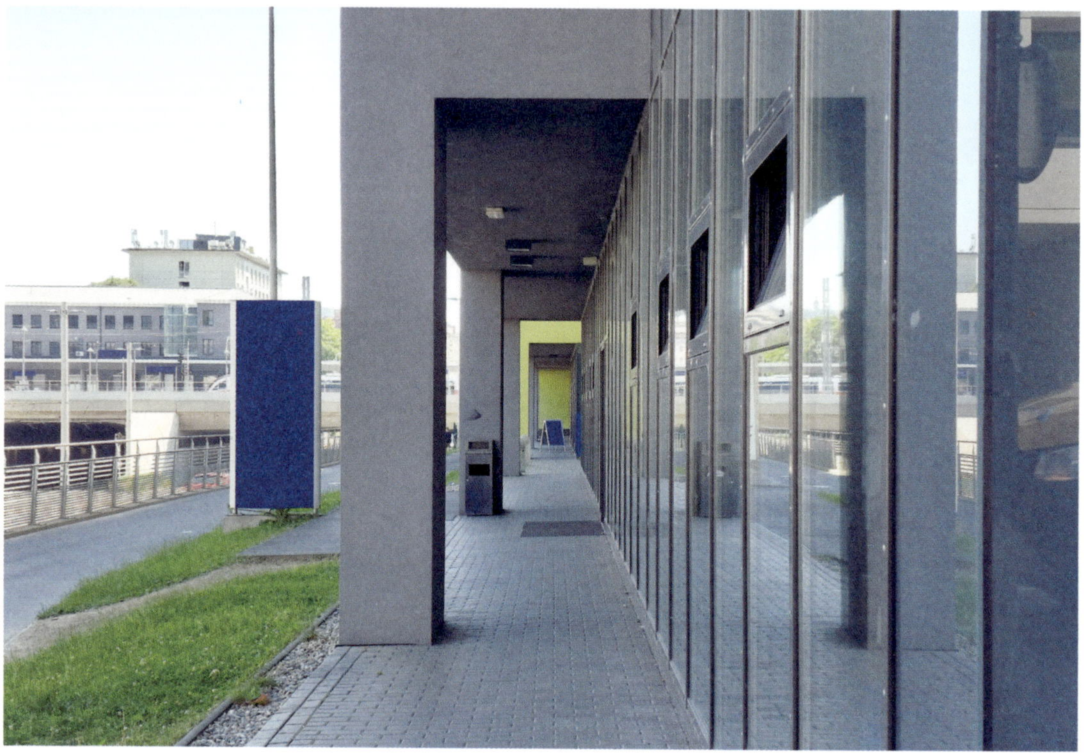

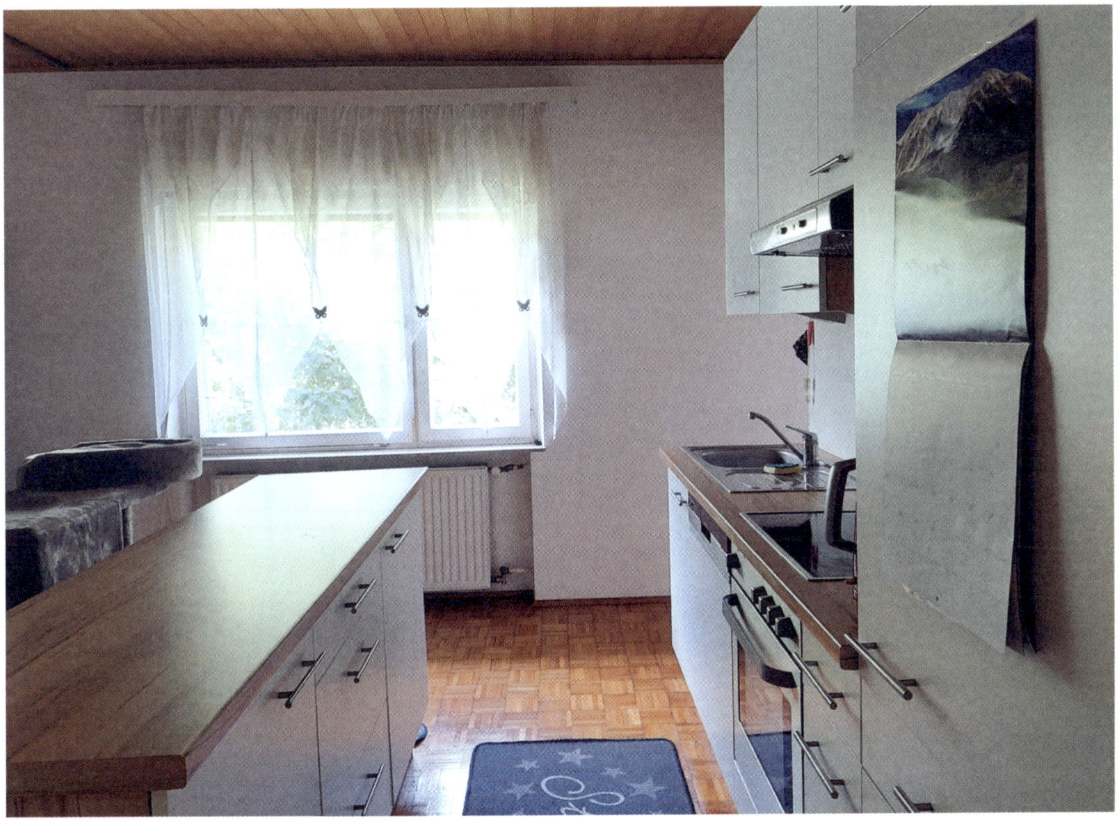

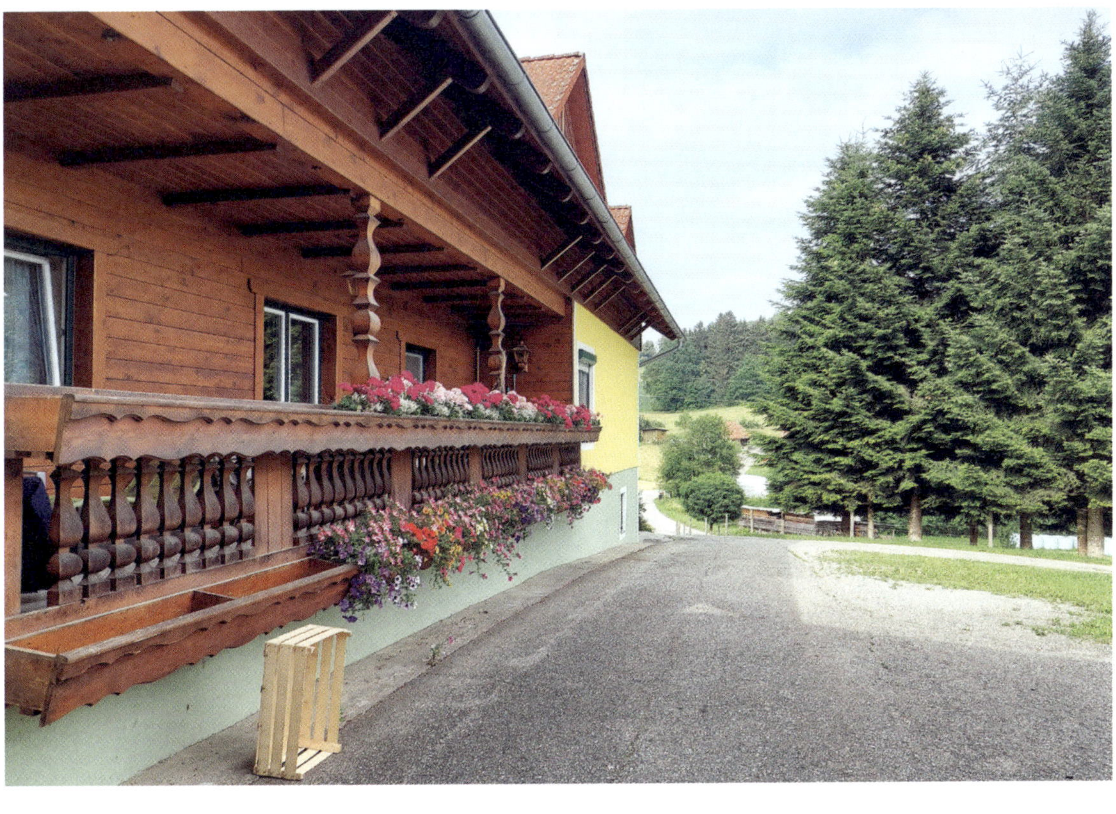

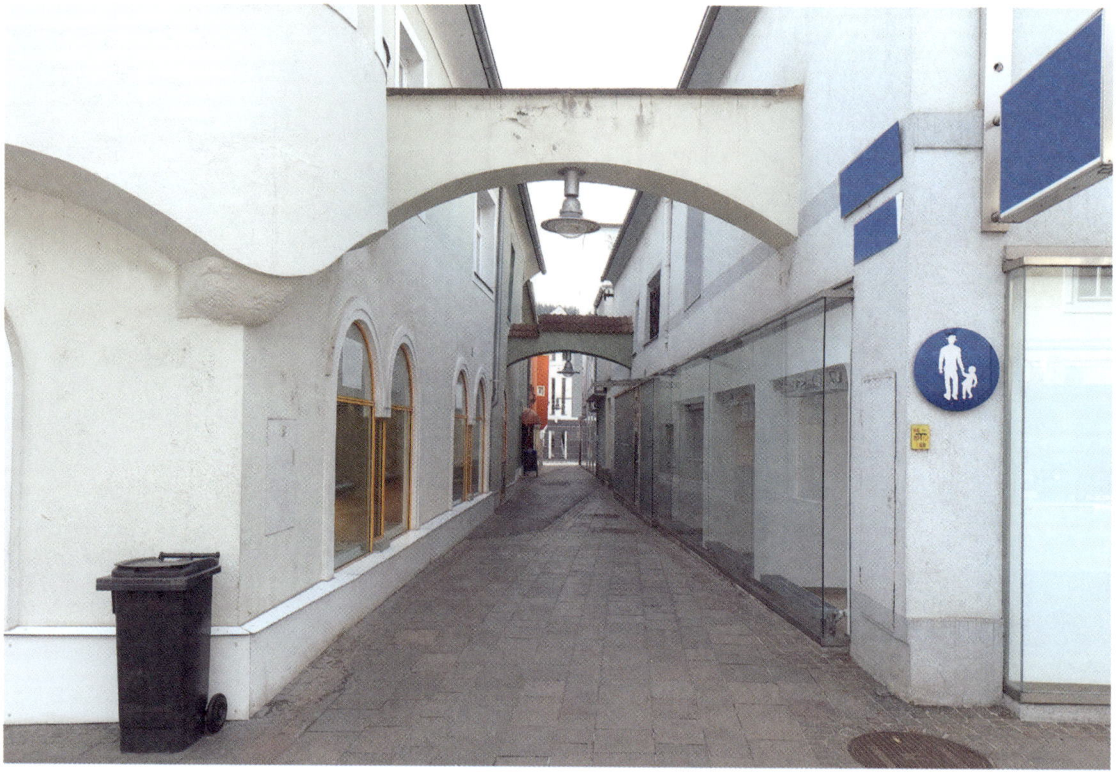

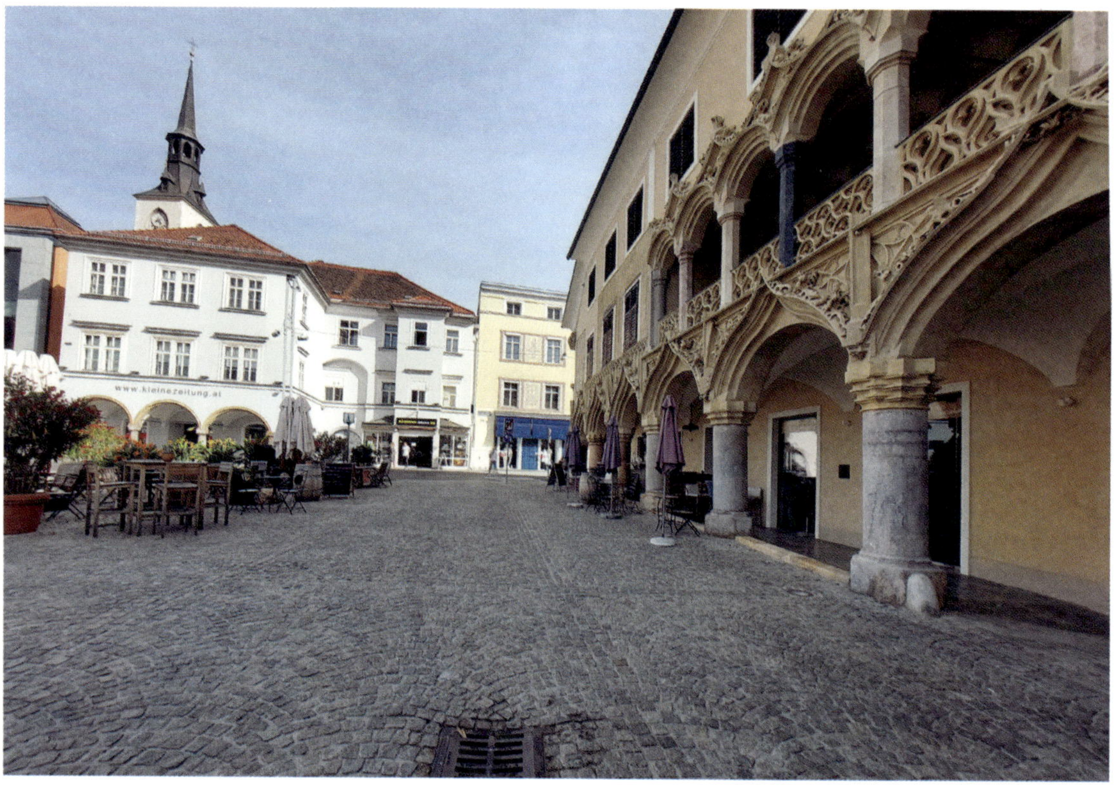
www.kleinezeitung.at

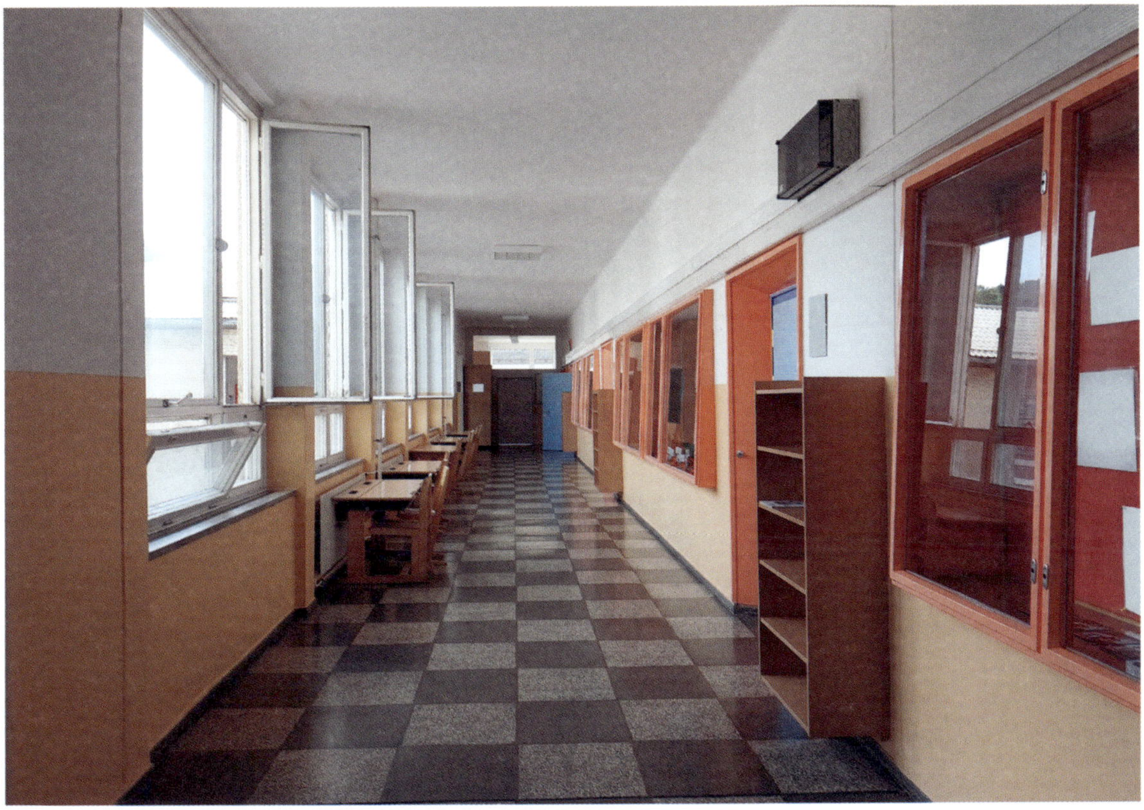

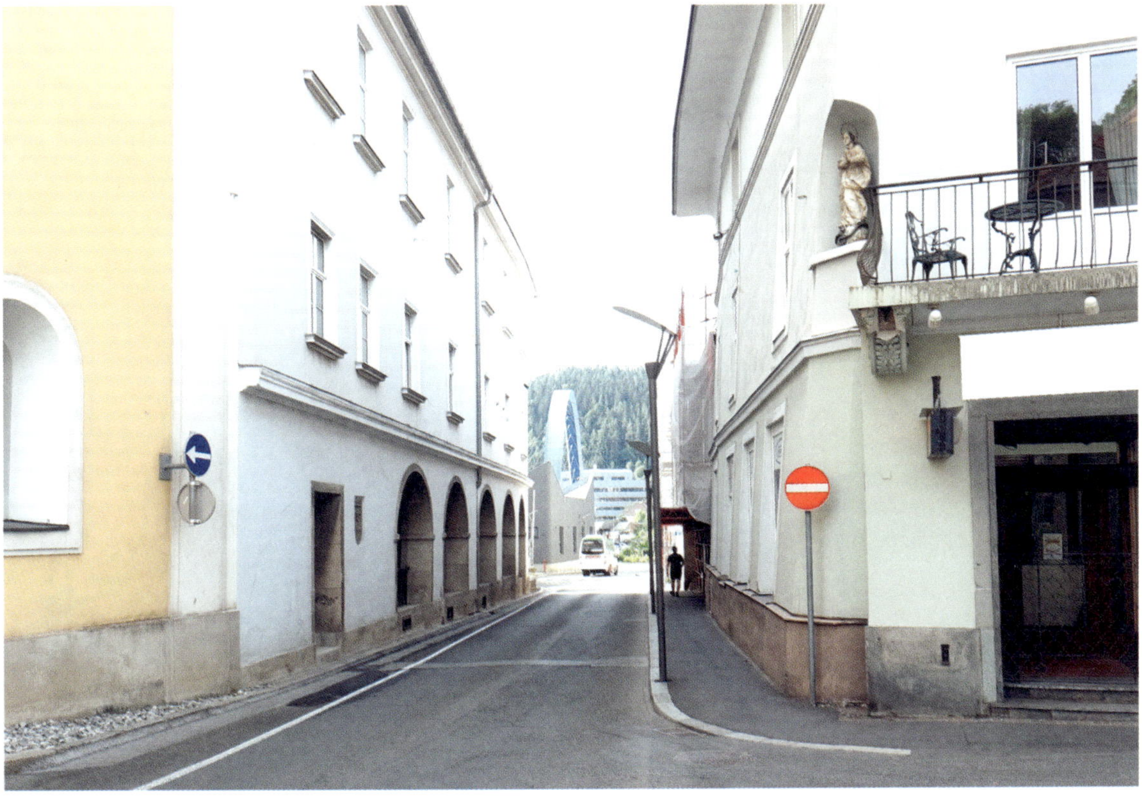

Säulen, Dosen, Kreise

Je näher ein Kreis dem Horizont kommt, umso mehr wird er zu einem immer dünner werdenden Oval gequetscht. Dieser Effekt ist gut zu beobachten, wenn Sie eine Tasse vor Ihr Gesicht halten und schauen, was passiert, wenn diese unter Ihnen steht, und was mit dem Kreis passiert, wenn sie sich auf Augenhöhe befindet. Es ist manchmal leichter, die runde Form zuerst als Quader zu zeichnen, diese mit dem Fluchtpunkt zu verbinden und dann erst den Kreis, der je nach Position zu einem Oval wird, einzuzeichnen.

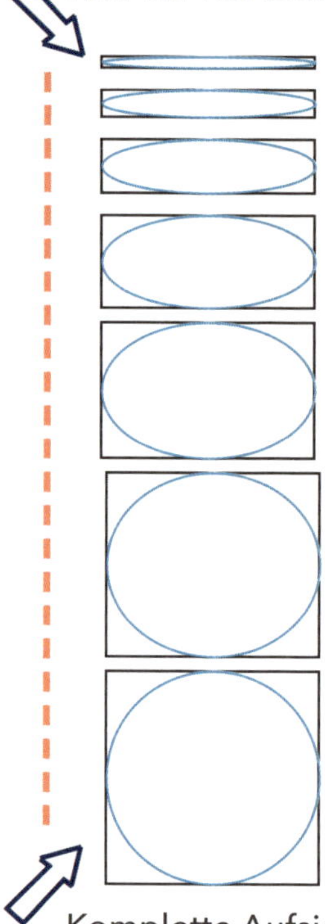

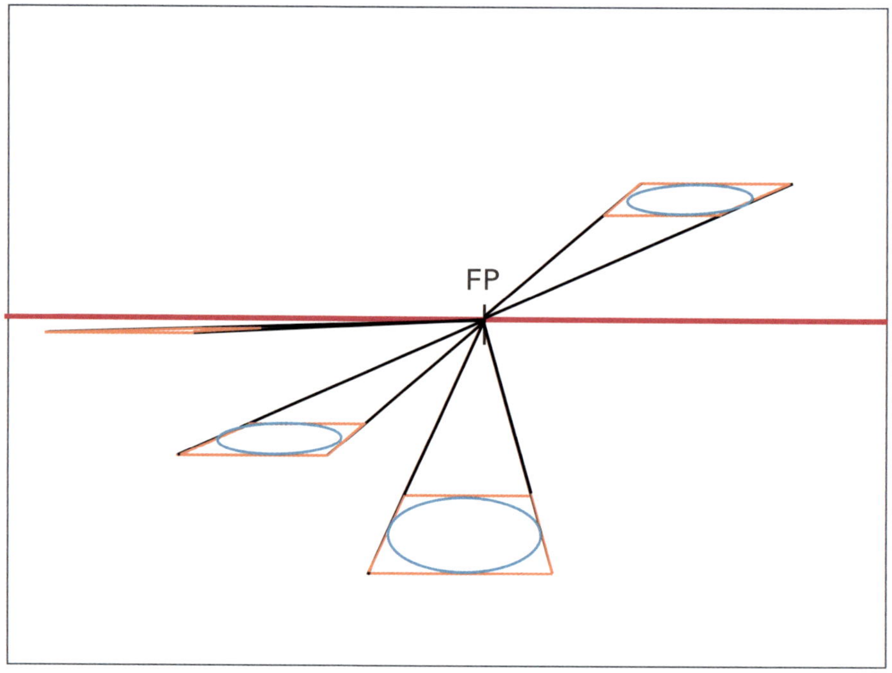

Wenn Sie sich eine durchsichtige Säule vorstellen (hellblaue Säule), dann können Sie sehr gut erkennen, wie sich die Ovale je nach Höhe verändern. Auf dem Horizont erscheint wieder nur ein Strich. Auf der nicht durchsichtigen Säule (schwarze Säule) können Sie gut erkennen, dass die Wölbung des Ovals unter der Horizontlinie immer nach unten geht und über der Horizontlinie immer nach oben zeigt.

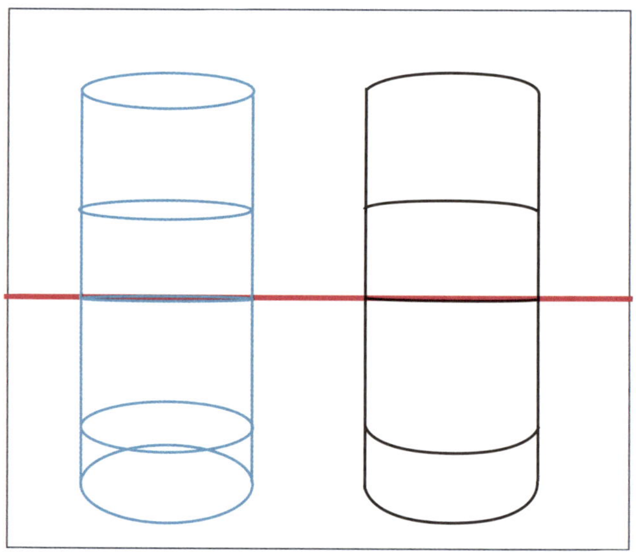

Übung 11: Plakatieren Sie diese Säule

Zeichnen Sie diese Litfaßsäule ab und plakatieren Sie sie. Passen Sie dabei auf die Rundungen nach oben und unten auf. Für mehr Herausforderung schreiben Sie ein Wort auf das Plakat, dieses muss natürlich auch gewölbt sein.

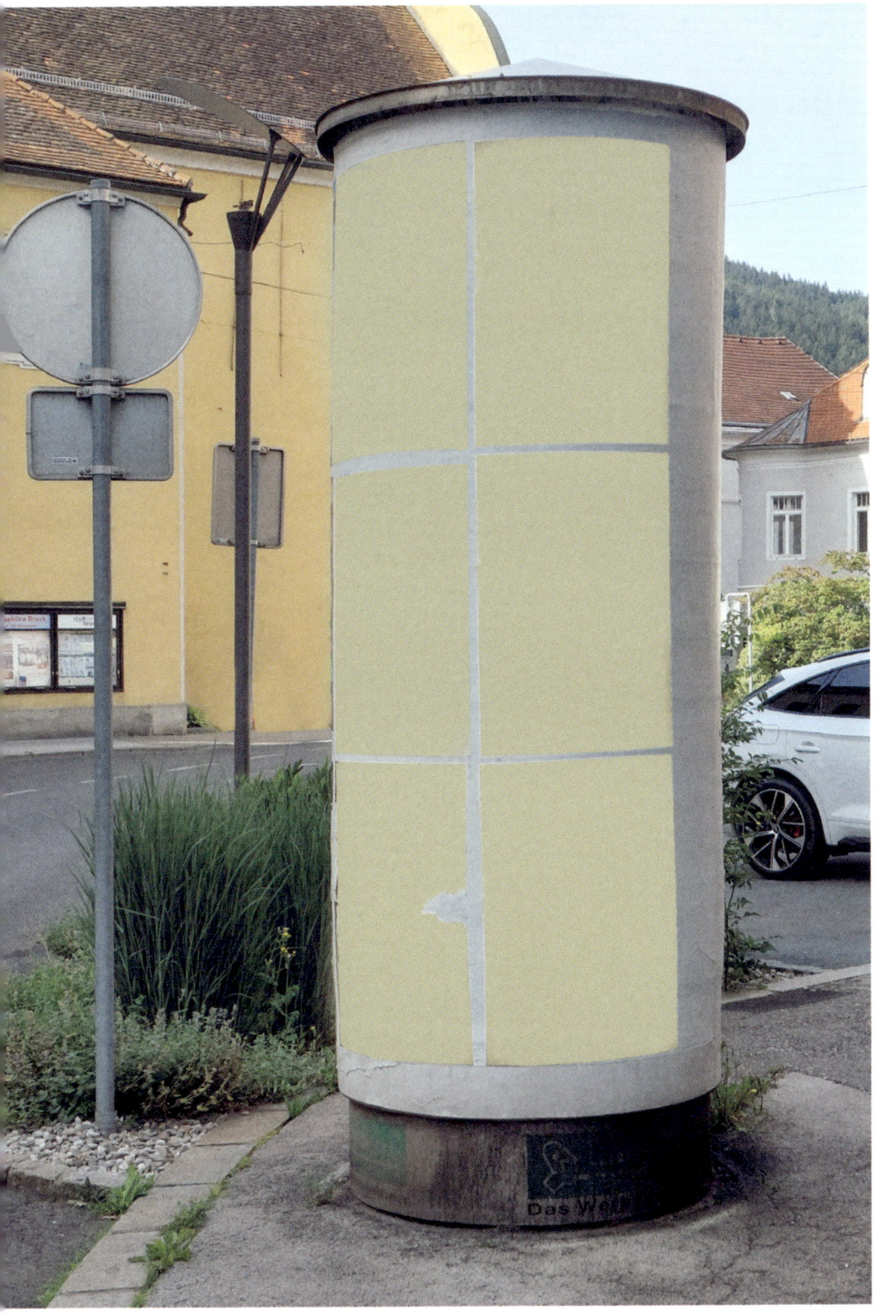

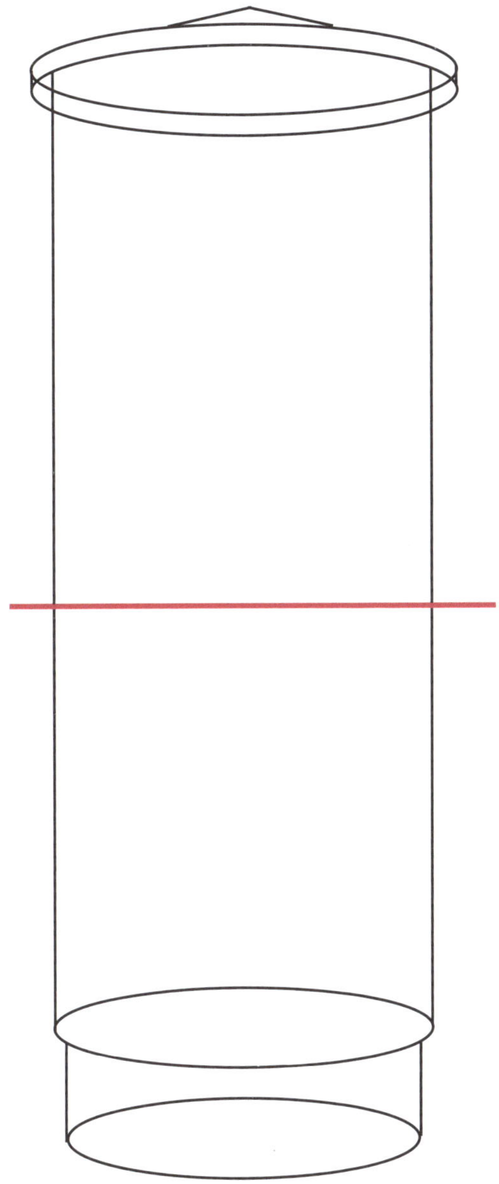

Merke:

Einpunktperpektive:	Zweipunktperspektive :
Höhe	Höhe
Breite	**Weite**
Tiefe	Tiefe

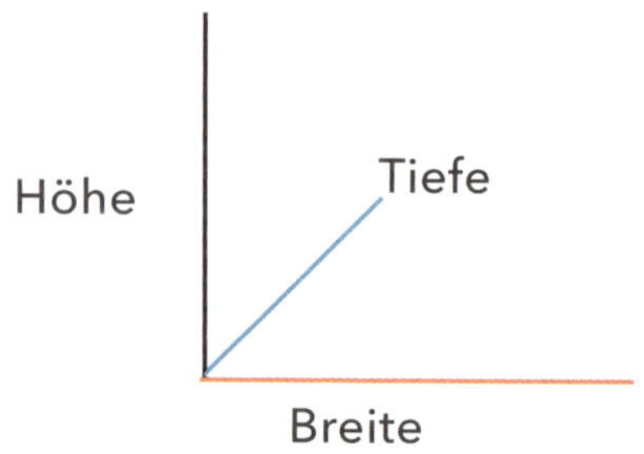

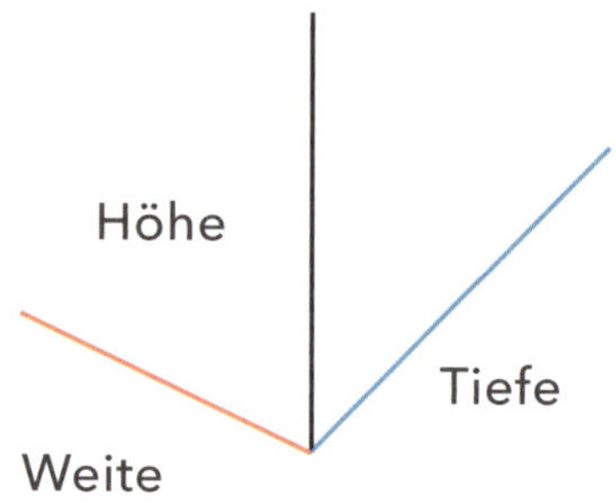

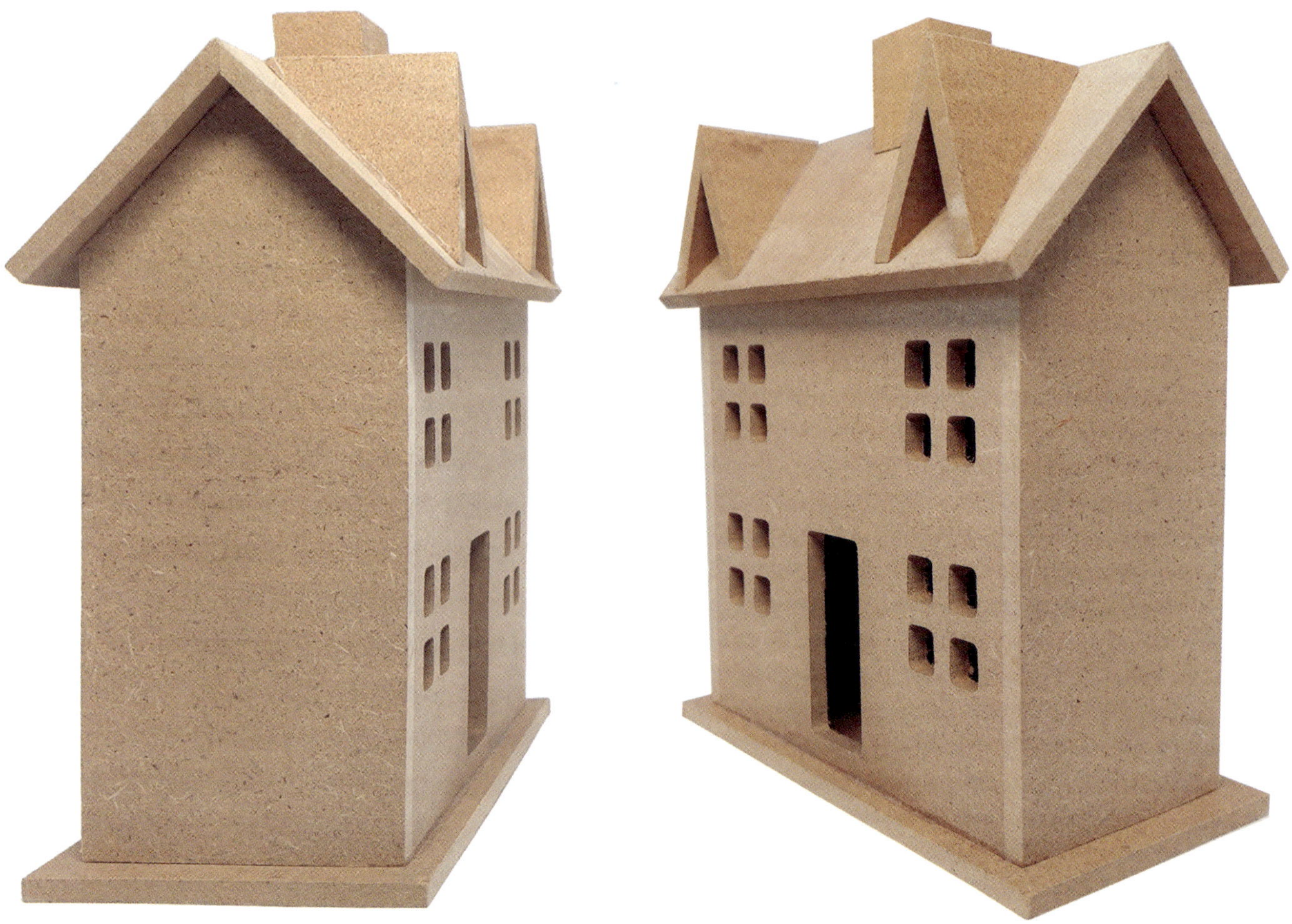

ZWEIPUNKTPERSPEKTIVE

Die Zweipunktperspektive wirkt realistischer und dynamischer. Sie erzeugt mehr Dreidimensionalität. Allerdings ist der Aufwand beim Zeichnen auch größer, da die Fluchtpunkte fast immer außerhalb des gewählten Formats liegen. Deshalb rate ich Ihnen, kleben Sie sich links und rechts von Ihrem Zeichenblatt je ein weiteres Zeichenblatt an. Malerkrepp oder Washitape eignen sich dazu besser als Klebeband. Beide lassen sich später leichter vom Papier lösen.

Das mag mühsam klingen, aber denken Sie daran, Sie müssen dies nicht ewig machen. Sobald Sie die Perspektive verstanden haben, genügt es, sie mit einem ungefähren Strich anzudeuten. Sie werden ein Gefühl für die Schrägen entwickeln und diese sehen und verstehen.

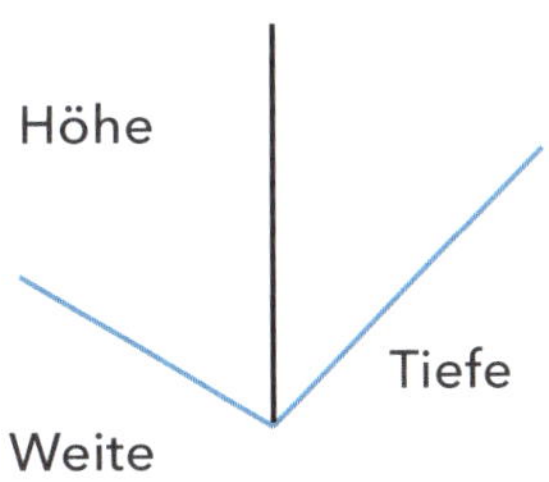

Die Zweipunktperspektive erkennt man daran, dass außerhalb der Höhe nur Diagonalen auf dem Blatt vorherrschen.

Die Fluchtpunkte müssen nicht denselben Abstand haben. Im Gegenteil, oft ist es so, dass sich ein Fluchtpunkt näher am Objekt befindet als der andere. Das kann man natürlich auch umdrehen und das Objekt näher an den Fluchtpunkt setzen.

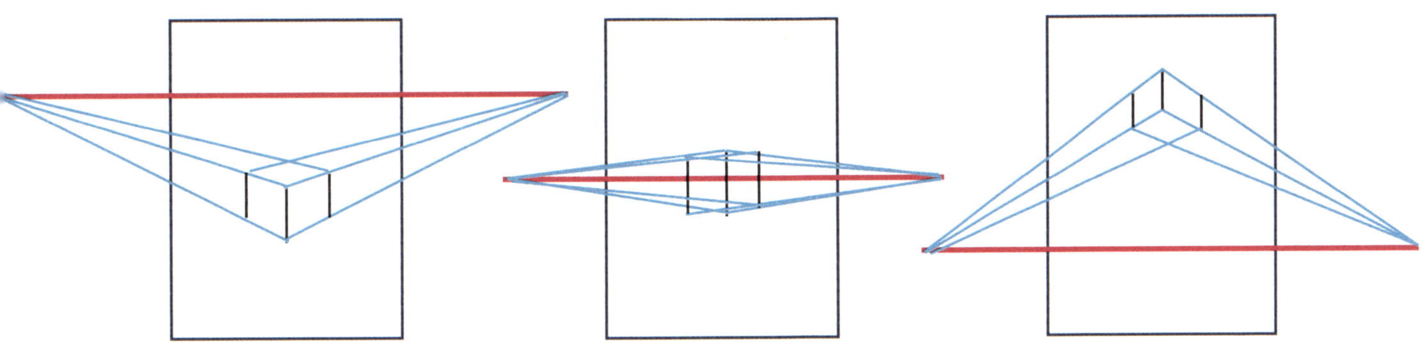

Vogelperspektive:
Sie haben eine Aufsicht und sind größer oder höher als das Objekt.

Normaler Horizont:
Direkt vor der Nase oder so groß, dass Sie weder drunter noch drüber sehen.

Froschperspektive:
Sie stehen unter einem Objekt oder es ist sehr weit oben (Untersicht).

Merke:
Sieht etwas unnatürlich aus in der Zweipunktperspektive, sind die Fluchtpunkte zu nahe.

Der Quader in der Zweipunktperspektive

Quader, Würfel etc.: Die Fluchtpunkte fluchten hier nach links und rechts. Die Fluchtpunkte liegen fast immer außerhalb des Blattes.

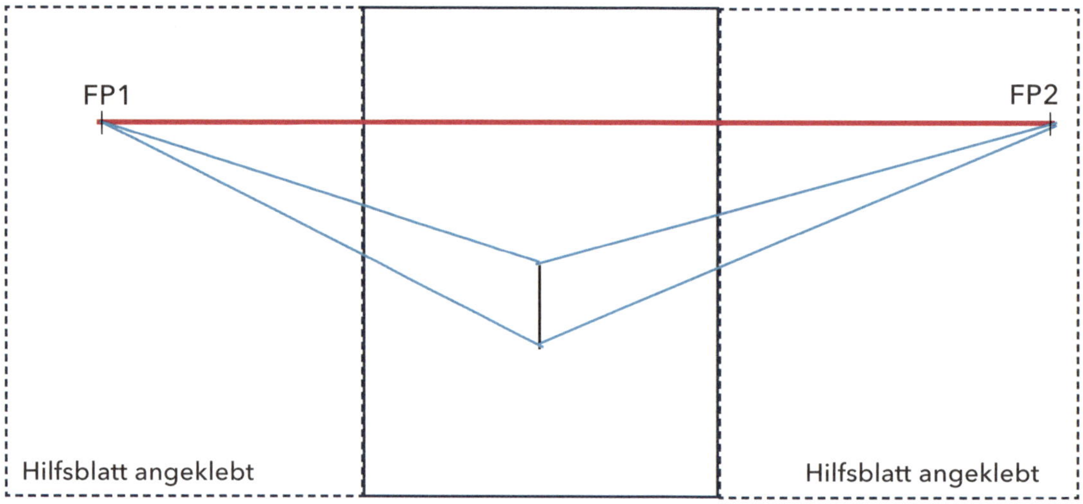

1. Für die nächste Aufgabe können Sie entweder auf einem Querformat sehr klein zeichnen oder Sie kleben links und rechts Hilfsblätter an. Bei Stadt- und Raumzeichnungen werden Sie dies immer machen müssen. Bestimmen Sie nun die Augenhöhe und Fluchtpunkte, Sie arbeiten hier ohne Vorlage. Um einen Quader zu zeichnen, markieren Sie zunächst die höchste Höhe des Quaders, die Ihnen zugewandt ist (schwarzer Strich). Diese Höhenlinie verbinden Sie dann mit den beiden Fluchtpunkten links und rechts (hellblaue Line).

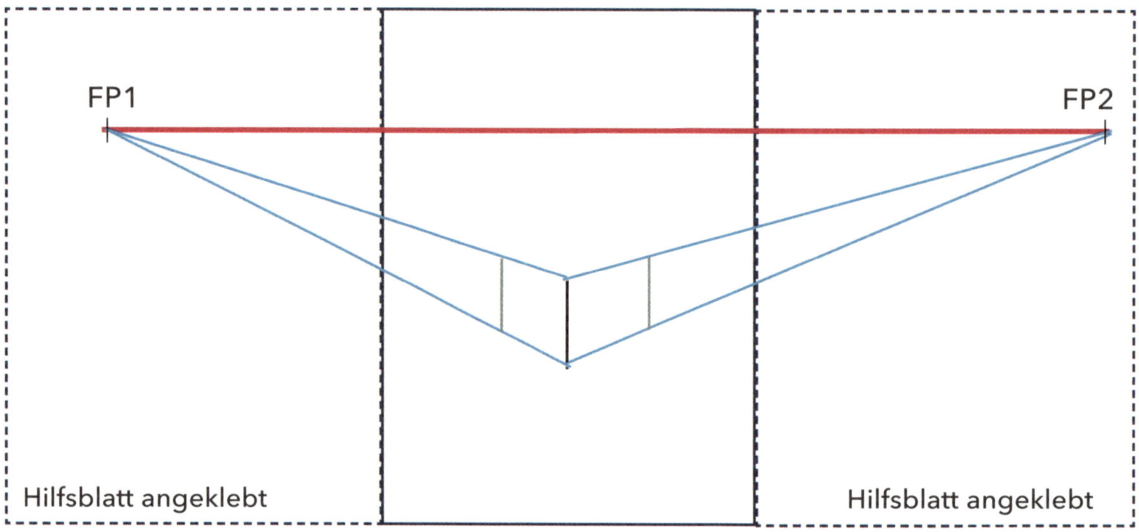

2. Als Nächstes legen Sie die Breite des Quaders fest (grüne Linie). Je nachdem, ob es ein Rechteck oder Würfel werden soll, wählen Sie den Abstand der beiden Striche entweder gleich oder ungleich zum mittleren Strich.

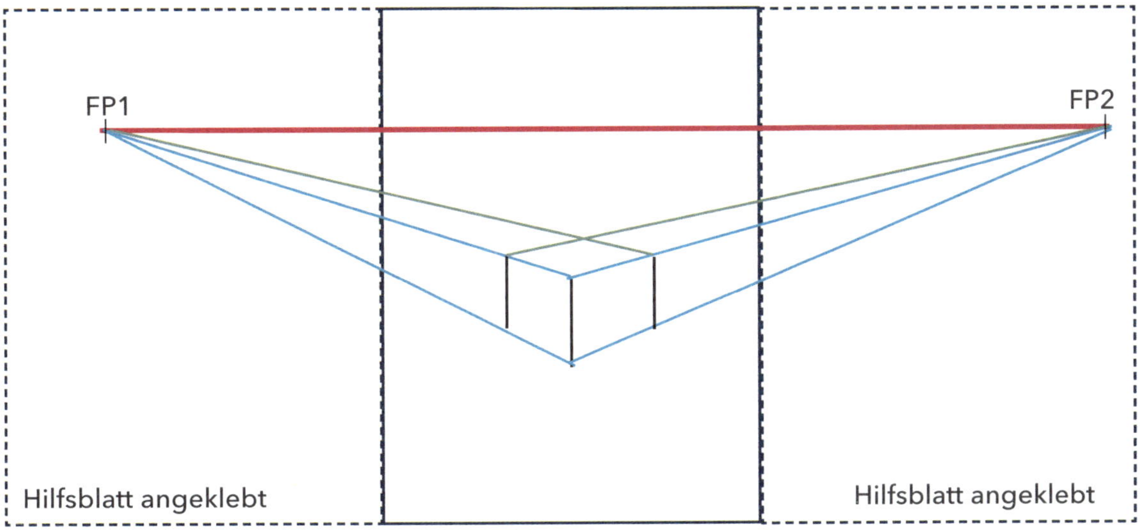

3. Die festgelegten Weiten und Tiefen werden nun mit den gegenüberliegenden Fluchtpunkten verbunden. An dieser Stelle ist man manchmal unsicher, ob man alles richtig gemacht hat. Verbinden Sie den linken Höhenstrich zum rechten Fluchtpunkt und auf der rechten Seite umgekehrt (grüne Linien).

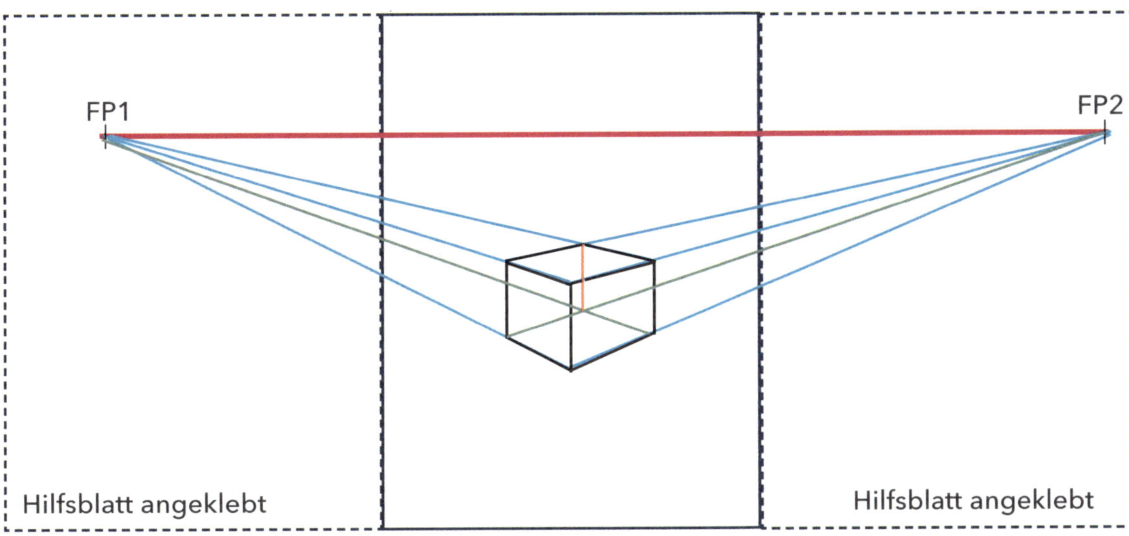

4. In Schwarz sehen Sie die fertige Box aus Bild 3. Wenn Sie einen durchsichtigen Quader erschaffen wollen, verbinden Sie auch die Unterkanten der Höhe (Tiefe und Weite) zu den entgegengesetzten Fluchtpunkten (grüne Linie). Als letzten Schritt setzen Sie eine Gerade in den hinteren Kreuzpunkt (orange Linie). Diese Linie kreuzt unten (grün) und oben (schwarz). Wenn Sie exakt gezeichnet haben, wird die orange Linie eine parallele Senkrechte zu den anderen Linien bilden. Verläuft sie jedoch schräg, dann wurde ungenau gezeichnet.

Der Raum in der Zweipunktperspektive

Steht man in einem Raum, so denkt man sich in den Quader hinein. Von Ihnen aus sieht man die hintere und manchmal auch die seitliche Höhe.

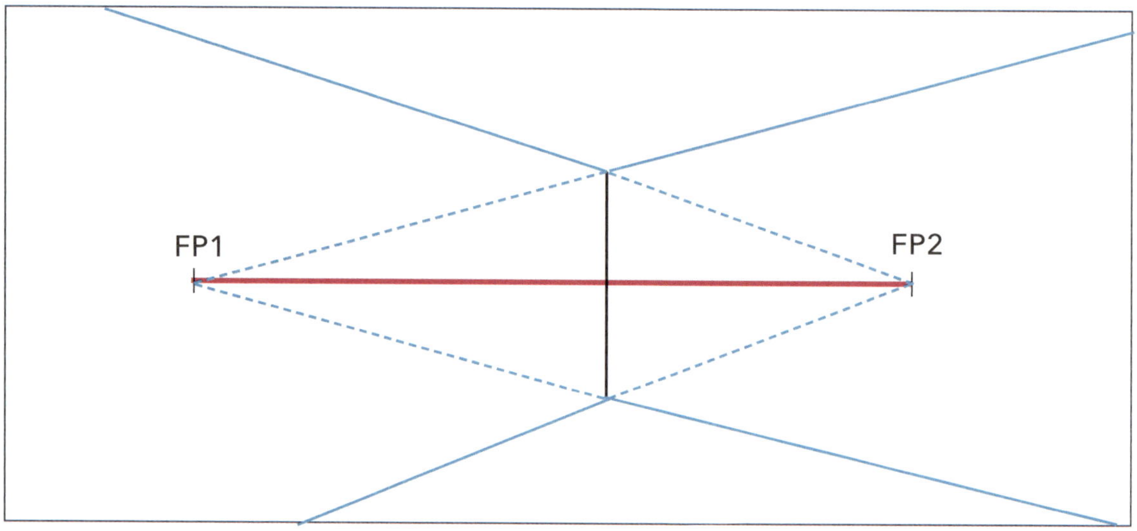

1. Da Sie jetzt im Raum stehen, umschließt Sie dieser. Deshalb wird die hinter Eckhöhe, auf die Sie schauen, über den Horizont hinausragen. Der Horizont wird sich eher in der Mitte oder darunter befinden. Zeichnen Sie die hintere Raumhöhe (schwarzer Strich). Diese verbinden Sie dann oben und unten mit den Fluchtpunkten. Im Weiteren zeichen Sie über den Höhenstrich hinaus, so wird der Raum definiert. Die gestrichelten Linien sind nur Hilfslinien für die Schräge bis zur hinteren Höhe. Ab der Höhe zu den Außenkanten Ihres Blattes hin ist die Linie durgehend dargestellt und bildet Decke, Wände und Boden.

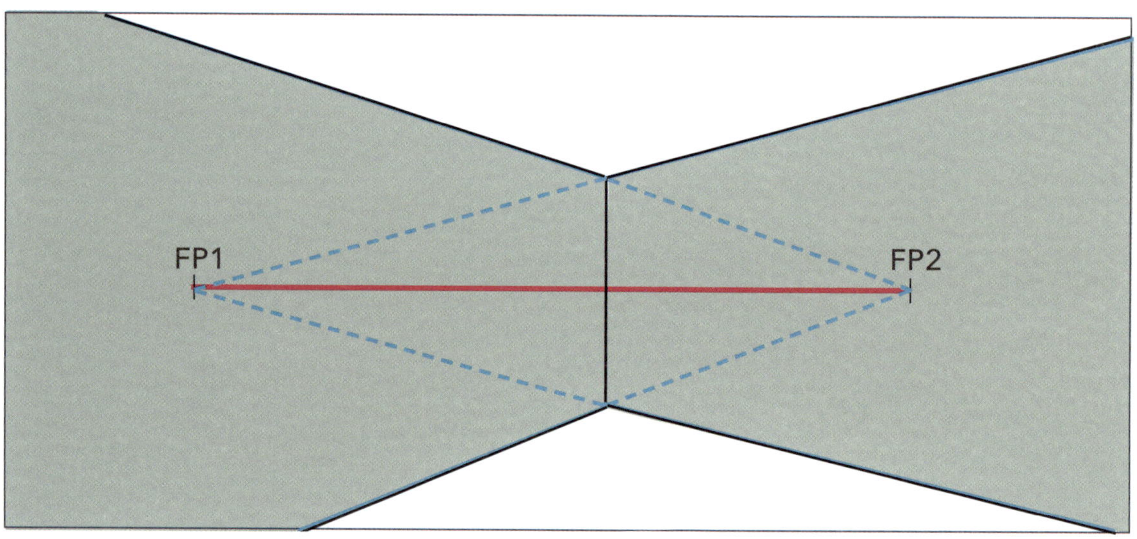

2. Wenn Sie die Flächen einfärben, wird es deutlicher. Die schwarzen Linien sind die, die Sie sehen. Links und rechts in Grün gefärbt sind die Wände des Raums. Oben in Weiß die Decke und unten in Weiß der Boden.

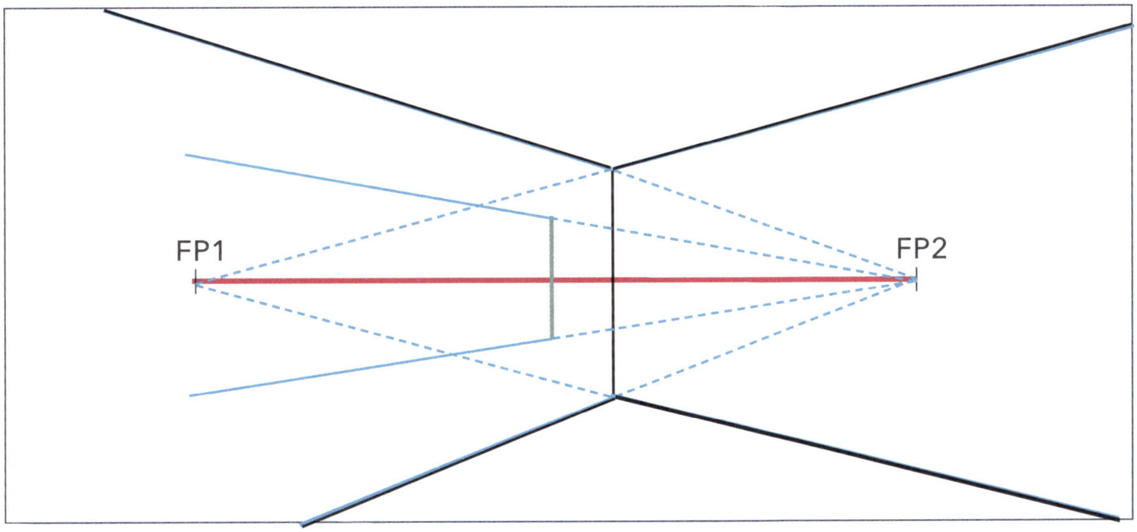

3. Um es etwas spannender zu machen, zeichnen Sie nun ein Fenster in den Raum. Sie können wählen, ob Sie die größte Höhe des Fensters zeichnen, die Ihnen näher ist, oder lieber die kürzere Seite des Fensters, die näher an der hinteren Raumecke liegt und leichter einzuschätzen ist. Erinnern Sie sich an die Hilfspersonen? Dieser Raum wird wohl 2,5 m hoch sein. Sie könnten in die Ecke eine Hilfsperson malen, um Größen besser einschätzen zu können (siehe dazu Seite 23).
Zeichnen Sie die Fensterhöhe (grüner Strich) und verbinden Sie diese mit einer Linie vom Fluchtpunkt über die Höhe hinaus (gestrichelte hellblaue Linie). Der Strich wird erst sichtbar, sobald er über die Fensterhöhe hinaus gezeichnet wurde (blaue Linie).

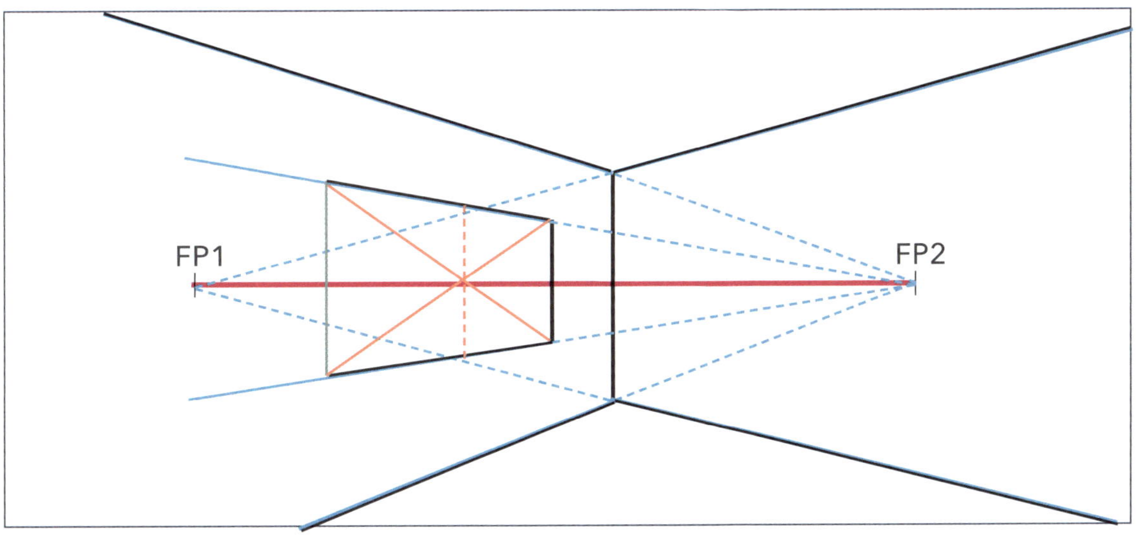

4. Legen Sie fest, wie lang das Fenster werden soll (grüner Strich). Sie können nun die Kreuz- oder X- Technik anwenden (oranges Kreuz) und einen Mittelsteg einziehen (orange gestrichelte Linie).

Übung 12: Glasquader in der Zweipunktperspektive

Zeichnen Sie 9 Rechtecke auf ein Blatt Papier im Querformat. Teilen Sie den Horizont in der Mitte ein und legen Sie zwei Fluchpunkte links und rechts, im selben Abstand auf einem Hilfblatt an. Die vordere Höhe des Quaders soll immer 3 cm betragen.

Vervollständigen Sie diese Übung, indem Sie jedes Rechteck mit den Fluchtpunkten verbinden. Heben Sie das fertige Rechteck farbig hervor, um sich nicht im Strichegewirr zu verlieren. Lassen Sie sich Zeit.

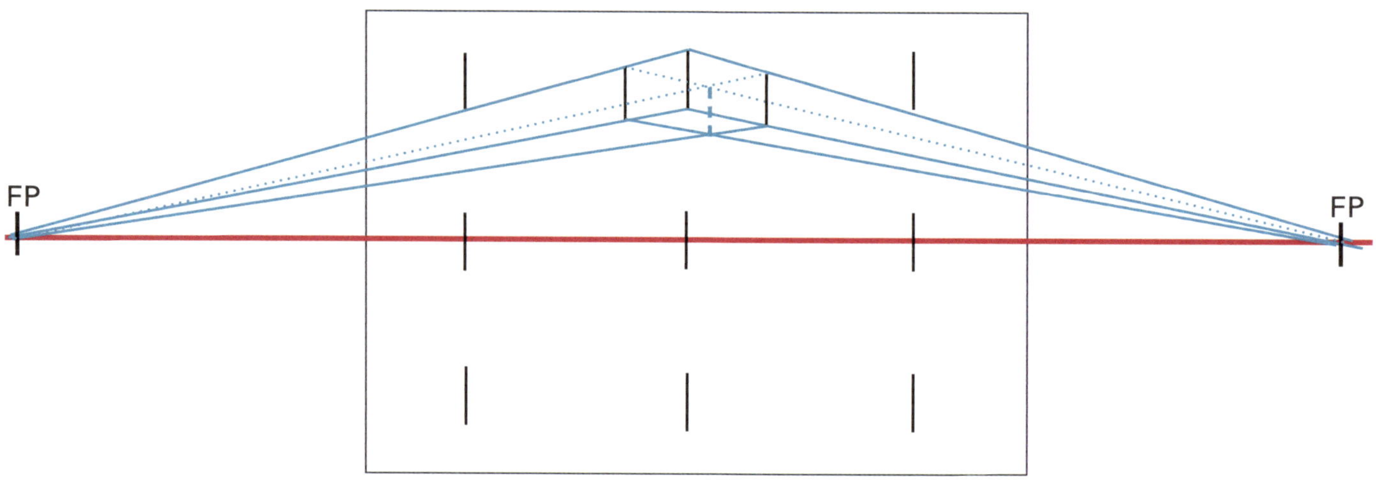

Nahansicht zum besseren Verständnis.

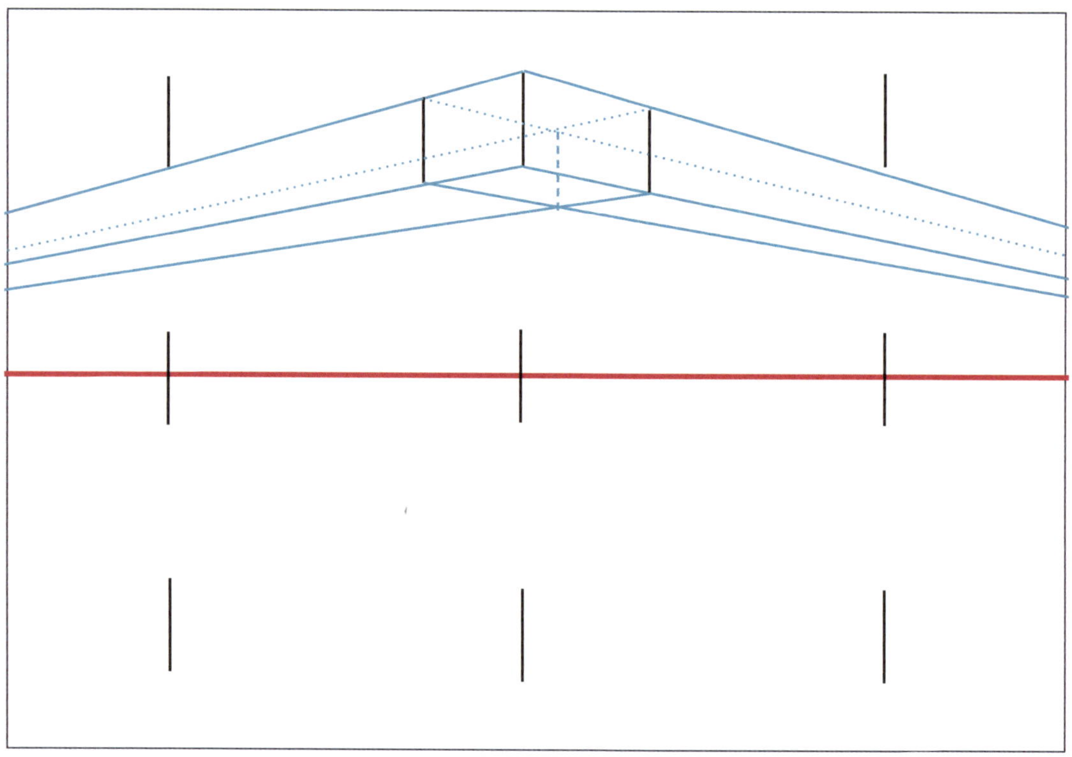

Übung 13: Buchstaben in der Zweipunktperspektive

Gerade Buchstaben sind am Anfang toller Übungsstoff. Oft lassen sie einen grübeln. Versuchen Sie verschiedenen Buchstaben in der Zweipunktperspektive eine Dreidimensionalität zu geben. Unten erkläre ich, wie ich dabei vorgehe:

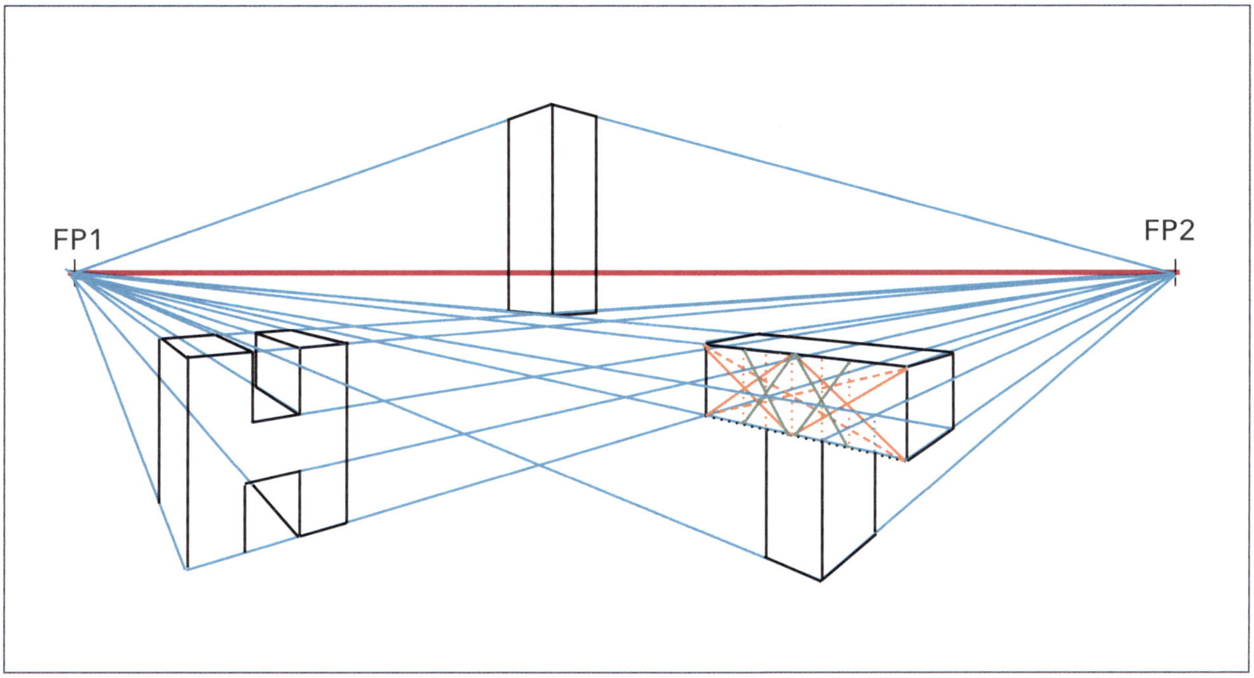

Beim Buchstaben H habe ich die Abstände und die Mitte einfach geschätzt. Aber das geht auch anders. Beim T habe ich im Mittelbalken die Kreuz-Technik angewendet. Durch die Wiederholung dieser bekam ich dann den perspektivisch richtigen Abstand für den T-Pfeiler. Zuerst habe ich also den oberen Träger des T gezeichnet. Dieser wurde dann mit einem Kreuz (orange gestrichelte Linie) das erste Mal geteilt. Die Teilung wird durch die gepunktete Linie dargestellt. Danach wurde von der mittleren gepunkteten Linie nach links und nach rechts ein X eingezogen (orange Linie). Auch diese wurde in der Mitte mit der gepunkteten Linie geteilt. Danach habe ich die Mitten dieser beiden Teilstücke geteilt (grünes X). Die Mitte des grünen X ist nun die Linie, von wo aus die senkrechten Linien des T nach unten gehen.

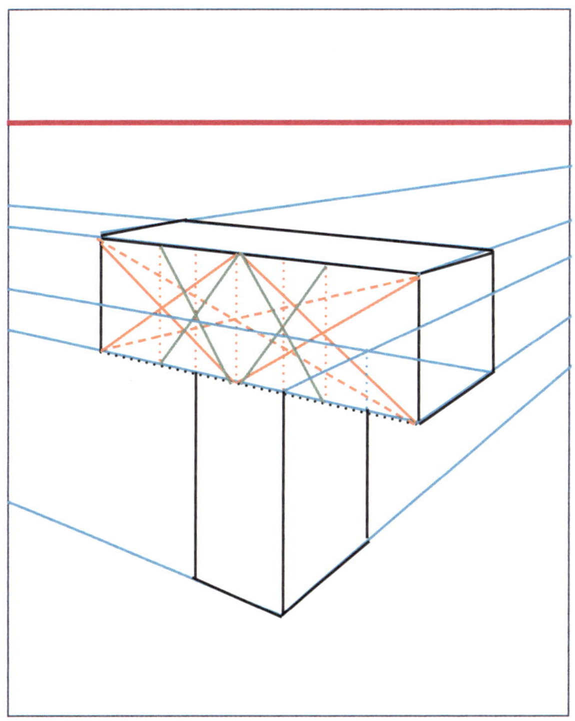

Ein Haus mit Dach

Jetzt zeichnen Sie ein Haus mit Dach in der Zweipunktperspektive.

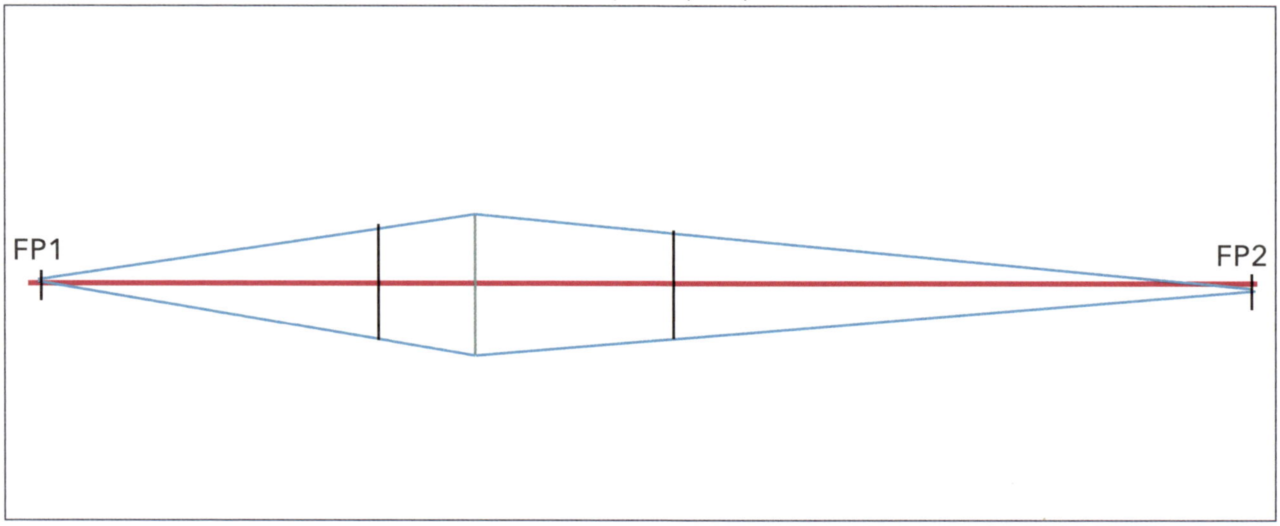

1. Damit auch hier alles richtig aussieht, müssen die Fluchtpunkte weit genug weg gezeichnet werden. Legen Sie den Horizont mit zwei Fluchtpunkten an und zeichnen Sie einen Quader für das Haus ein. Zeichnen Sie die größte Höhe ein (grüne Linie) und verbinden Sie diese zu beiden Fluchtpunkten (hellblaue Linie). Danach zeichnen Sie eine kürzere (rechts, Seite mit dem Dachgiebel) und eine längere Seite ein (schwarze Striche).

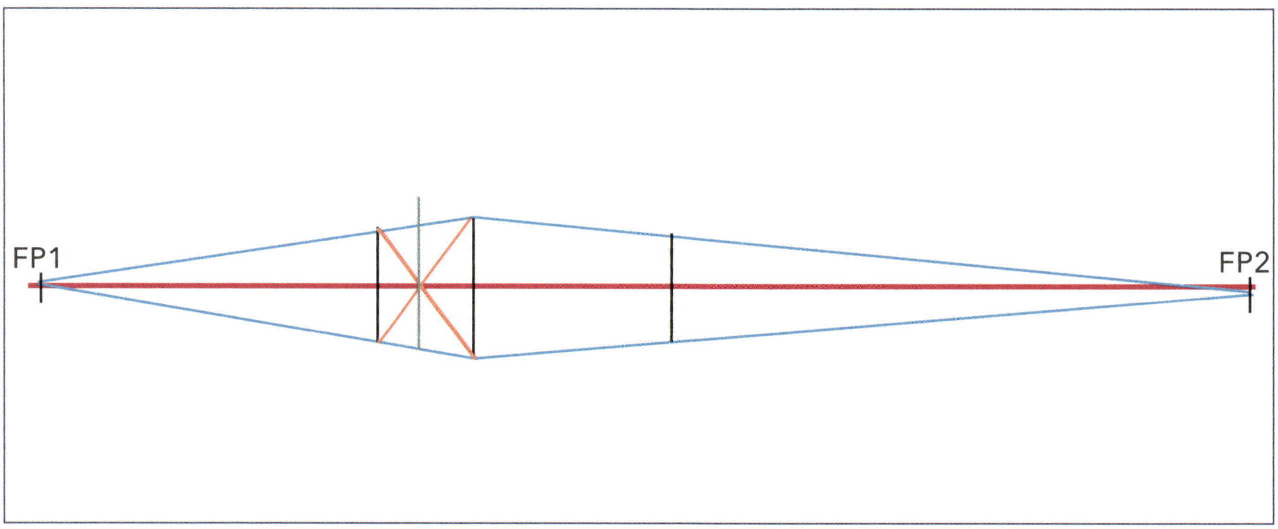

2. Auf die Seite, an welche der Dachgiebel kommt, muss nun die Mitte gefunden werden. Verwenden Sie dazu die Kreuztechnik (oranges X). Diese wird mit einem senkrechten Strich im Kreuzungspunkt durchbrochen (grüne Linie). Diese grüne Linie verlängern Sie so weit nach oben, wie das Dach hoch werden soll.

Merke:
Oft wir die hintere Dachschräge erschummelt und es wird einfach eine parallele Schräge zur vorderen Schräge verwendet. Bitte machen Sie das nicht.

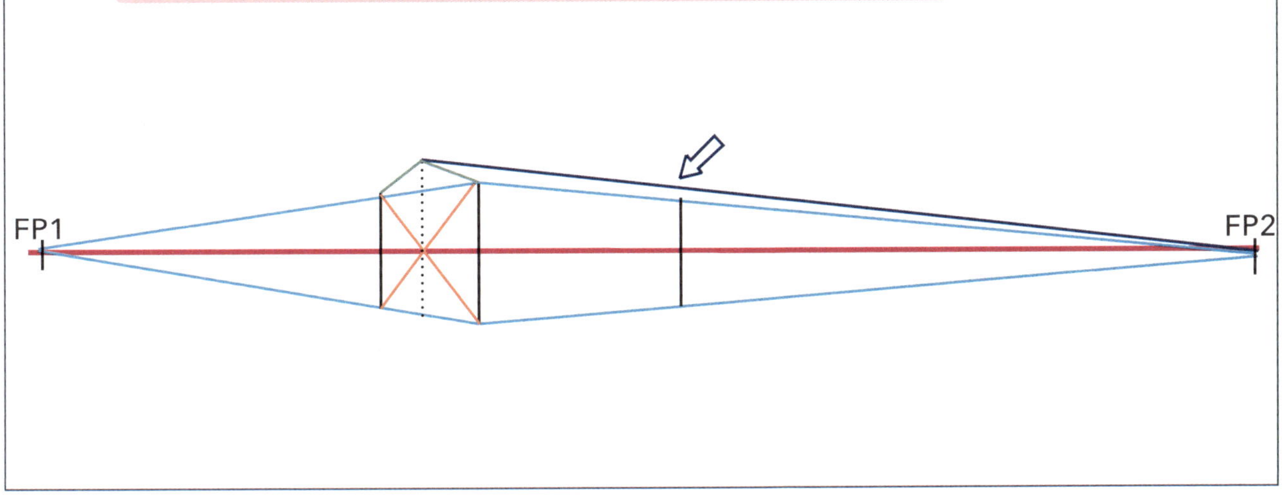

3. Nachdem Sie die Höhe festgelegt haben, verbinden Sie nun den Dachgiebel links und rechts (grüne Linie). Die Mitte des Daches fluchtet zum FP2 (dunkelblaue Linie). Es wird kniffelig: Wohin fluchtet die hintere Dachschräge (blauer Pfeil)?

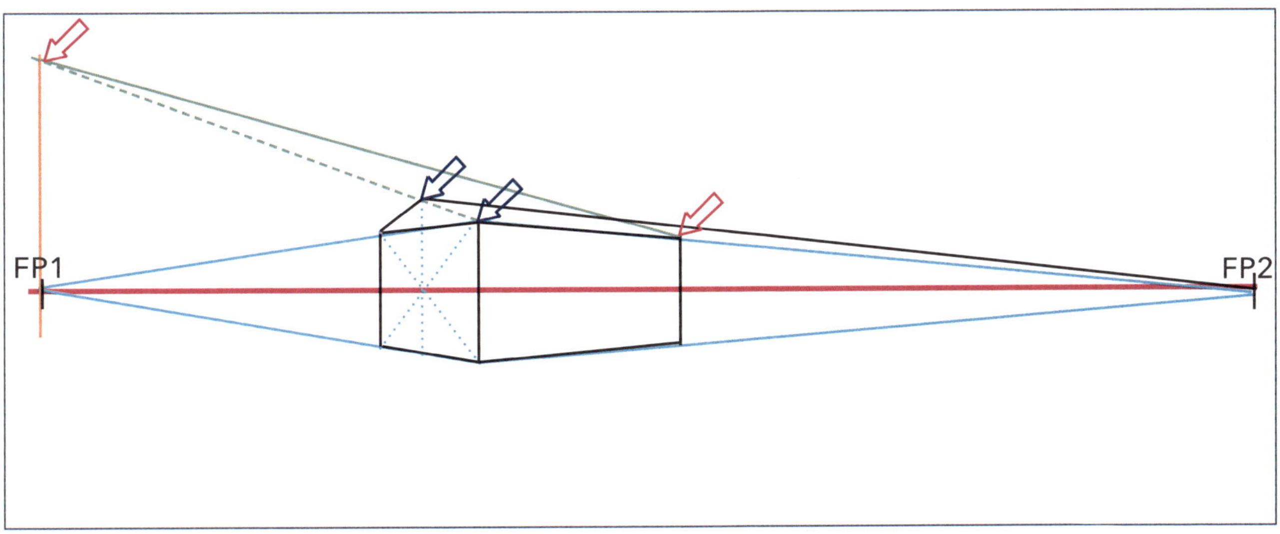

4. Um die hintere Dachschräge korrekt zu zeichnen, müssen Sie auf der gegenüberliegenden Seite eine Hilfslinie beim Fluchtpunkt nach oben ziehen (orange Linie bei FP1). Jetzt verlängern Sie die Giebellinie (blaue Pfeile) zur neuen Hilfslinie. Dort, wo sich beide Linien treffen (gestrichelte grüne und orange Linie), ergibt sich ein neuer Hilfspunkt. Diesen verbinden Sie nun mit dem Endpunkt des Hauses (magentafarbene Pfeile und grüne Linie). Jetzt hat Ihr Hausdach die perspektivisch richtige Schräge.

Übung 14: Das Holzhaus

Zeichnen Sie dieses kleine Häuschen. Am Anfang ist es von Vorteil, mit solchen einfachen Modellen ohne Details zu arbeiten, da Sie dann das Wesentliche besser entdecken und nicht zu sehr durch Einzelheiten verwirrt werden. Bevor Sie Einzelheiten wie die Fenster einzeichnen, sollten der Grundkomplex und das Dach stimmen. Widmen Sie sich erst den Details, wenn alles andere korrekt aussieht.

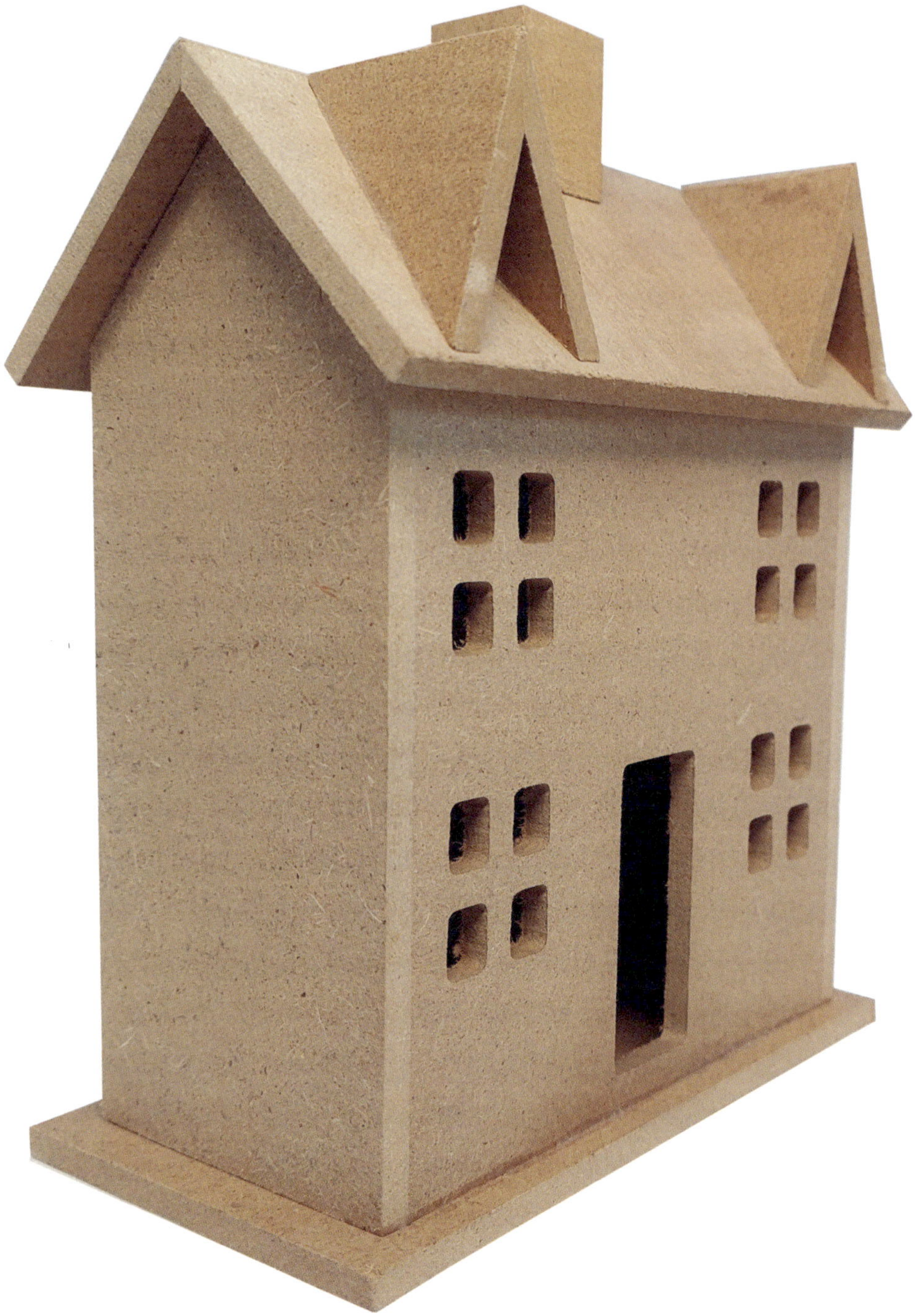

Größenbestimmungshilfe

Wie schon bei der Zentralperspektive besprochen, gibt der Mensch ein sehr gutes Größenmaß ab. Unser Mensch ist immer acht Köpfe hoch und somit ca. 170 cm groß.

Hier unten finden Sie eine Grafik, die Ihnen am Anfang helfen soll, bestimmte Größen einzuschätzen. Natürlich ist das kein festgeschriebenes Gesetz, sondern soll Sie nur unterstützen. Häuser haben oft ein Fundament, das noch zu sehen ist, bevor die Haustür beginnt. Dieses Fundament kann natürlich unterschiedlich hoch sein.

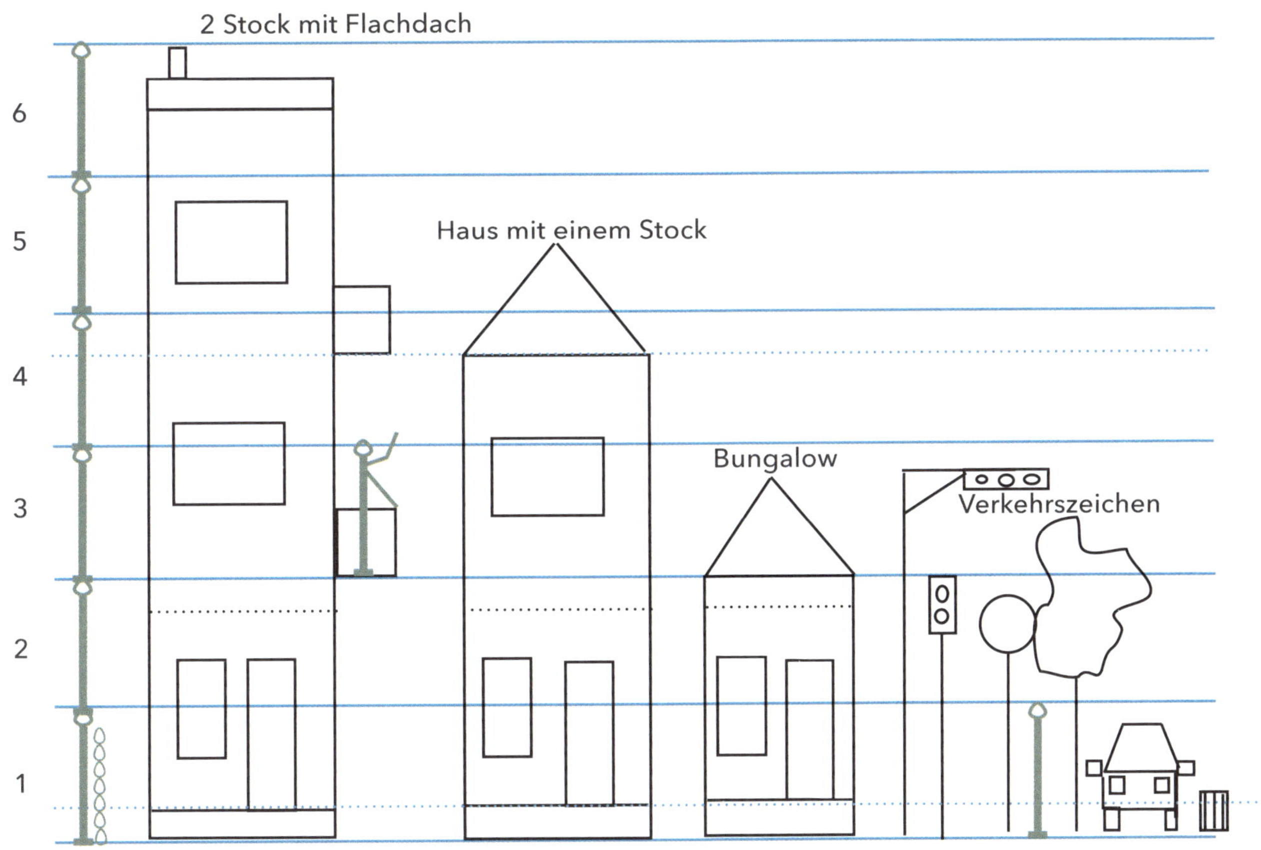

Merke:
Sie können nicht alles auswendig wissen, vor allem wenn Sie es noch nie gezeichnet haben. Nehmen Sie sich Zeit und beobachten Sie die Situation in Ruhe.

Kreuztechnik in der Zweipunktperspektive

Bei der Zweipunktperspektive wird die Kreuztechnik genauso wie bei der Zentralperspektive angewendet, da sie nur zu einem Fluchtpunkt geht und für die einzelnen Seiten des Hauses separat einzuzeichnen ist. Hier ein Beispiel für ein Haus:

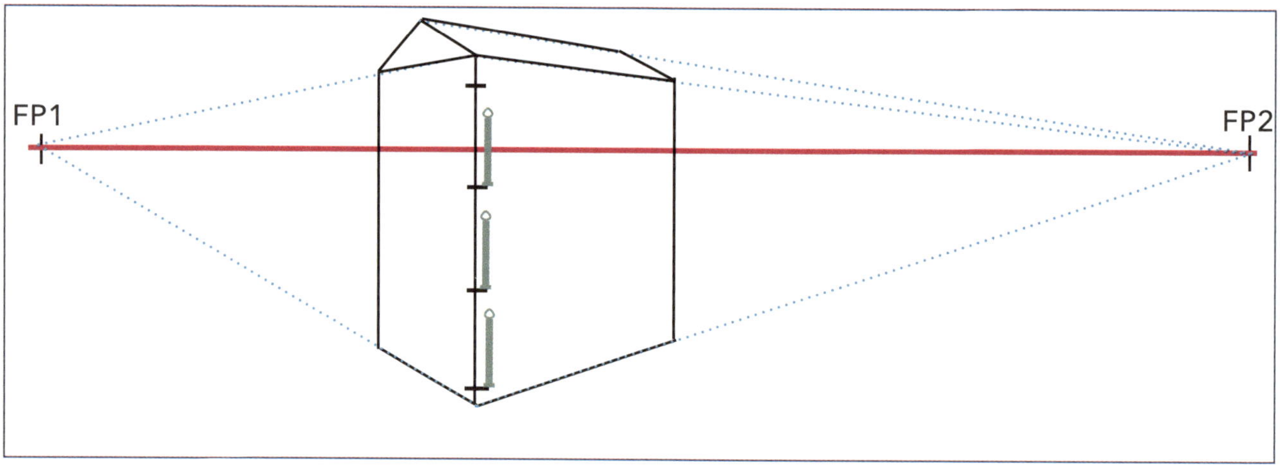

1. Zeichnen Sie ein Haus mit Dach vor. Zur Abwechslung wählen wir eines mit mehreren Stockwerken. Der Betrachter steht wohl gerade am Balkon eines anderen Hochhauses. Markieren Sie als Erstes an der Hochseite, wo und in welchem Abstand die Stockwerke sein sollen. Markieren Sie zunächst das Fundament, danach das Erdgeschoss, ersten und zweiten Stock und einen kleinen Dachboden. Nehmen Sie ein Strichmännchen für die Größenbestimmung zu Hilfe (siehe Seite 23).

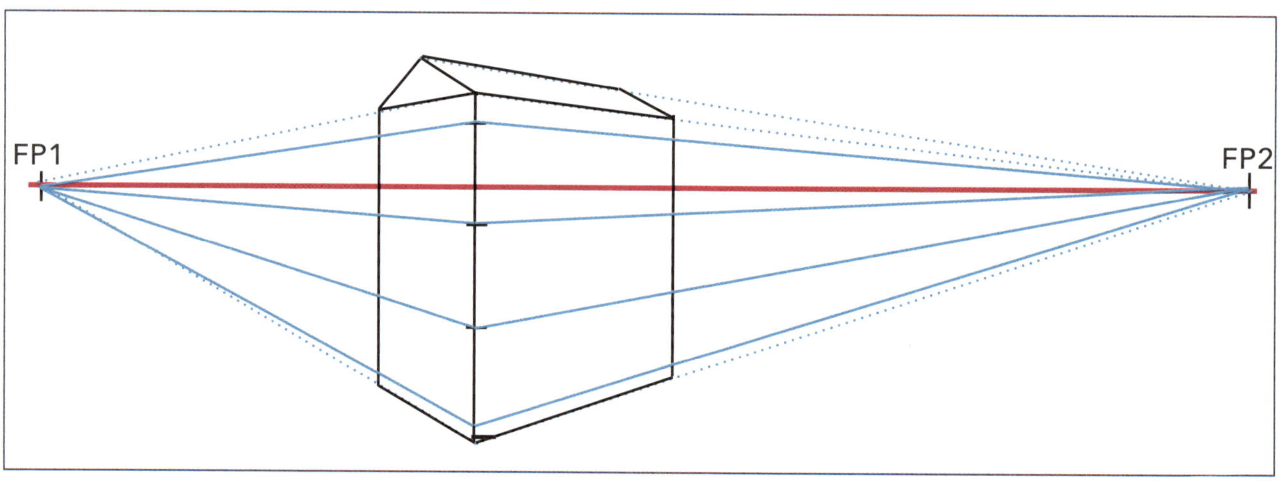

2. Diese Höhen verbinden Sie jetzt mit den Fluchtpunkten. In diesem Fall gleich nach links und rechts, da die Stockwerke ja rundherum gehen.

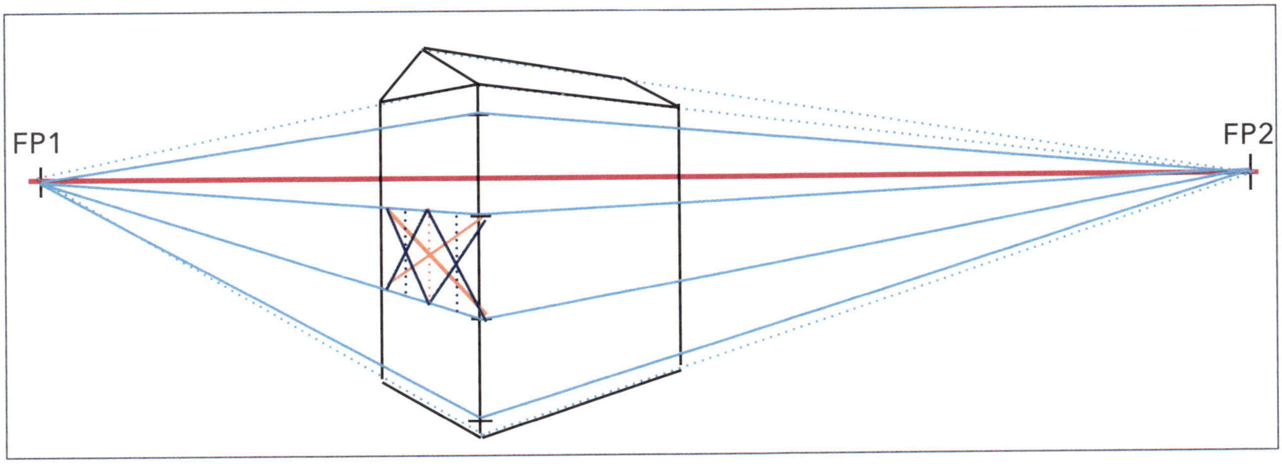

3. Beginnen Sie mit dem ersten Stock auf der linken Seite. Kreuzen Sie das Stockwerk (orange Linie), dann wird am Kreuzungspunkt (gepunktete orange Linie) halbiert. Zeichnen Sie ein Fenster direkt in die Mitte der Vorderseite, ermitteln Sie dafür den Abstand nach links und rechts von der Mitte aus. Sie erhalten ihn, indem Sie jeweils rechts und links der Mitte kreuzen (blaue Linie). Setzen Sie auch hier jeweils eine gestrichelte Linie in der Mitte als Hilfslinie. Sollen vorne zwei Fenster sein, müssten Sie diesen Vorgang in jedem Feld wiederholen. Sie würden dazu 4-mal kreuzen und hätten insgesamt 7 gepunktete Linien.

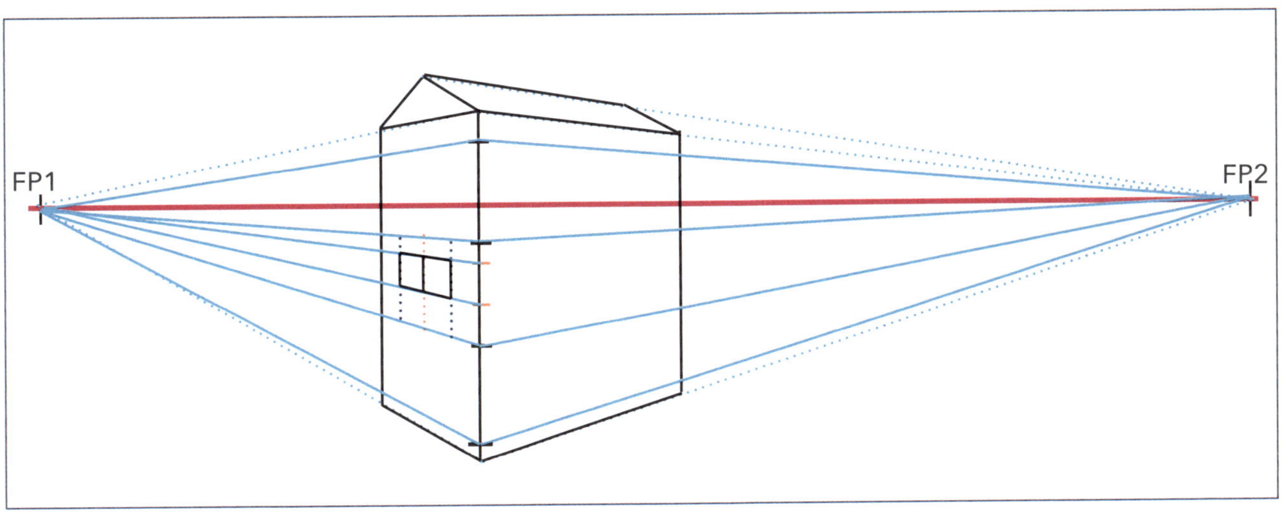

4. Die Höhe des Fensters soll nicht über das komplette Stockwerk reichen. Markieren Sie also auf der senkrechten Höhenlinie, wie groß es werden soll (kurze orange Linie), und ziehen von hier aus eine Linie zum FP1 (hellblaue Linie). Jetzt haben Sie alles, um das Fenster fix einzuzeichnen (schwarze Linie). Da Fenster immer übereinanderliegen, müssen Sie jetzt nur die gepunkteten Linien ein Stockwerk weiter hochziehen und können dort das gleiche Fenster zeichnen. Probieren Sie auf der rechten Seite des Hauses zwei bis drei Fenster in ein Stockwerk zu setzen. Sie gehen genauso vor, nur wiederholen Sie den Vorgang öfter.

Die N-Technik in der Zweipunktperspektive

Die N-Technik wird wie in der Einpunktperspektive angewendet. Zum besseren Verständnis nehmen wir das Beispiel der Kreuztechnik von Seite 58 und zeichnen rechts die Fenster mit der N-Technik.

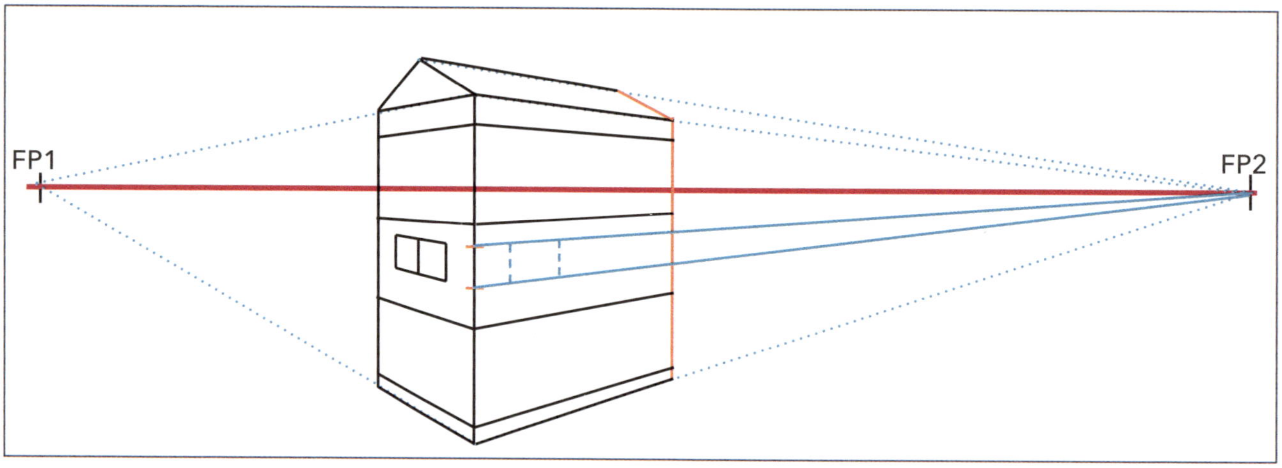

1. Zur Erinnerung: Das Problem ist, dass bei der N-Technik das Ende (orange Linie) noch nicht festgelegt werden kann. Doch wenn bei einem Gebäude ein unterschiedlicher Abstand zwischen Fenster und Wand besteht, muss diese angewendet werden. Ziehen Sie eine Linie für die Höhe, in der die Fenster zu FP2 fluchten (blaue Linie). Auf dieser teilen Sie nun Wandabstand und einen Fensterabstand ein (gestrichelte blaue Linie).

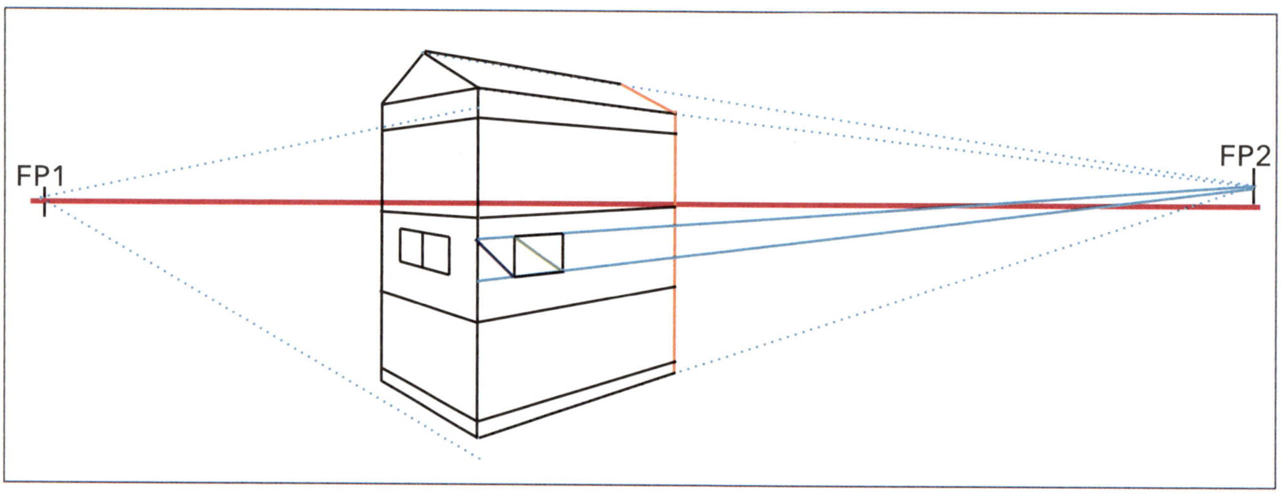

2. Ziehen Sie durch beide Abstände eine Diagonale von Eck zu Eck. Die dunkelblaue diagonale Linie steht für den Wandabstand und die grüne Diagonale markiert das Fenster.

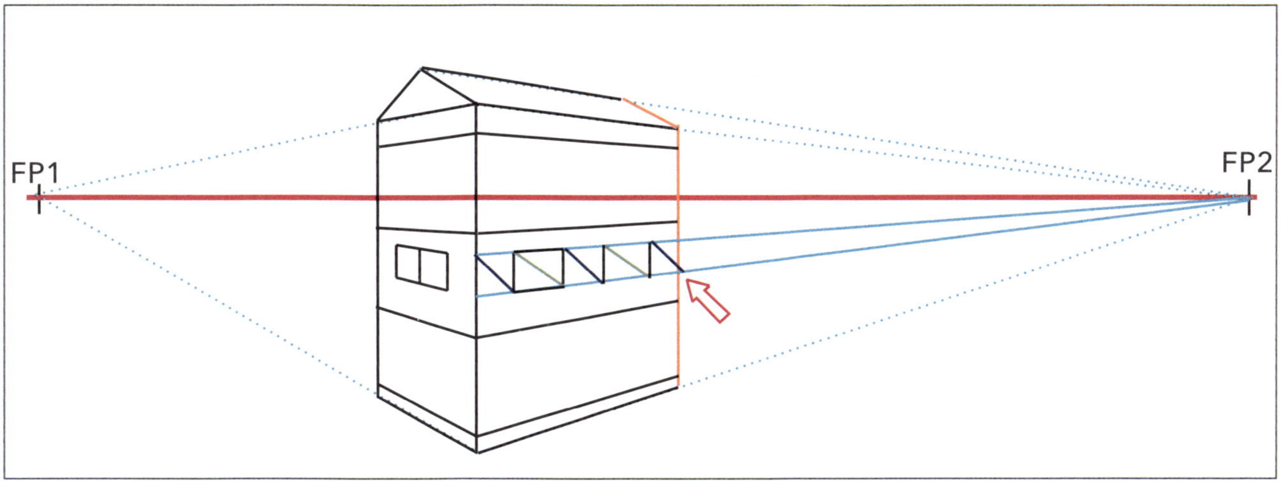

3. Wiederholen Sie die jeweiligen Diagonalen parallel nacheinander und ziehen dort, wo sie an die Fluchtlinie auftreffen, eine Gerade. Wenn Sie die letzte Wanddiagonale zeichnen (blaue Diagonale), sehen Sie, dass die Gebäude-Endlinie (rosa Pfeil) ein Stück nach rechts verschoben werden muss. Natürlich müssen Sie im Anschluss daran auch die Dachschräge neu ausrichten. Wie das geht, finden Sie auf S. 54 unter »Ein Haus mit Dach«.

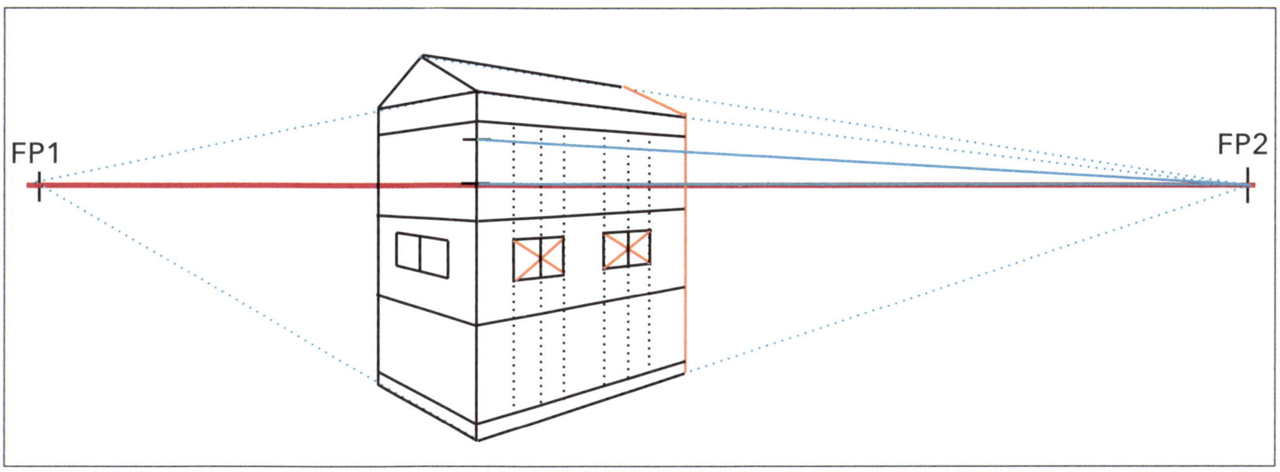

4. Nachdem Sie die Außenwand verschoben und das Dach angepasst haben, entfernen Sie die Hilfslinien und umrahmen die Fenster. Als nächsten Schritt fügen Sie nun mit der Kreuztechnik in jedes Fenster einen Mittelsteg ein. Diese Geraden der Fenster können Sie nun leicht in das obere und untere Stockwerk übertragen (schwarz gepunktete Linien). Da die Stockwerke gleich hoch sind, übertragen Sie einfach den Abstand an der jeweiligen Höhenkante der Stockwerke zum Fenster und der Fensterhöhe und verbinden diese mit dem FP2 (blaue Linie). Wie Sie sehen, müssen Sie jetzt nur noch die Fenster schwarz umrahmen, damit sie deutlicher sichtbar sind.

Die Diagonaltechnik in der Zweipunktperspektive

Die Diagonaltechnik an den Seitenwänden im Innenraum:
Die Diagonaltechnik auf Seitenwänden, egal ob bei Innen- oder Außenräumen, ist im Grunde wie die Einpunktperspektive anzuwenden.

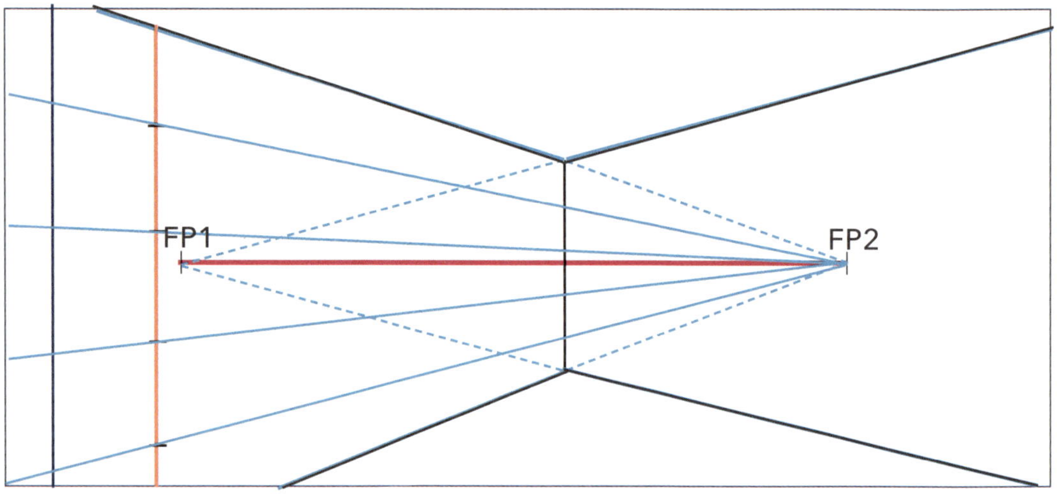

1. Um den Betrachter stärker ins Bild zu ziehen, beginnen Sie mit einer angeschnittenen Kachel (blaue Linie) und zeichnen im Anschluss eine volle Kachel (blaue bis orangefarbene Linie). Dann wählen Sie die Höhenabstände. Wenn die Abstände gleich sein sollen, ist es wichtig, die untere Fluchtlinie zur orangefarbenen Linie zu verlängern und den gesamten orangen Strich dann zu teilen. Danach verbinden Sie alle Linien zum FP2 (hellblaue Linie).

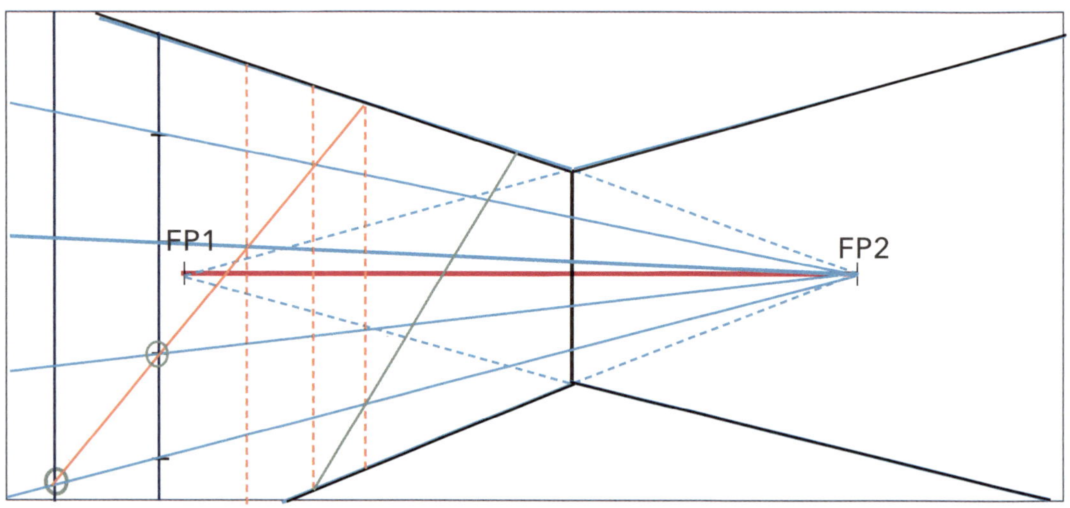

2. Jetzt ziehen Sie durch die erste ganz sichtbare Kachel eine Diagonale (vom grünen Kreis zum grünen Kreis, orange Linie). An den Punkten, an denen die Diagonale auf die Fluchtlinien trifft, entsteht eine neue Gerade (orange gestrichelte Linie). Sobald die Diagonale nicht mehr kreuzt, wiederholen Sie den Vorgang und durchkreuzen eine neue Kachel (grüne Linie).

Diagonaltechnik an den Seitenwänden im Außenbereich:
Im Außenbereich fluchten die Fluchtlinien nicht zum gegenüberliegenden Fluchtpunkt, sondern zu dem auf derselben Seite des Objekts.

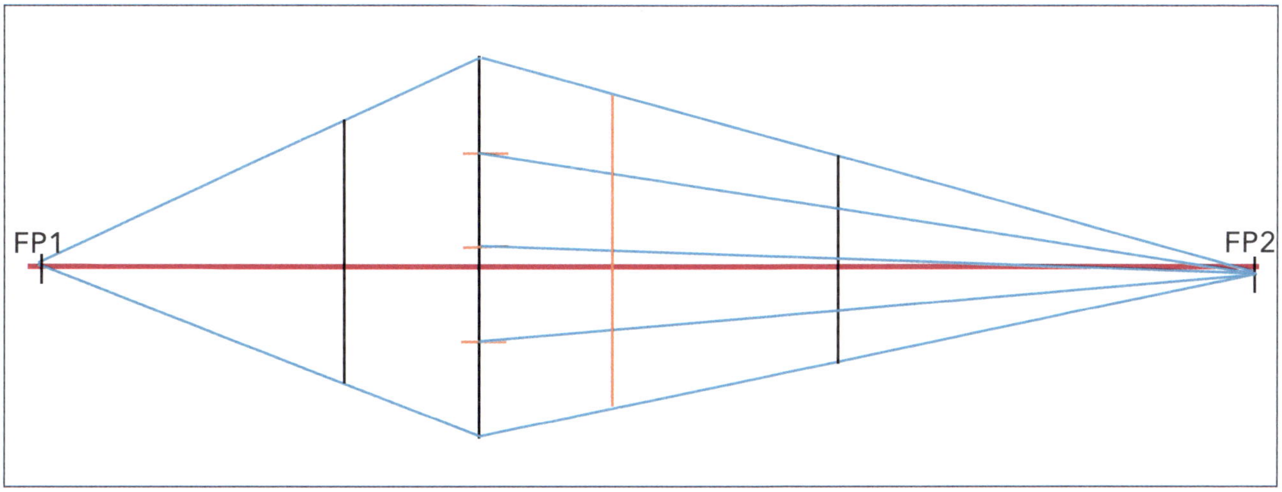

1. Auch hier zeichnen Sie zuerst die Breite der ersten Kachel ein (orange Linie). Danach dividieren Sie die Gesamthöhe mit der gewünschten Anzahl an Kacheln, damit Sie gleich große Abstände erhalten. Diese werden mit dem FP2 verbunden (hellblaue Linie).

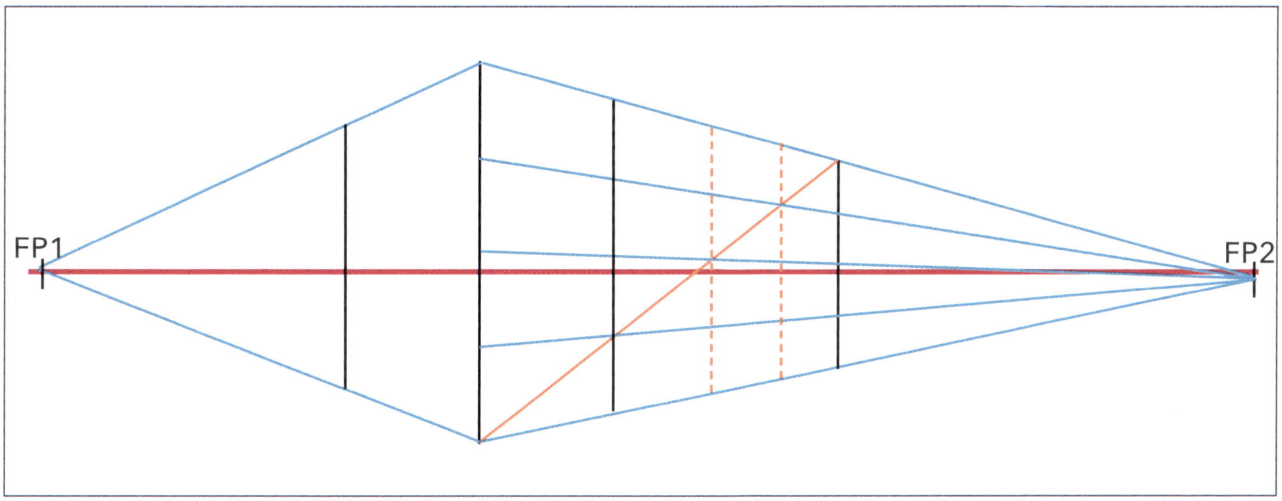

2. Jetzt wird die erste Kachel, wie schon im vorhergehenden Beispiel, mit einer Diagonale durchkreuzt (orange Linie). Überall, wo diese Linie auf die Fluchtline trifft, ziehen Sie eine Gerade ein (gestrichelte Linie).

Die Diagonaltechnik an Boden und Decke mit Hilfspunkt:
Soll die Diagonaltechnik am Boden oder der Decke angewendet werden, so benötigt man einen Hilfspunkt, damit sich die Fliesen oder Kacheln immer perspektivisch verändern.

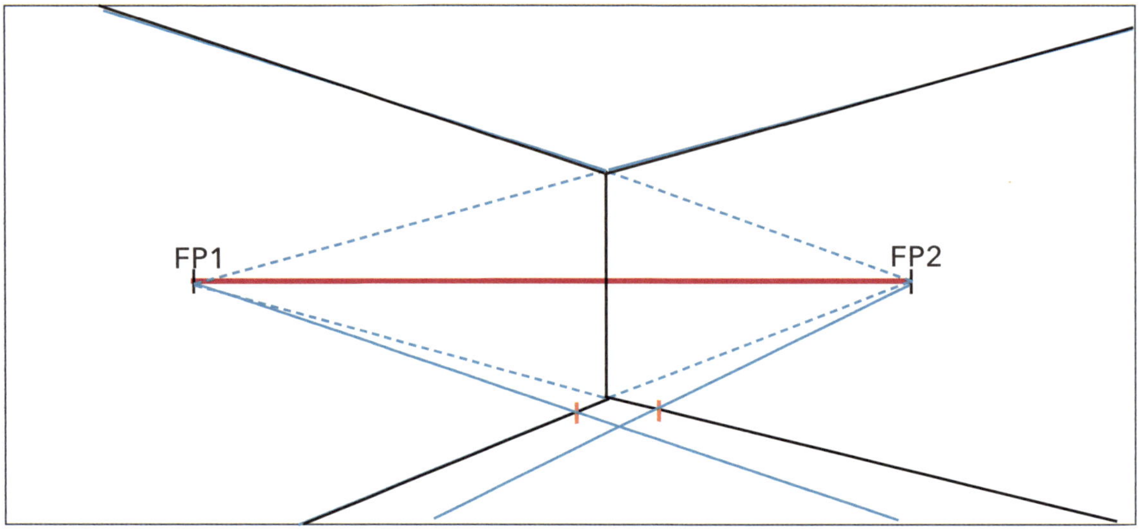

1. Bestücken Sie den Boden eines Raumes mit Fliesen. Markieren Sie dazu im hinteren Eck links und rechts einen Abstand, den die Fliese haben soll (orange Linien). Diese verbinden Sie mit den gegenüberliegenden Fluchtpunkten und verlängern sie in den Raum hinein (blaue Linien).

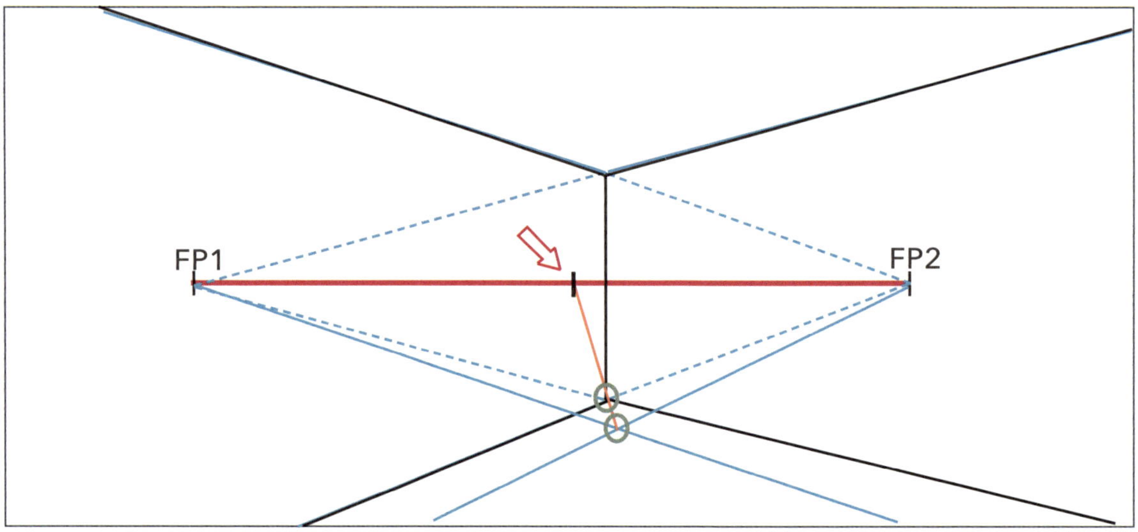

2. Jetzt ziehen Sie eine Diagonale durch die erste Kachel von der Spitze über die hintere Ecke (grüner Kreis). Diese Linie (orange Linie) wird nun bis zum Horizont verlängert . Dieser Punkt ist Ihr Hilfspunkt für den Fliesenboden.

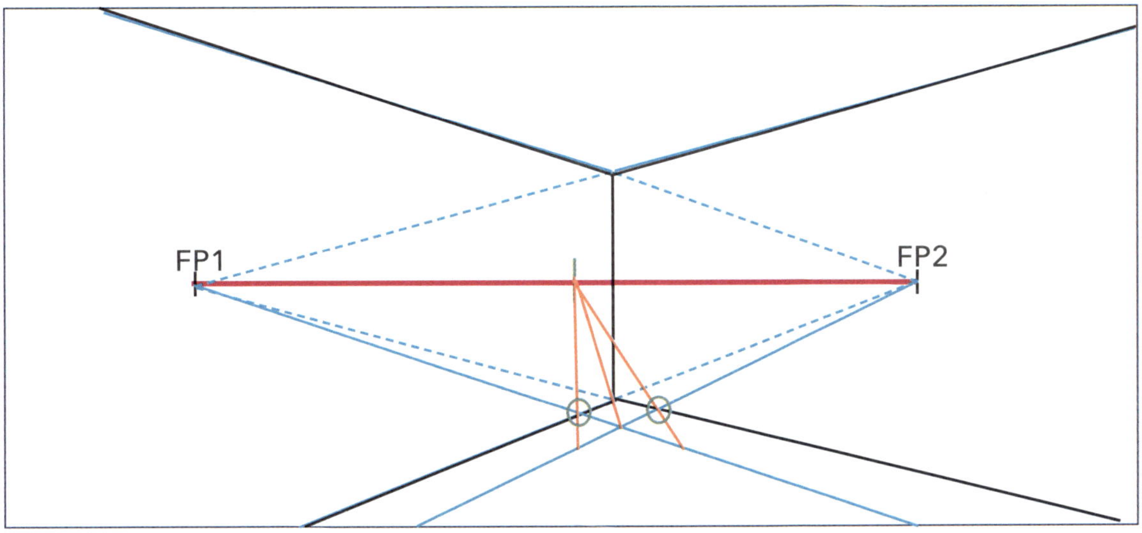

3. Verbinden Sie die Hilfslinie (orange Linie) mit der Linie, an der die erste Fluchtlinie kreuzt (grüne Kreise), und zeichnen über diese hinaus bis zur zweiten Fluchtlinie (blaue Linie).

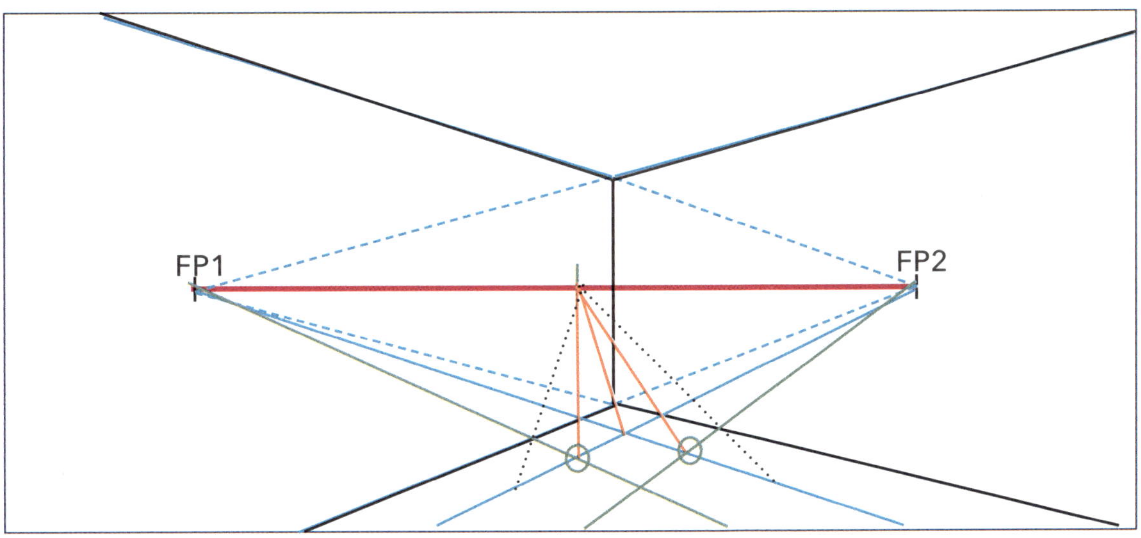

4. Wo die orange Linie auf die blaue Fluchtlinie trifft (grüne Kreise), verbinden Sie diese Linie wieder mit dem Fluchtpunkt und zeichnen sie über den Kreuzungspunkt hinaus.
Wiederholen Sie Schritt 3 und zeichnen Sie eine Diagonale vom Hilfspunkt über den Kreuzungspunkt auf beiden Seitenwänden (gepunktete Linie).

Übung 15: Die Zweipunktperspektive sehen lernen

Versuchen Sie so viele Fotos wie möglich nachzuzeichnen und diese zu verstehen. Durch die Fotolinse können manchmal kleine Verkrümmungen entstehen. Mitunter sind die Tore aber auch einfach schief. Versuchen Sie sich vorzustellen, dass Sie diese Objekte gerade vor sich sehen, und versuchen Sie sie zu zeichnen.

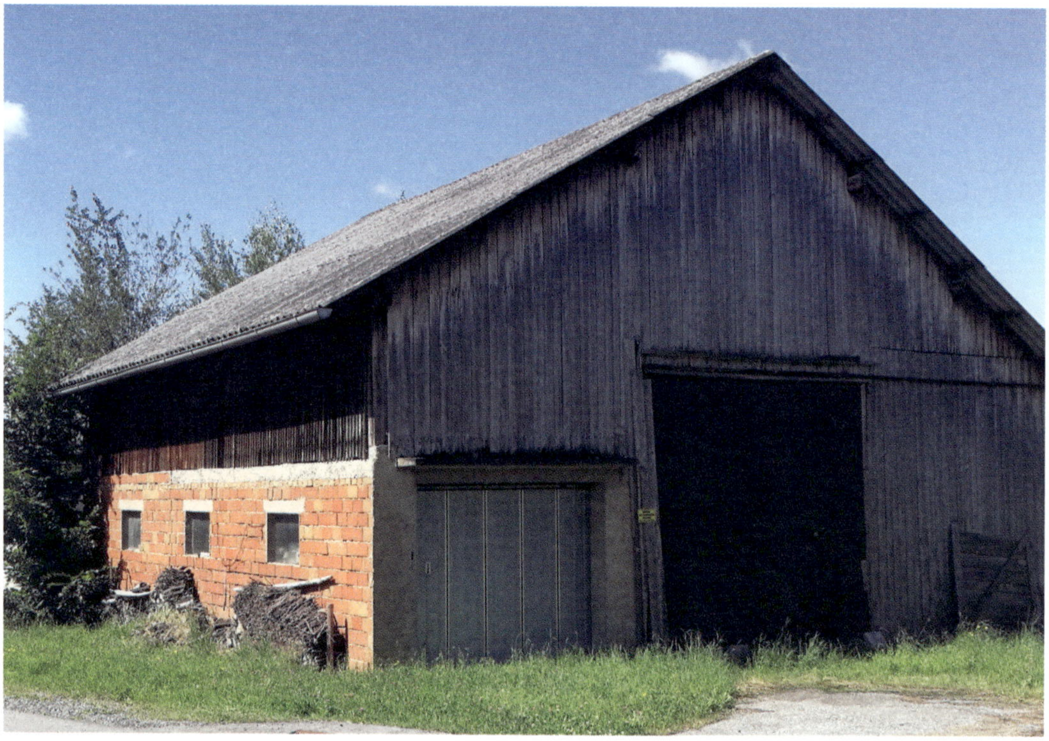

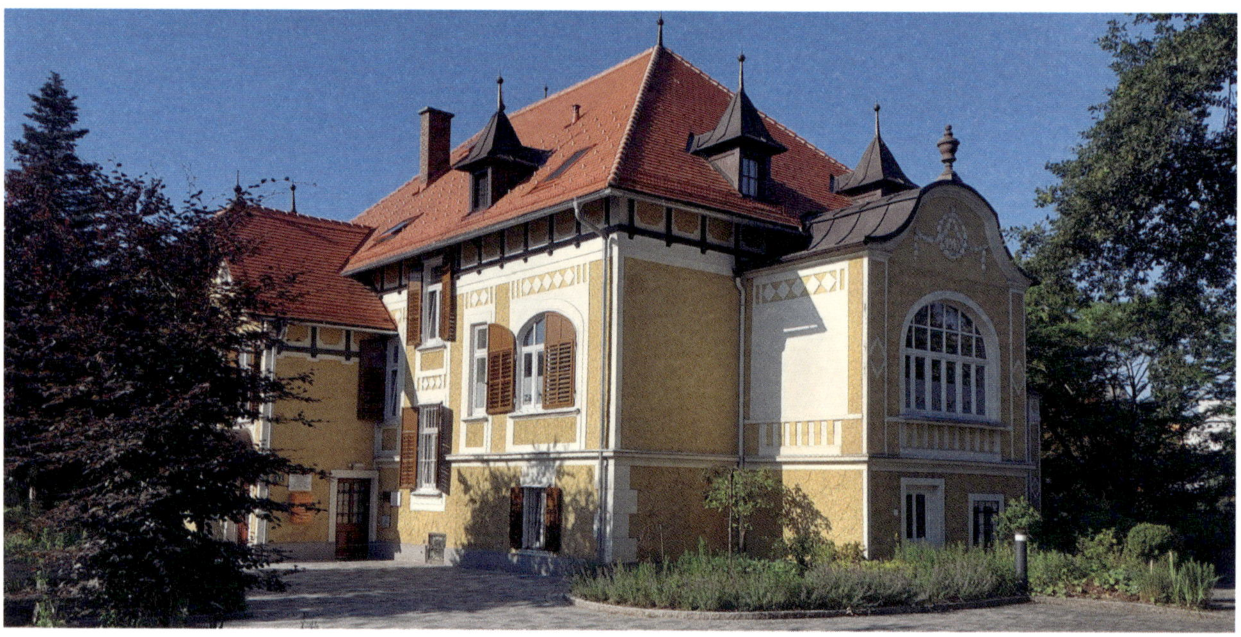

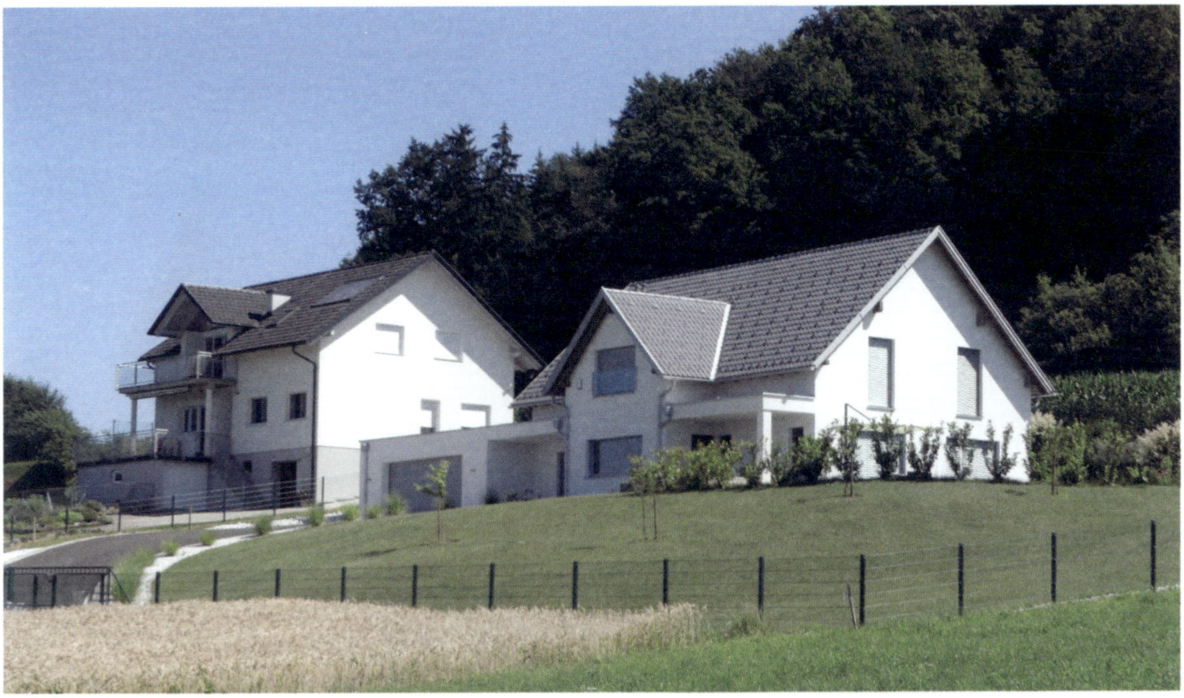

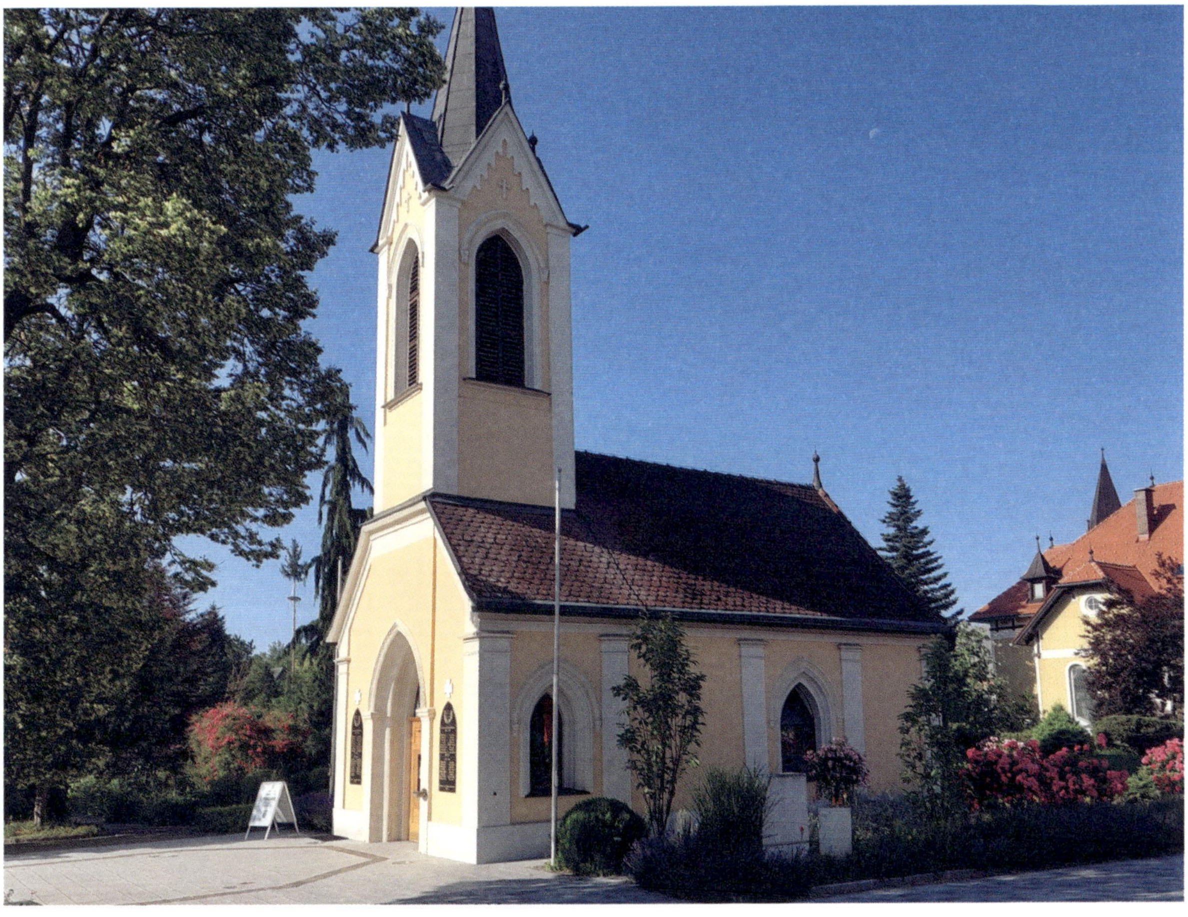

Übung 16: Der Uhrturm, die Herausforderung

Versuchen Sie dieses Bild nachzumalen. Sie können schon sehen, wie viele Fluchtlinien benötigt werden, um dieses Gebäude darzustellen. Es dauert einige Stunden, um alles nachvollziehen zu können.

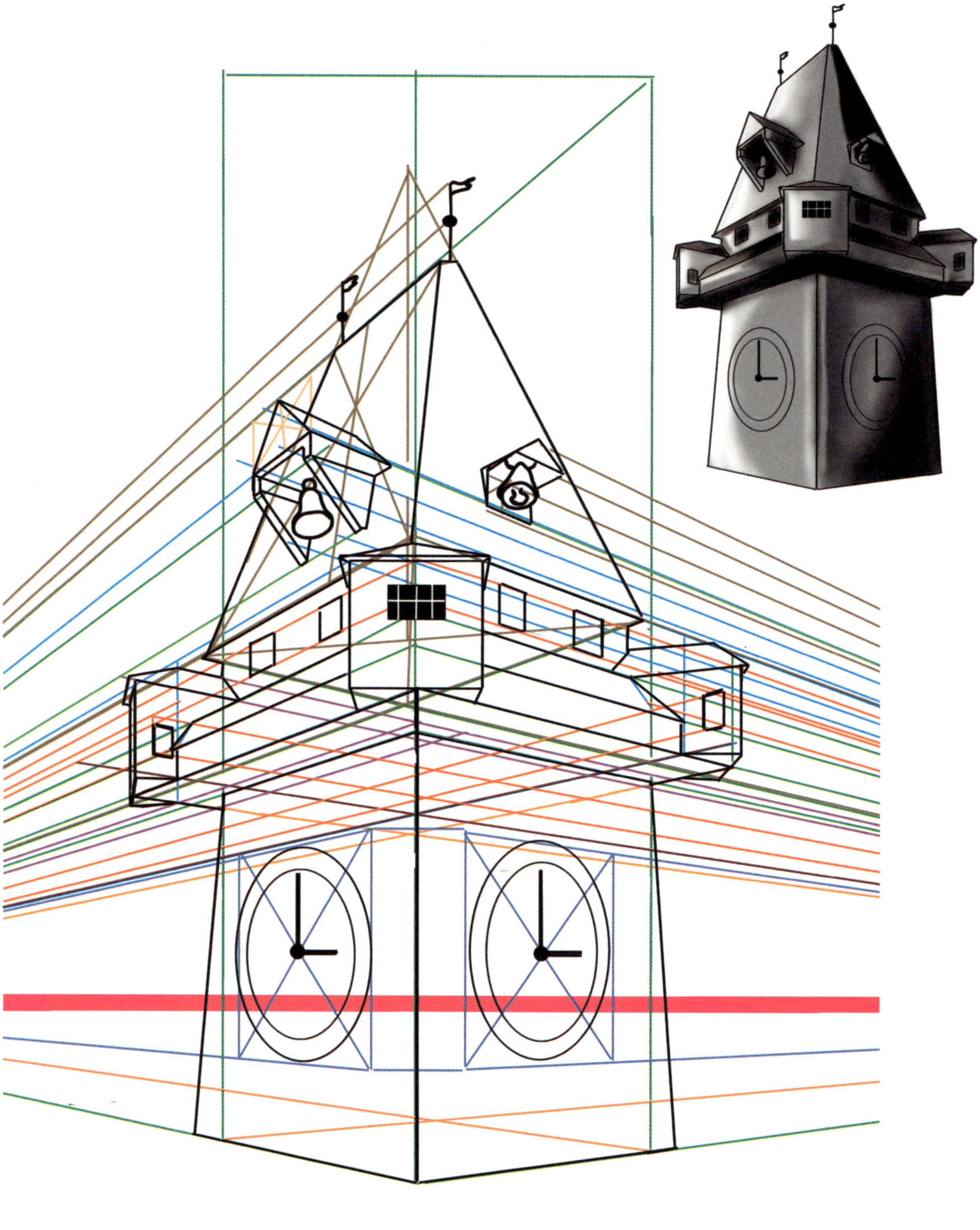

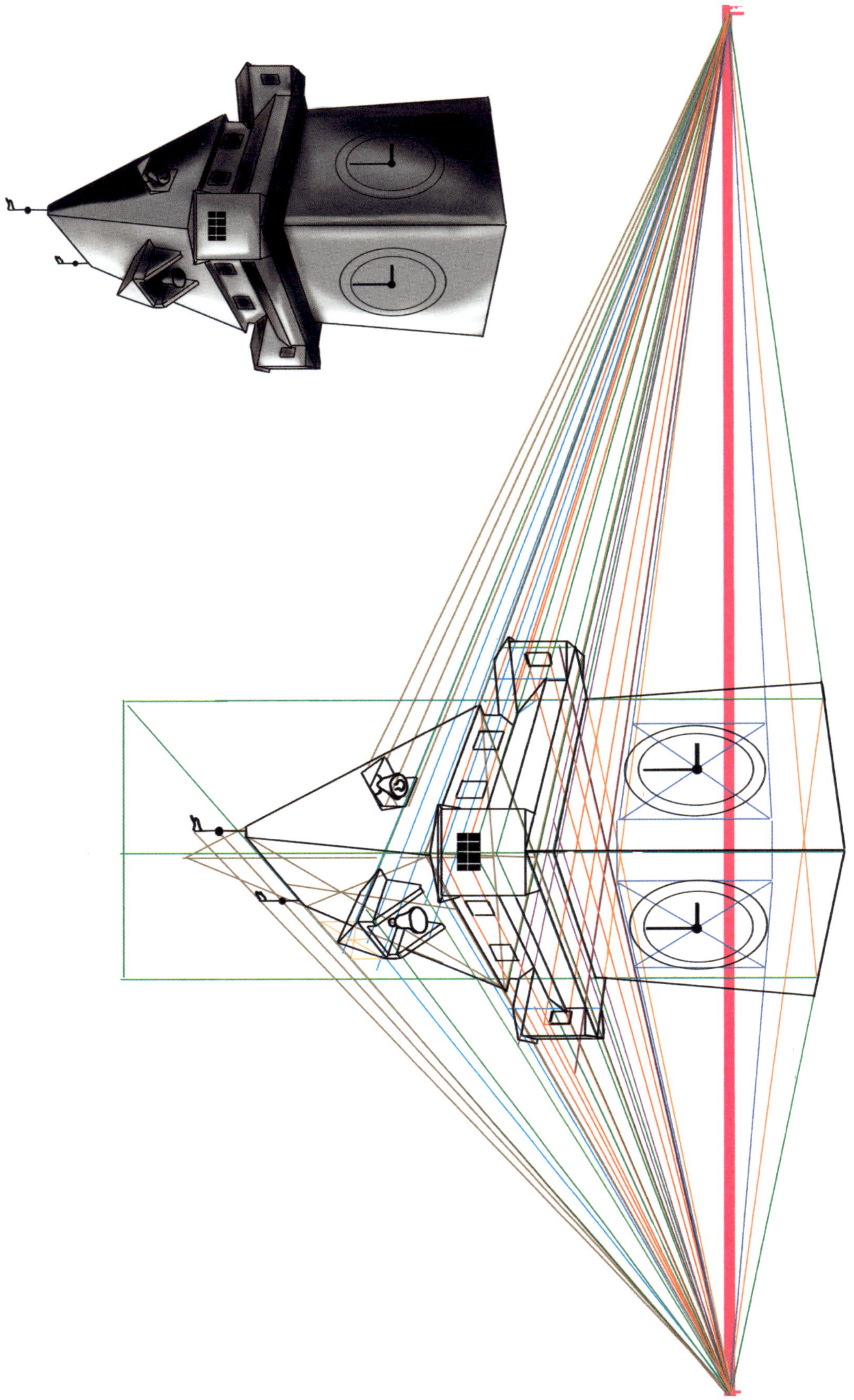

Übung 17: Die Pyramiden

Bei dieser Übung können Sie alles Gelernte anwenden. Der Boden der Pyramide ist eine fluchtende Fläche. Da aber die Pyramide anders als das Dreieck vier gleiche Seiten hat, müssen Sie zuerst die Kreuztechnik anwenden, um die Mitte zu finden. Danach bestimmen Sie, wie hoch der Mittelstrich ist, und verbinden Sie alle Seiten mit diesem. Versuchen Sie es in der Einpunkt- und in der Zweipunktperspektive sowie in der Frosch- und Vogelperspektive.

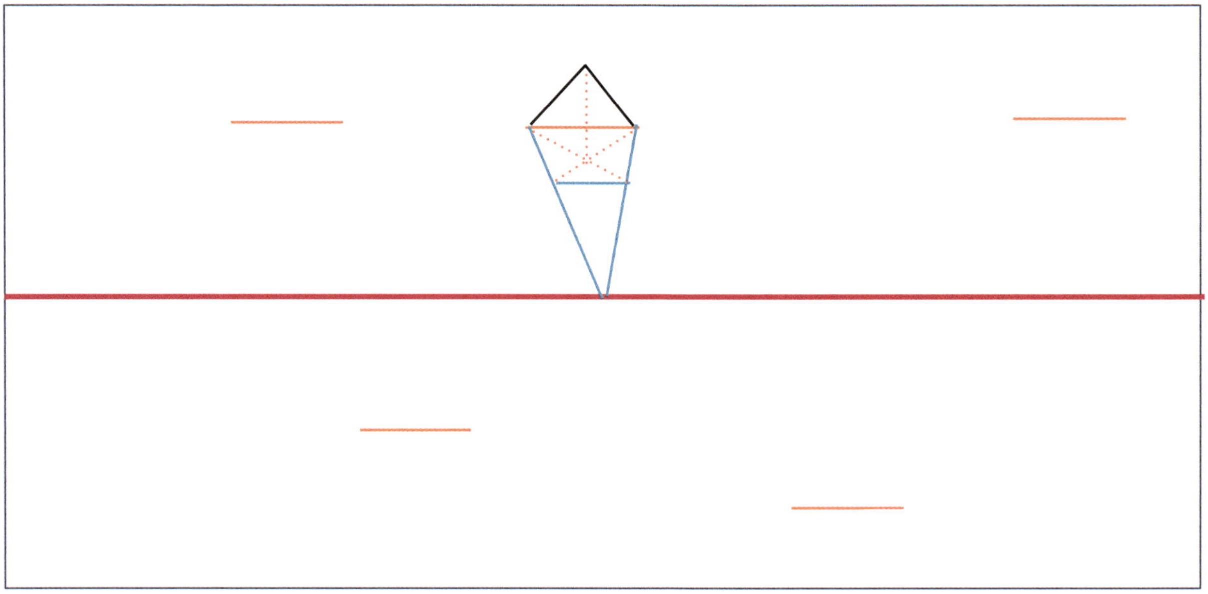

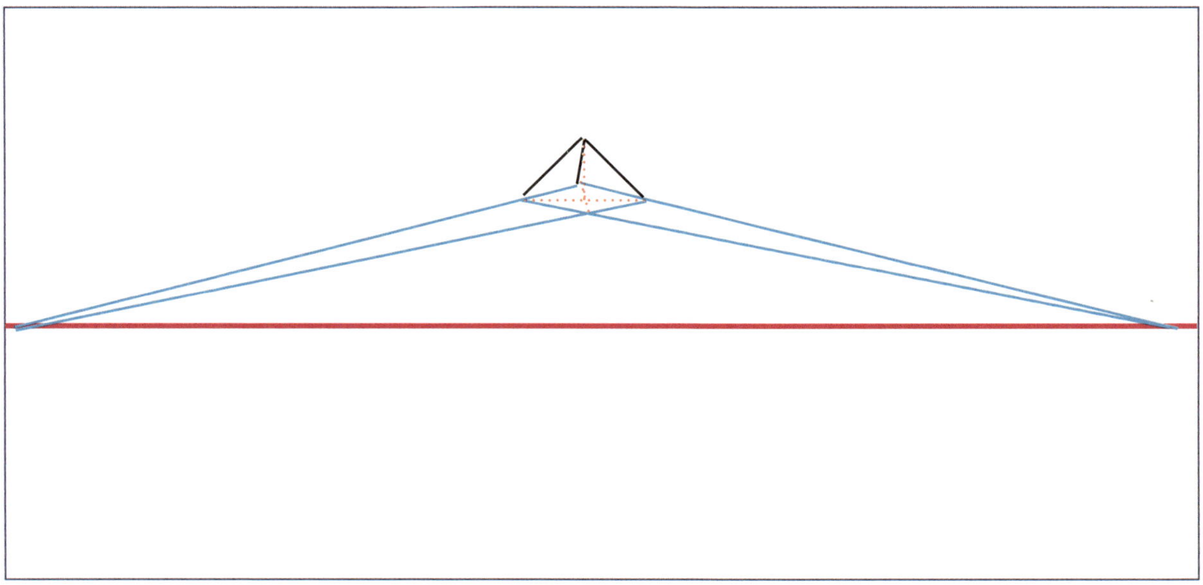

Übung 18: Der Würfel bekommt Pyramiden

Das Übung birgt echte Denkarbeit – und Spaß. Zeichnen Sie zuerst einen Würfel in der Zweipunktperspektive. Wenn dieser fertig ist, verpassen Sie ihm auf jeder Seite eine Pyramide in die jeweilige Richtung.

Das ist Ihnen zu leicht? Dann zeichnen Sie in den Würfel Kacheln an der Außenseite und in jede einzelne Kachel zusätzlich eine Pyramide.

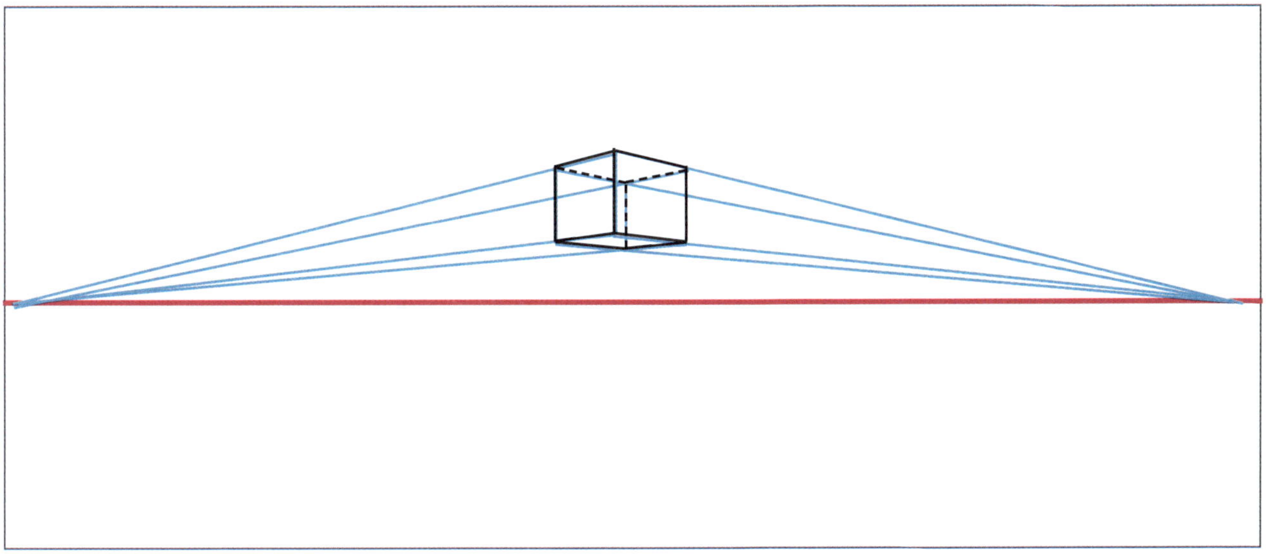

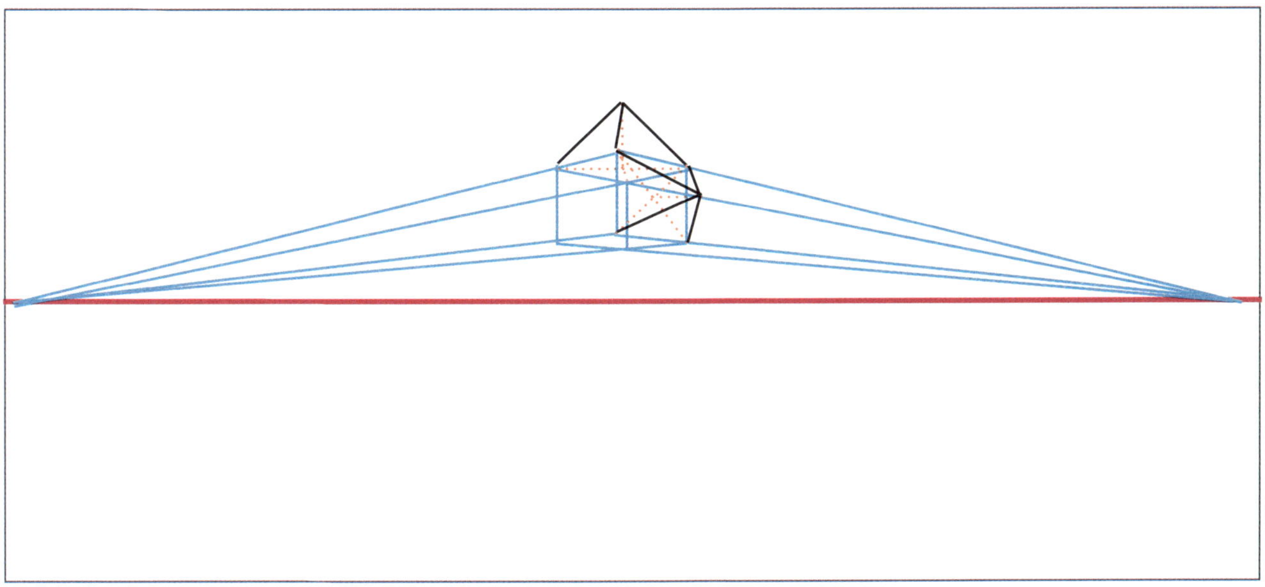

EINS & ZWEI ZUSAMMEN

Das, was mich selbst wohl am längsten verwirrt hat, weil es mir einfach nicht gesagt wurde, ist, dass in ein und demselben Bild mehrere Perspektiven vertreten sein können. Diese treffen sich aber immer am Horizont. Es ist also möglich, dass in einem Bild eine Zentralperspektive vorkommt und gleichzeitig eine Zweipunktperspektive bei einem anderen Objekt. Ja, es ist sogar möglich, dass jedes Objekt einen anderen FP1 und FP2 hat. Das könnte zum Beispiel in einem verwüsteten Klassenzimmer passieren, wo plötzlich alle Stühle liegen und stehen, wie sie wollen. Auf Straßen erleben wir so etwas eher selten. Straßen sind alle ausgerichtet und auch die parkenden Autos sollten nicht kreuz und quer stehen – möglich wäre es aber.

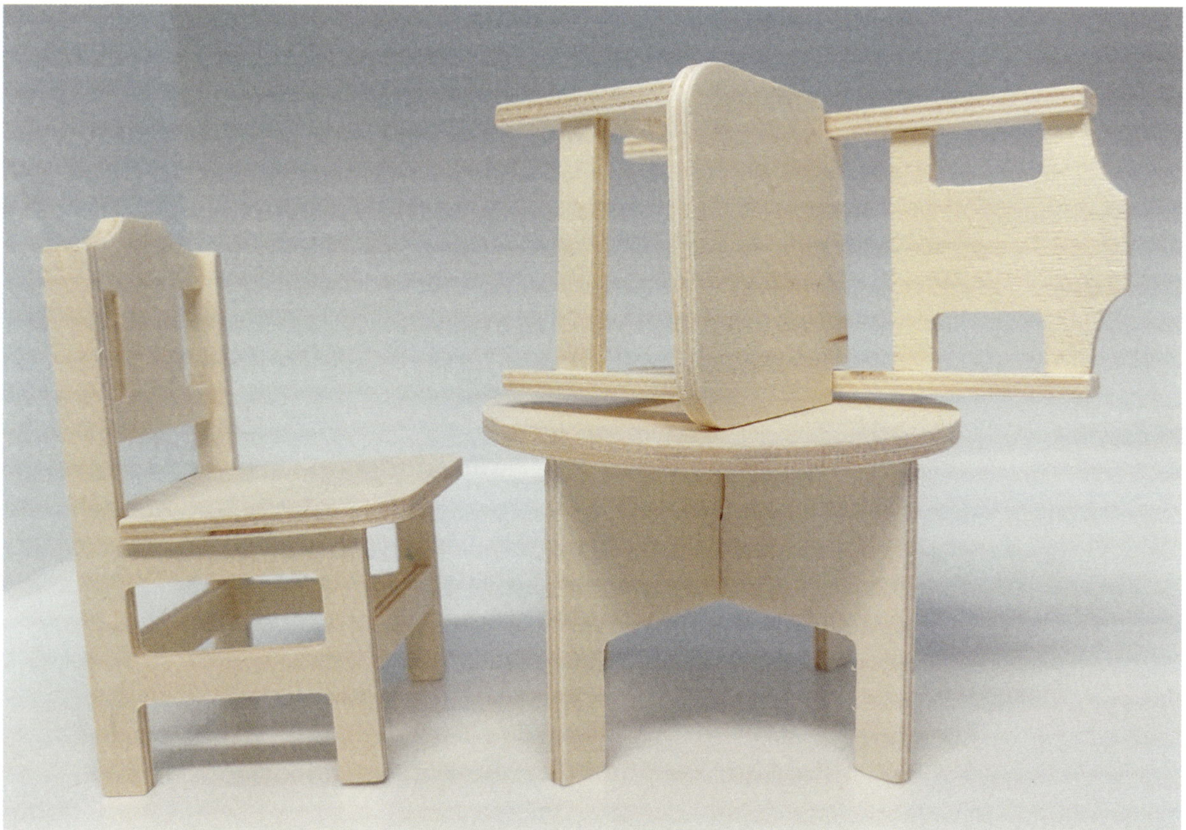

Übung 19: Gemeinsame Perspektiven

Zeichnen Sie diese Objekte in der Frosch- und Vogelperspektive nach. Fügen Sie Ihr Wissen über die Einpunkt- und die Zweipunktperspektive zusammen.

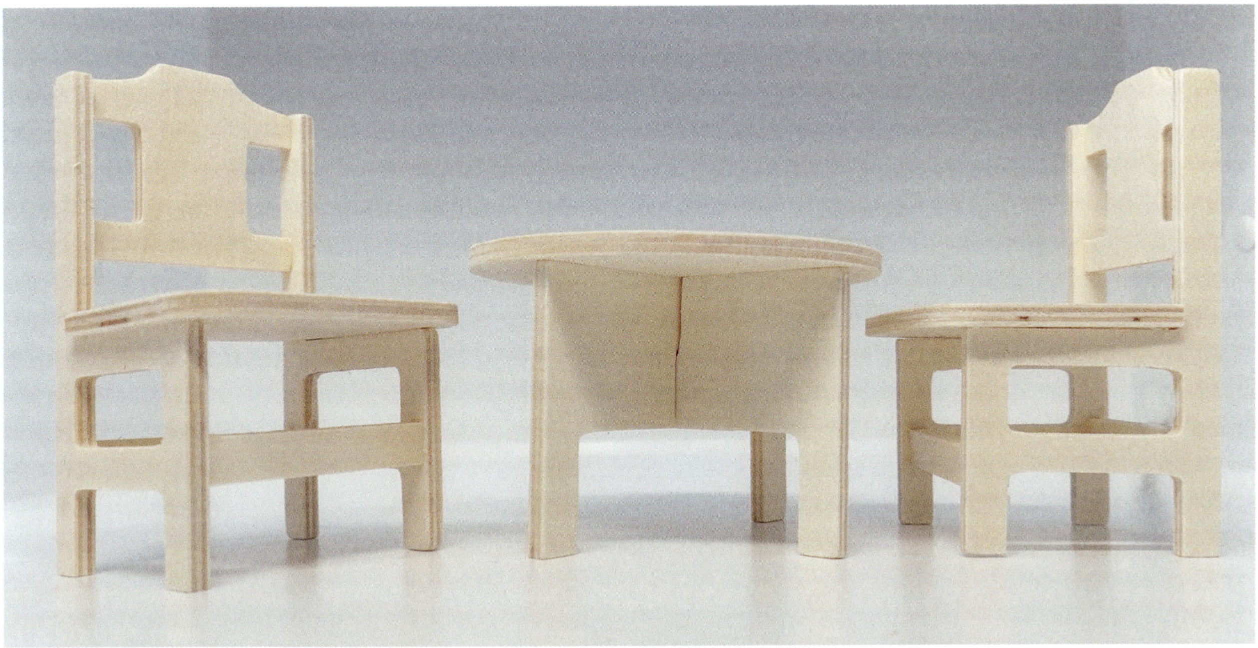

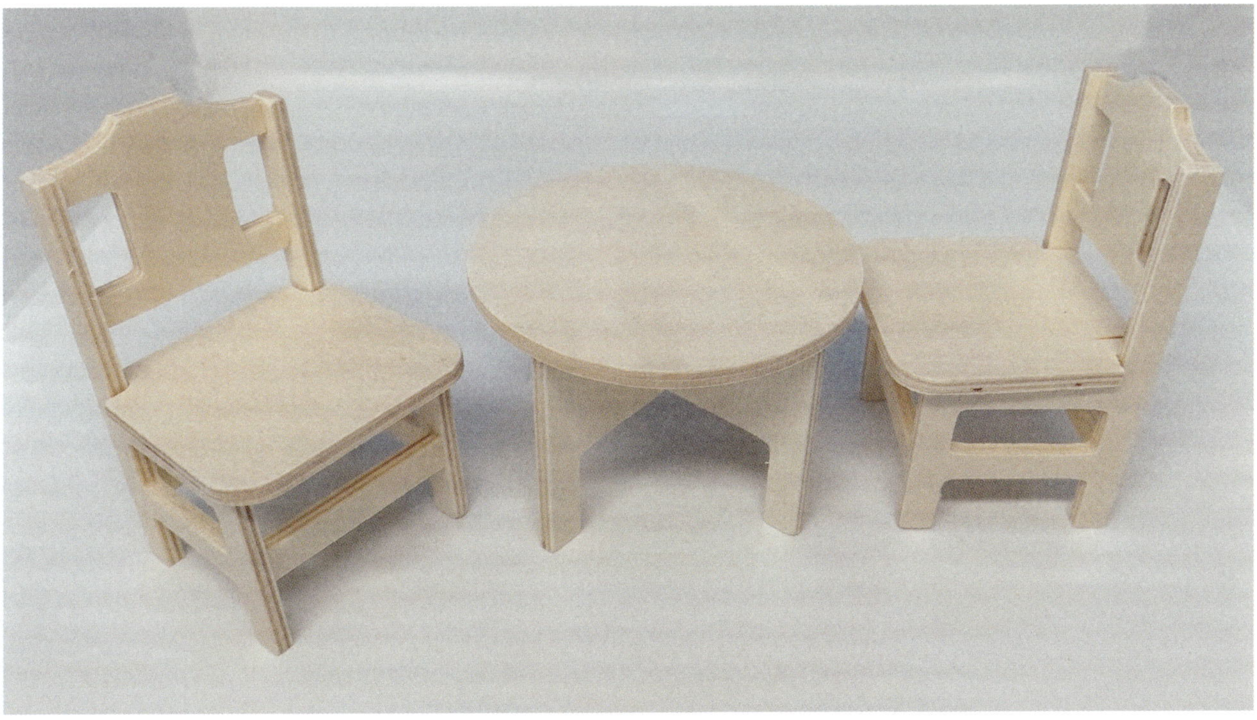

Übung 20: Die Schatulle

Diese Schatulle ist auch eine tolle Übung für den Anfang. Sie können bei ihr sehr gut sehen, wo die Linien hinfluchten. Der Deckel hat einen anderen Fluchtpunkt als der Boden.

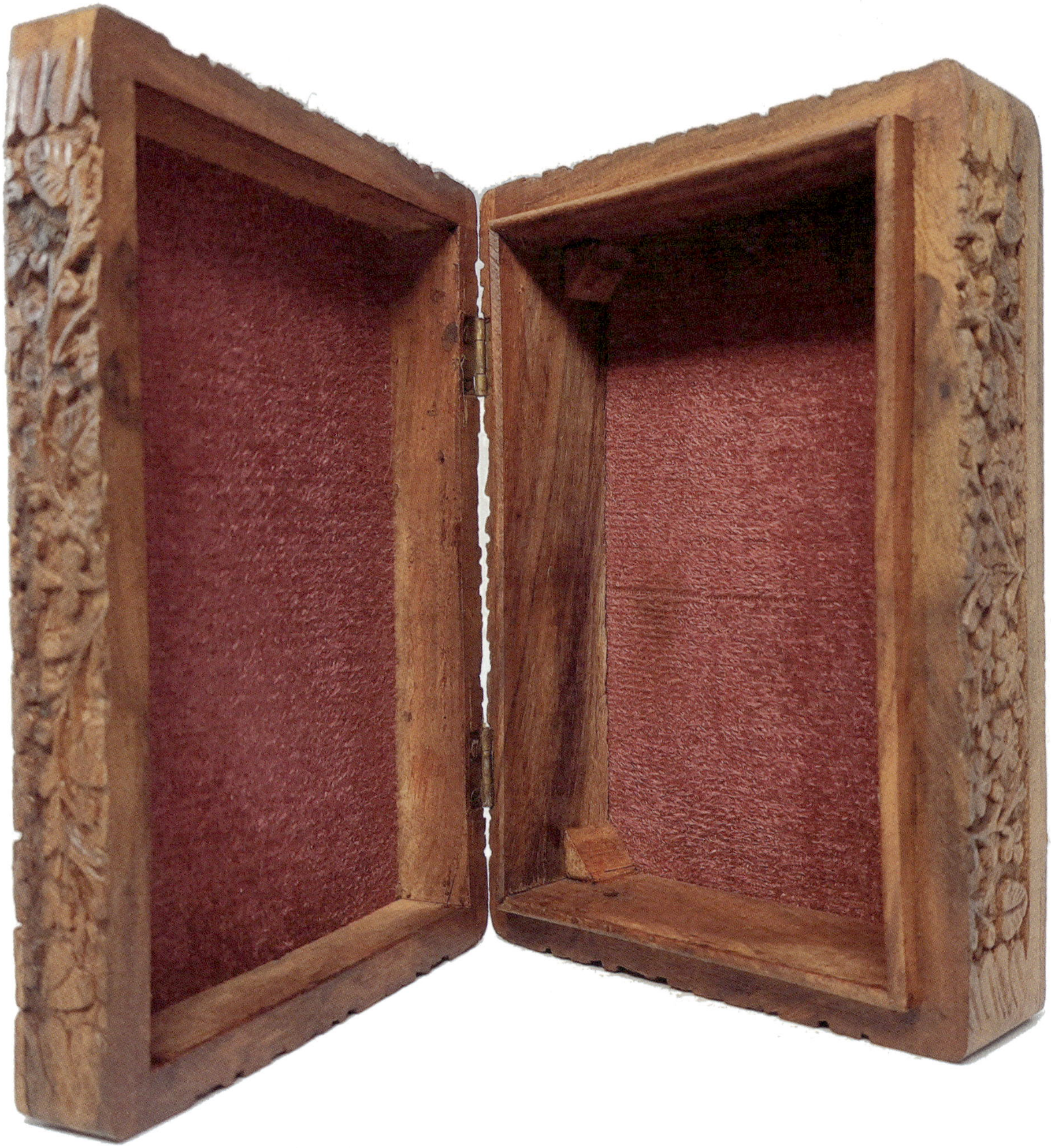

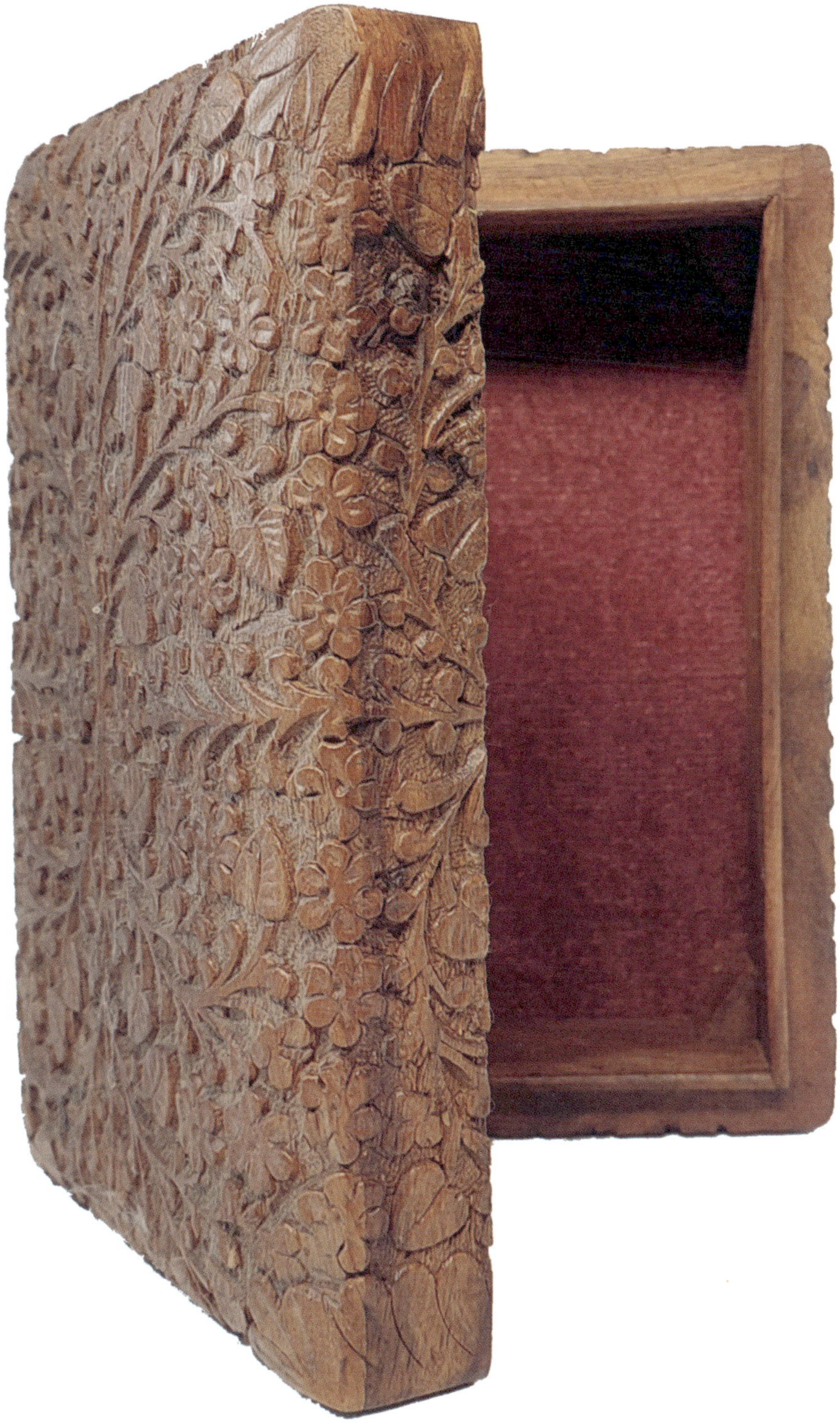

Merke:
Bei der Dreipunktperpektive bekommt auch die Höhe einen eigenen Fluchtpunkt. Dieser Fluchtpunkt kann natürlich nicht auf dem Horizont liegen. Er liegt immer über oder unter der Augenlinie. Ich brauche jetzt nicht nur links und rechts ein Hilfsblatt, sondern auch oben oder unten.

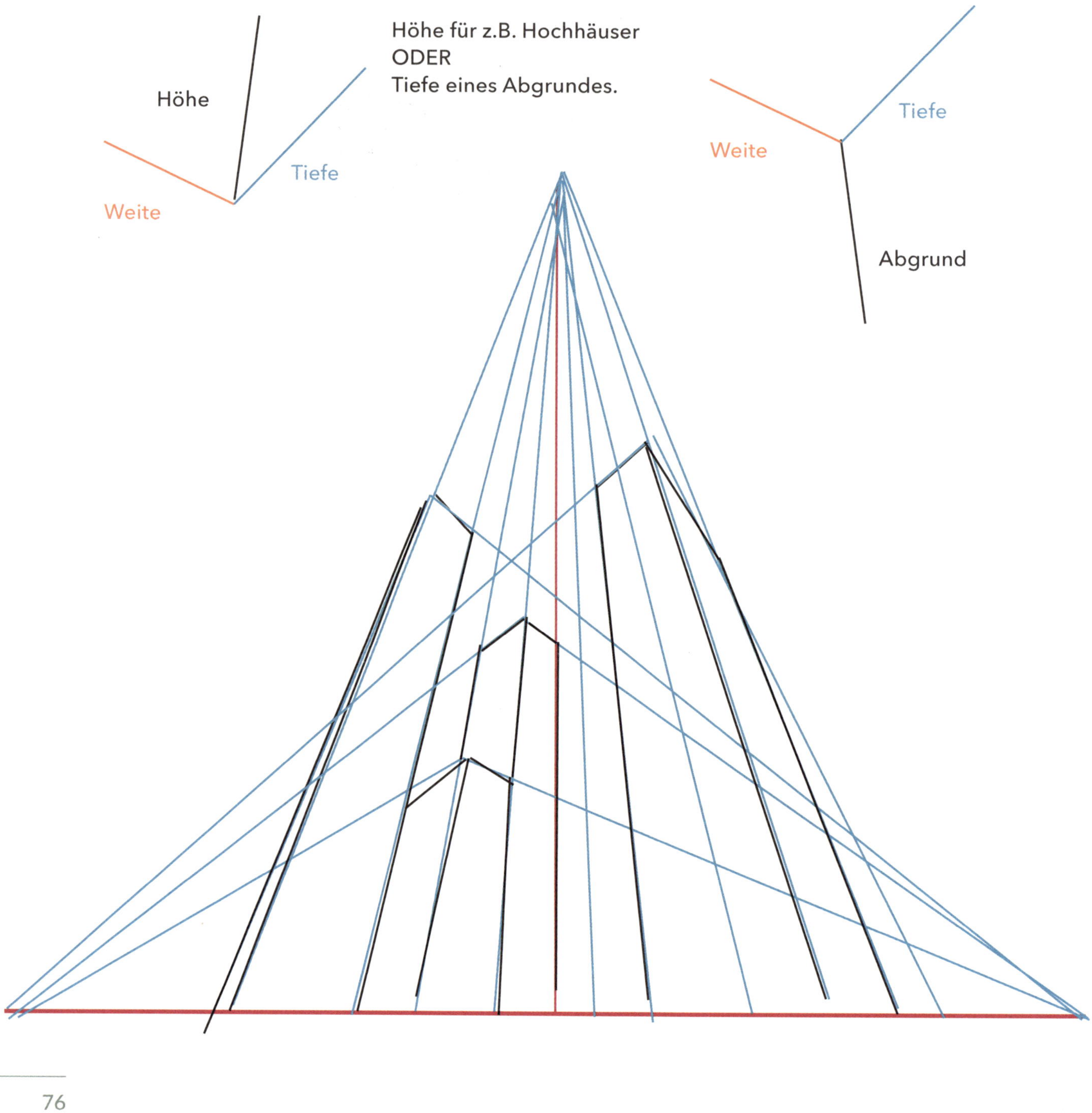

DREIPUNKTPERSPEKTIVE

Durch den dritten Fluchtpunkt wird es noch räumlicher. Er wird vor allem eingesetzt, wenn Sie eine Szenerie dramatischer betonen möchten, wie z.B. Hochhäuser von enormer Höhe oder Schluchten mit bodenlosen Tiefen. Immer, wenn eine Szene verstärkt werden und noch mehr Dynamik bekommen soll, wird die Höhe nicht mehr gerade dagestellt, sondern beginnt zu einem eigenen Fluchtpunkt hin zu fluchten. Die Dreipunktperspektive findet eher im Comic ihren Platz, aber es könnte natürlich auch beim Urban Sketching vorkommen, dass Sie diesen Effekt sehen und malen wollen. Sie kann auch den Effekt erzeugen, dass der Betrachter gerade hinauf- oder hinunterschaut. Breite, Tiefe, Höhe – es gibt keine Gerade mehr, nur mehr Diagonalen. Die Realität ist Dreipunkt, wird aber von uns oft nicht so wahrgenommen. Allerdings wird diese Art der Perspektive in Räumen nur in Ausnahmefällen eingesetzt.

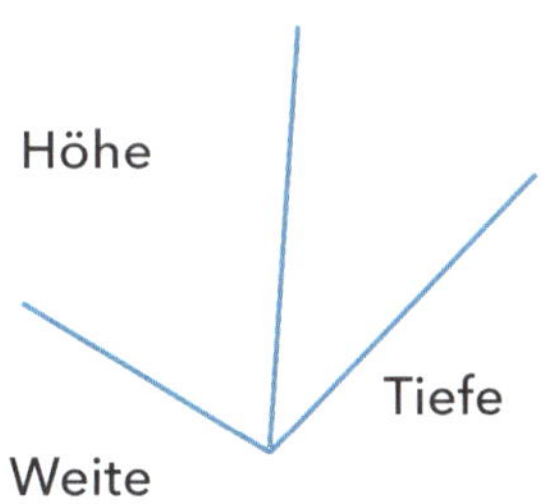

Merke:
Die Dreipunktperspektive ist daran erkennbar, dass es keine Geraden mehr gibt. Jede Linie besitzt jetzt einen Fluchtpunkt.

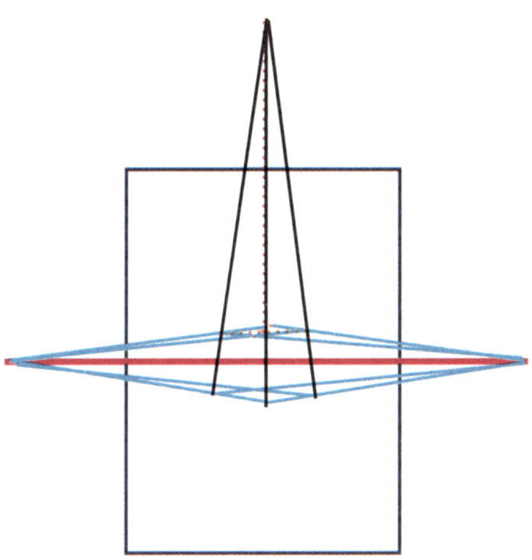

Normaler Horizont:
Direkt vor Ihrer Nase oder so groß, dass Sie weder drunter noch drüber sehen.

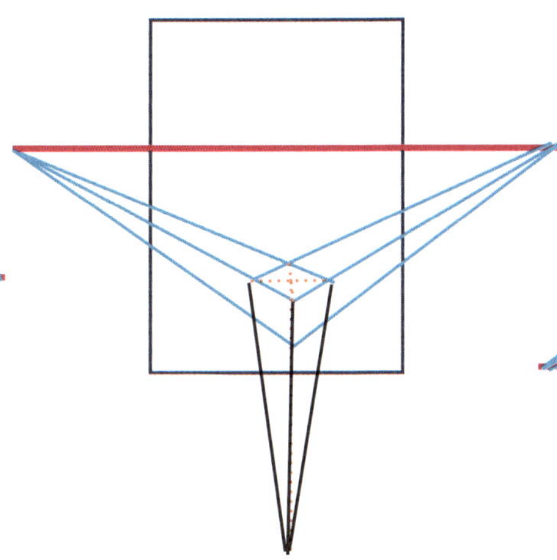

Vogelperspektive:
Sie haben eine Aufsicht und sind größer als das Objekt. Gut anzuwenden für Schluchten oder wenn Sie selbst auf einem Hochhaus stehen.

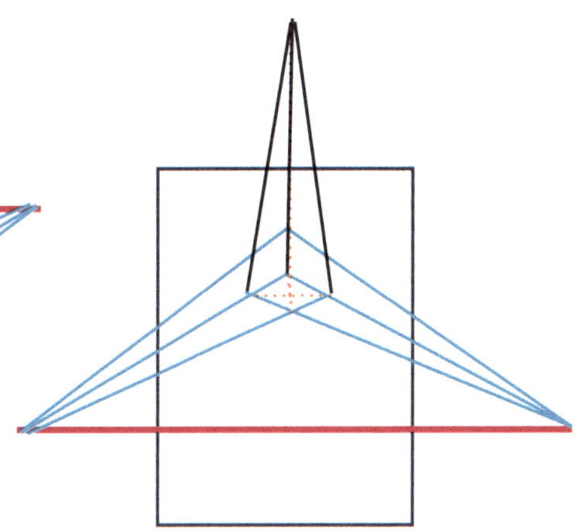

Froschperspektive:
Sie stehen unter einem Objekt oder es ist sehr weit oben (z.B. Haus, Fenster). Sie haben eine Untersicht.

Die Methoden in der Dreipunktperspektive

Es gibt verschiedene Herangehensweisen, den dritten Fluchtpunkt zu bestimmen. Je nachdem, was Sie zeichnen möchten oder was die Vorlage hergibt, halten Sie sich an eine der vier Methoden.

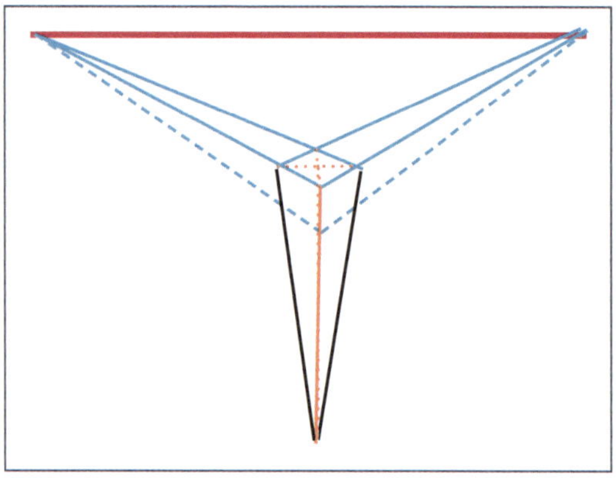

Methode 1:
Sie zeichnen ein Objekt, für das Sie den 3. FP benötigen. Hier ist es möglich, die längste Höhe (orange Linie) gerade nach unten zu ziehen, bis Sie beschließen, hier kommt der 3. FP hin. Danach müssen die Seitenwände (schwarze Linie) nur noch zu diesem 3. FP gezogen werden.

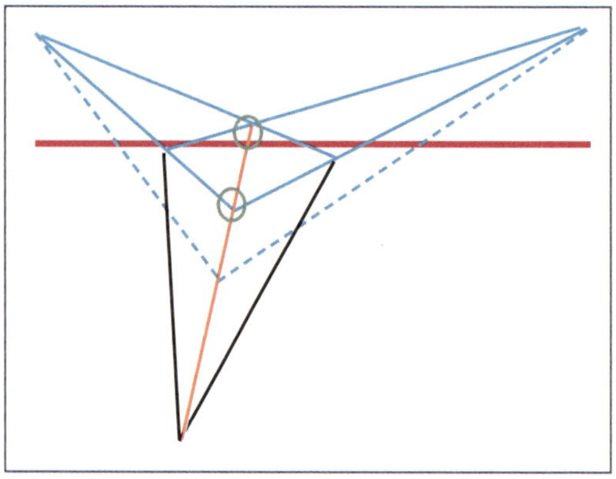

Methode 2:
Zuerst legen Sie die obere Fläche an (blaue Linien). Danach ziehen Sie eine Diagonale durch die beiden Punkte (grüne Kreise) und verlängern diese nach unten (orange Linie). Dort definieren Sie Ihren 3. FP. Nun fluchten auch die schwarzen Linien noch zum 3. FP.

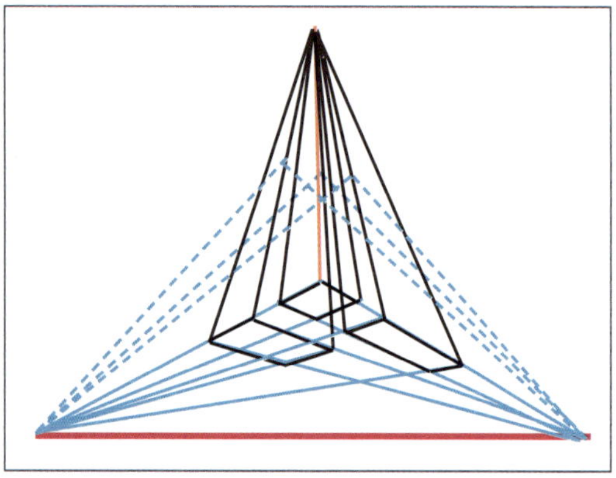

Methode 3:
Um einen gesamten Hochhauskomplex darzustellen, wird meist mit einem 3. FP gearbeitet, der vom vordersten Gebäude ausgeht (orange Linie). Alle anderen hohen Linien fluchten jetzt zu diesem 3. FP.

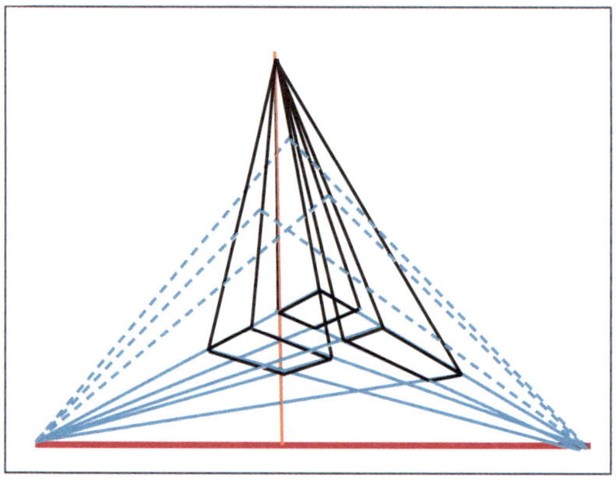

Methode 4:
Eine andere Möglichkeit ist es, einfach mit einer rechtwinkligen Linie vom Horizont aus zu arbeiten (orange Linie). Wenn diese zu schräg erscheinen, dann ist der 3. FP einfach nur zu nahe daran gesetzt.

Der Turm in der Dreipunktperspektive

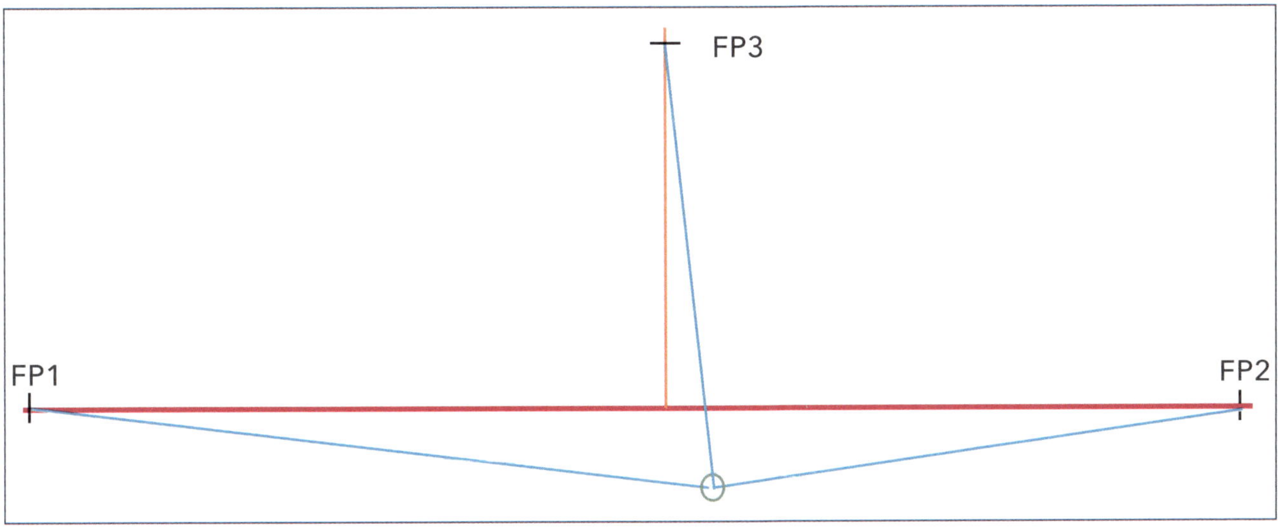

Zeichnen Sie eine Horizontlinie ein mit zwei weit voneinander entfernten Fluchtpunkten. Gehen Sie nach Methode 4 vor und setzen Sie eine Linie in die Höhe, die FP3 definieren soll (orange Linie). Nun bestimmen Sie die erste Ecke (grüner Kreis) und verbinden diesen Punkt mit dem FP3 in die Höhe und mit FP1 und FP2 zu den Seiten.

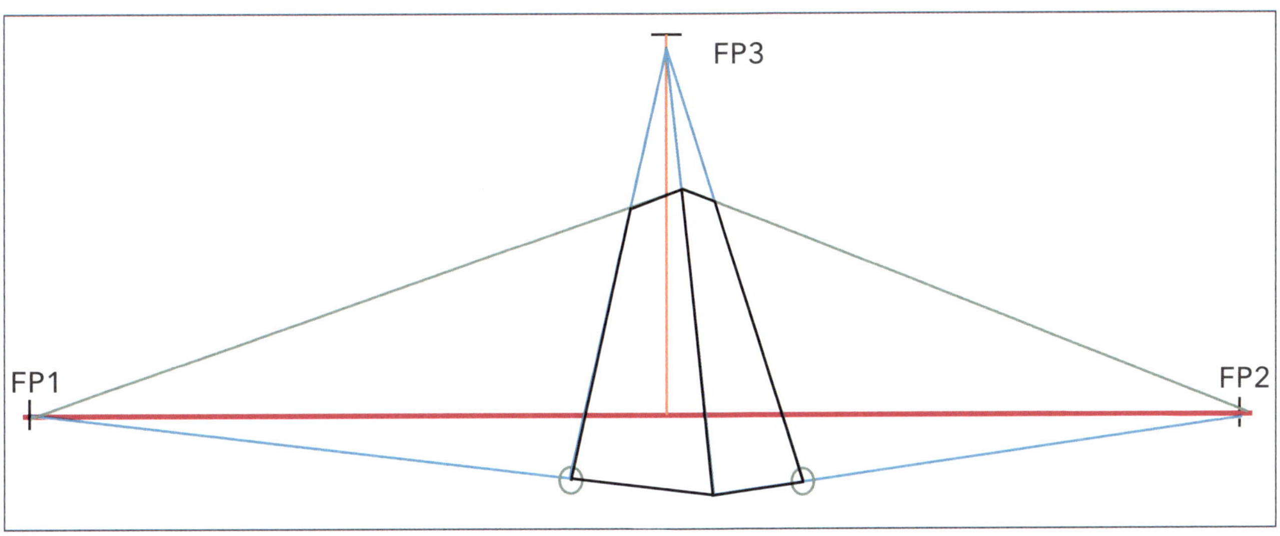

Die Breite des Turms legen Sie links und rechts fest (grüne Kreise) und verbinden diese mit Ihrem FP3. Danach legen Sie noch die Höhe des Gebäudes fest (grüne Linien). Dadurch, dass der FP3 recht kurz gewählt ist, ist der Effekt sehr stark. Damit Form besser erkennbar ist, wird sie schwarz umrahmt.

Übung 21: Dreipunktübung

Zeichnen Sie ein Kreuz ein (rosa Linien) wie ein Koordinatensystem. Versuchen Sie jetzt verschiedene Quader einzuzeichnen.

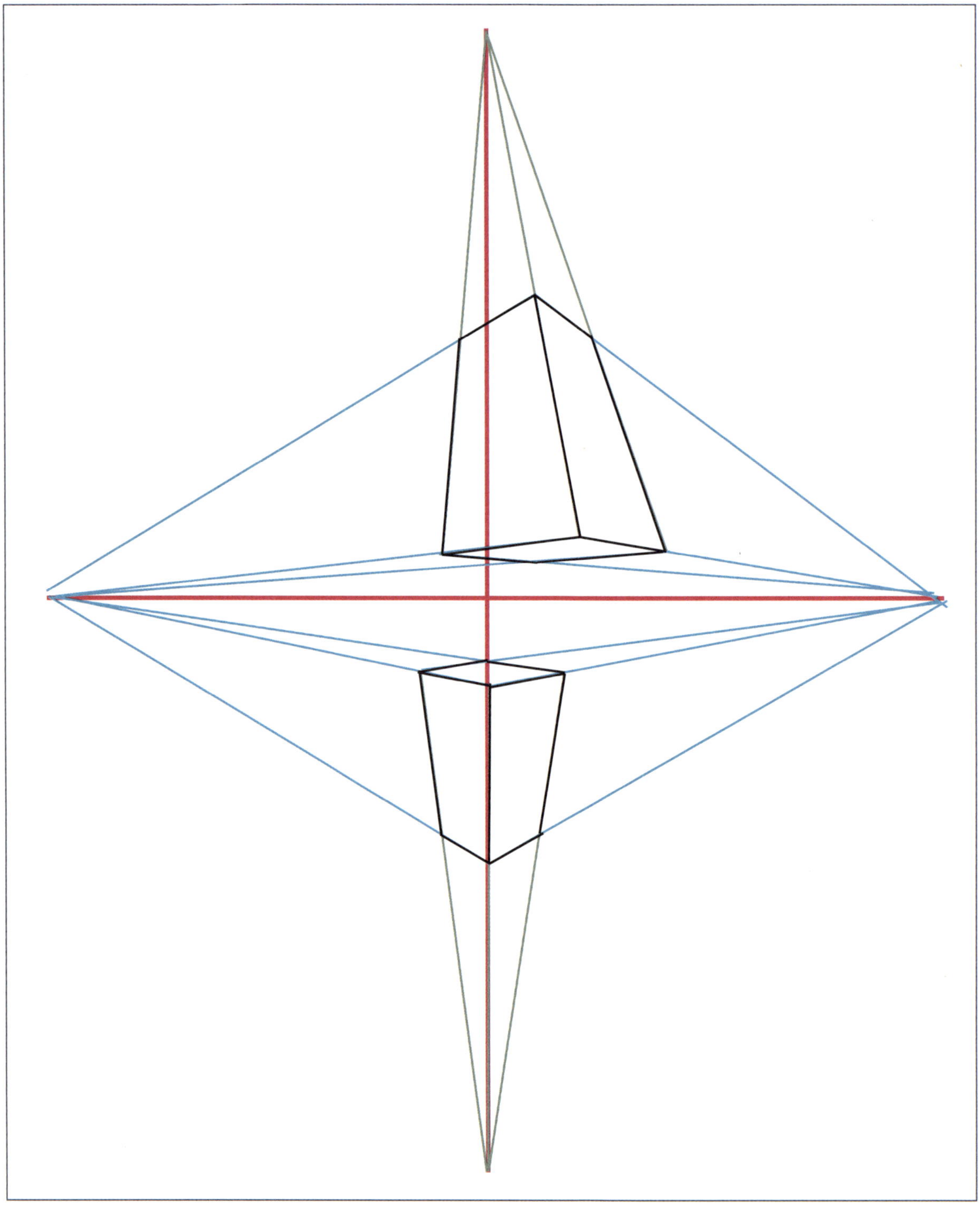

Übung 22: Ganz viele Kisten

Zeichnen Sie ein Kreuz (rosa Linien) wie ein Koordinatensystem. Zeichnen Sie nun Boxen in verschiedenen Höhen, auf verschiedenen Plätzen und mit optischen Überschneidungen.

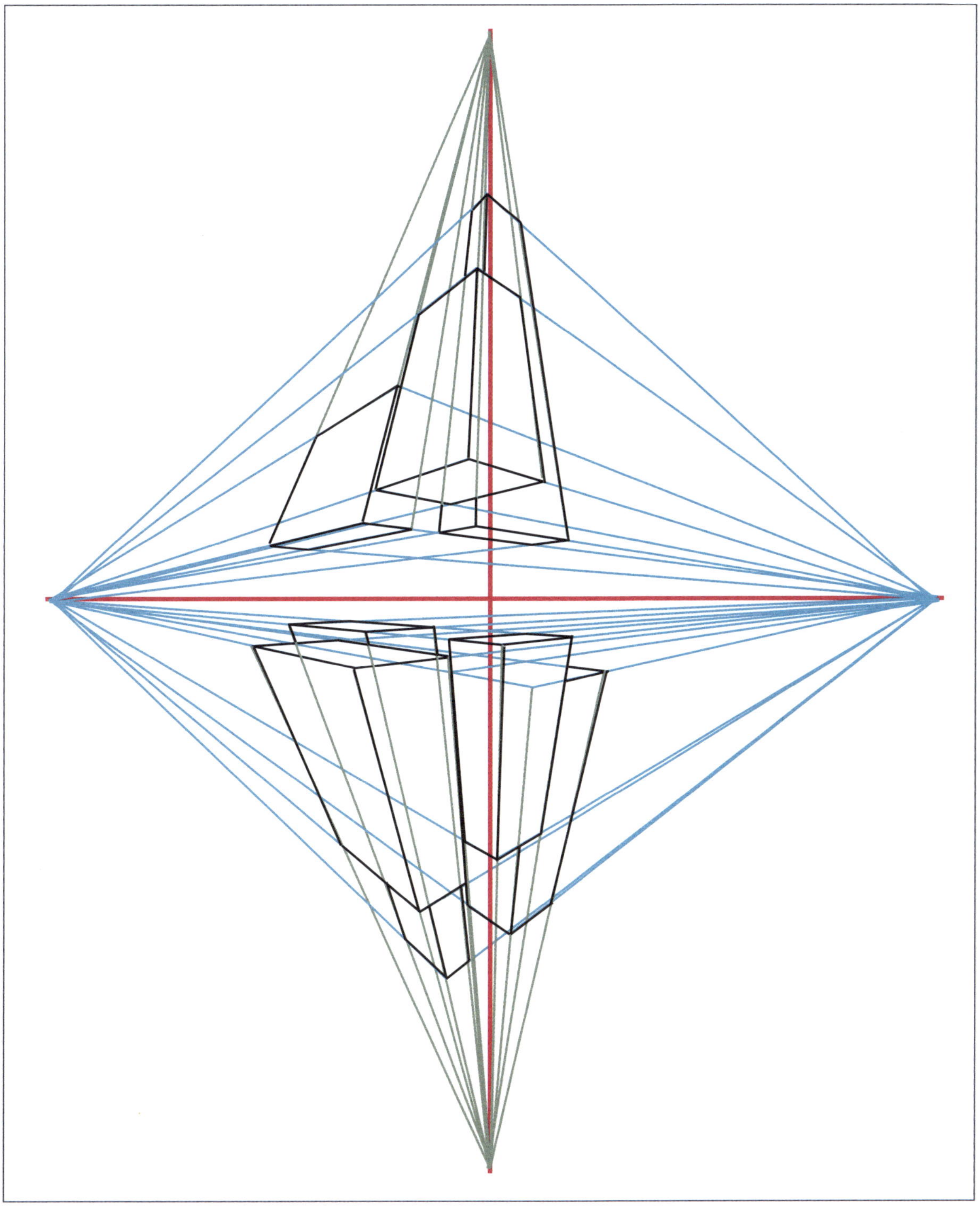

Die Gebäudefront in der Dreipunktperspektive

Nachdem Sie mit der letzten Übung schon etwas üben konnten, wie unübersichtlich es mit so vielen Strichen ist, setzen wir noch eines drauf und zeichnen in die Gebäude Stockwerke, Balkone und Fenster. Zur besseren Übersicht nehmen wir wieder eine Froschperspektive ein. Ein normaler Horizont wäre eher in Höhe der Tür.

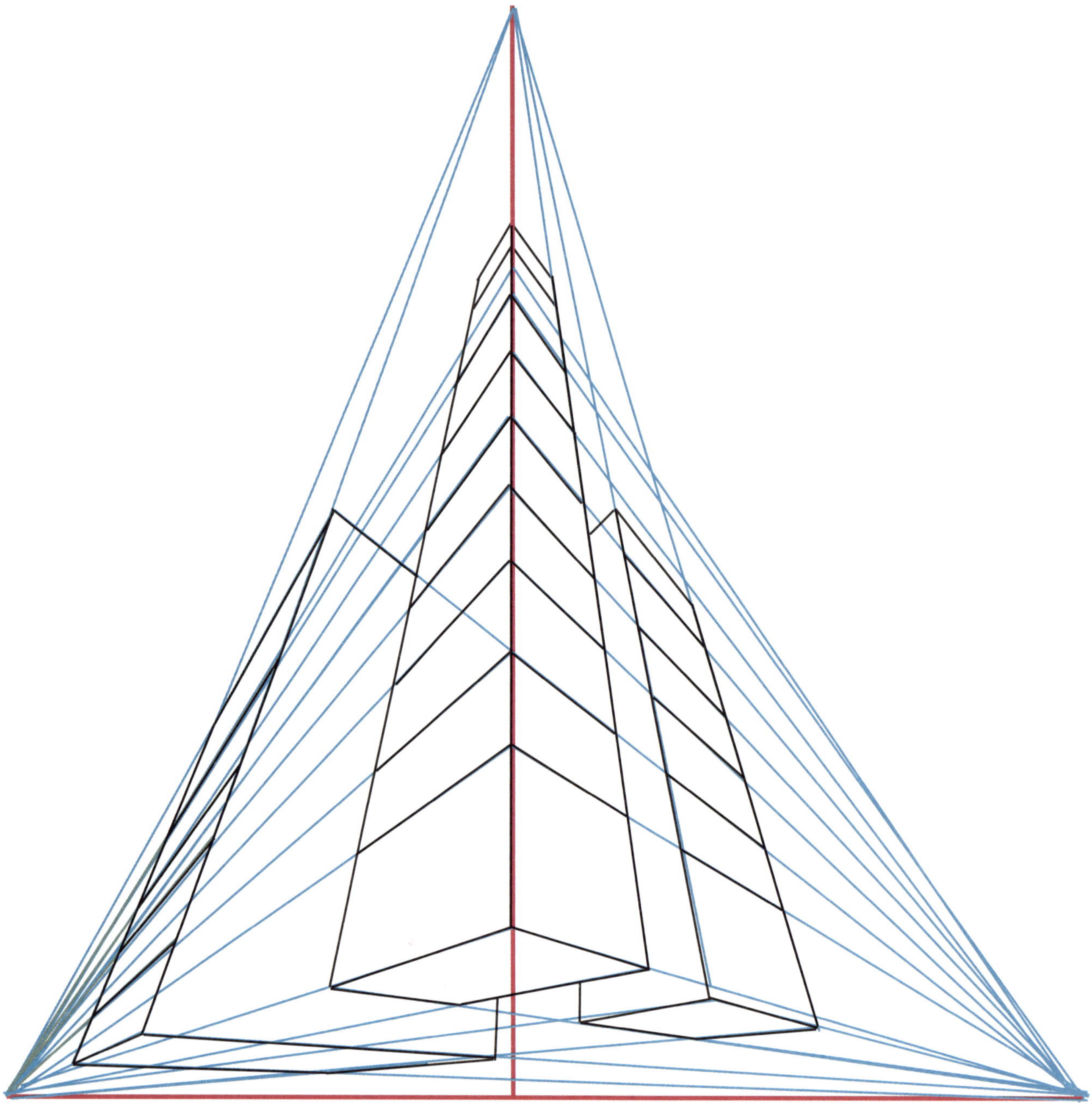

Jetzt werden die Türen und Fenster eingezeichnet. Übrigens habe ich hier die Stockwerke geschätzt und einfach immer ein Stück kleiner gemacht, aber wenn Sie es ganz genau und richtig machen wollen, dann gehören die Stockwerke mit N-Technik oder mit der Kreuztechnik korrekt geteilt. Da die Linien überhandnehmen, könnte man am Leuchttisch nach einiger Zeit die Hauptlinien durchpausen auf ein frisches Blatt, damit die neuen Dinge frische Fluchtlinien bekommen.

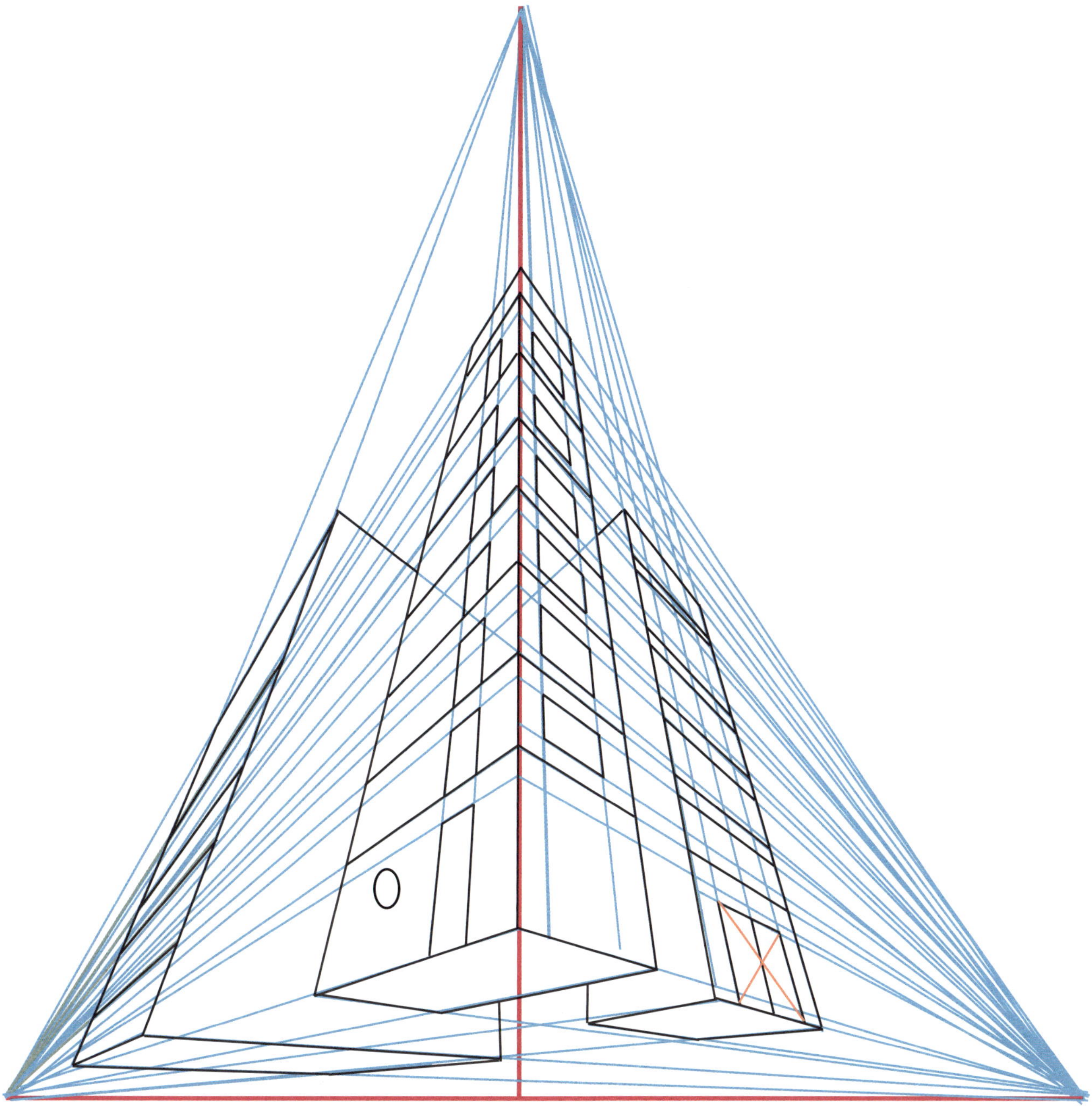

Übung 23: Gebäude auf Fotos

Versuchen Sie so viele Fotos wie möglich zu zeichnen und überlegen Sie sich bei jedem Foto, wo die Fluchtpunkte sind. Tipp: Die Fluchtpunkte sind mindestens doppelt so weit weg, wie das Gebäude hoch ist.

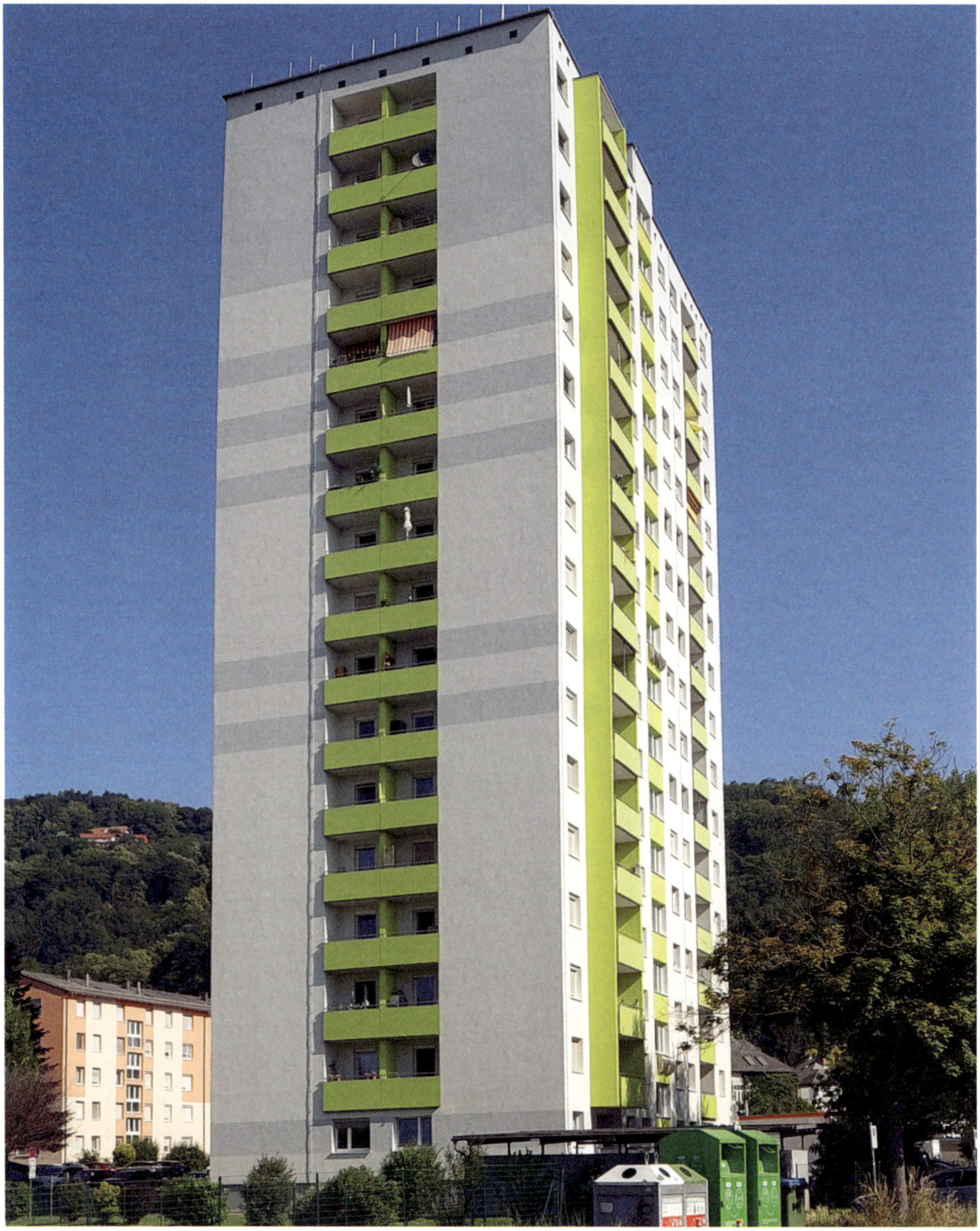

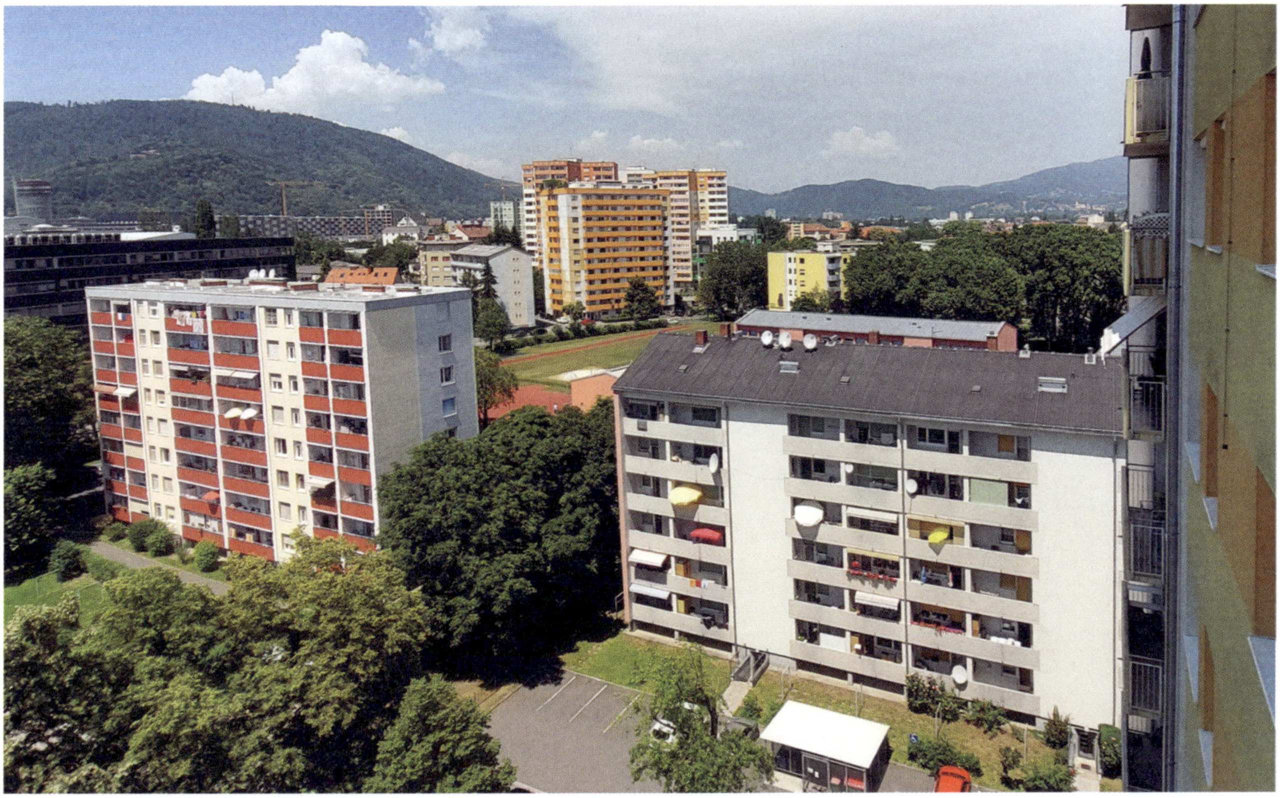

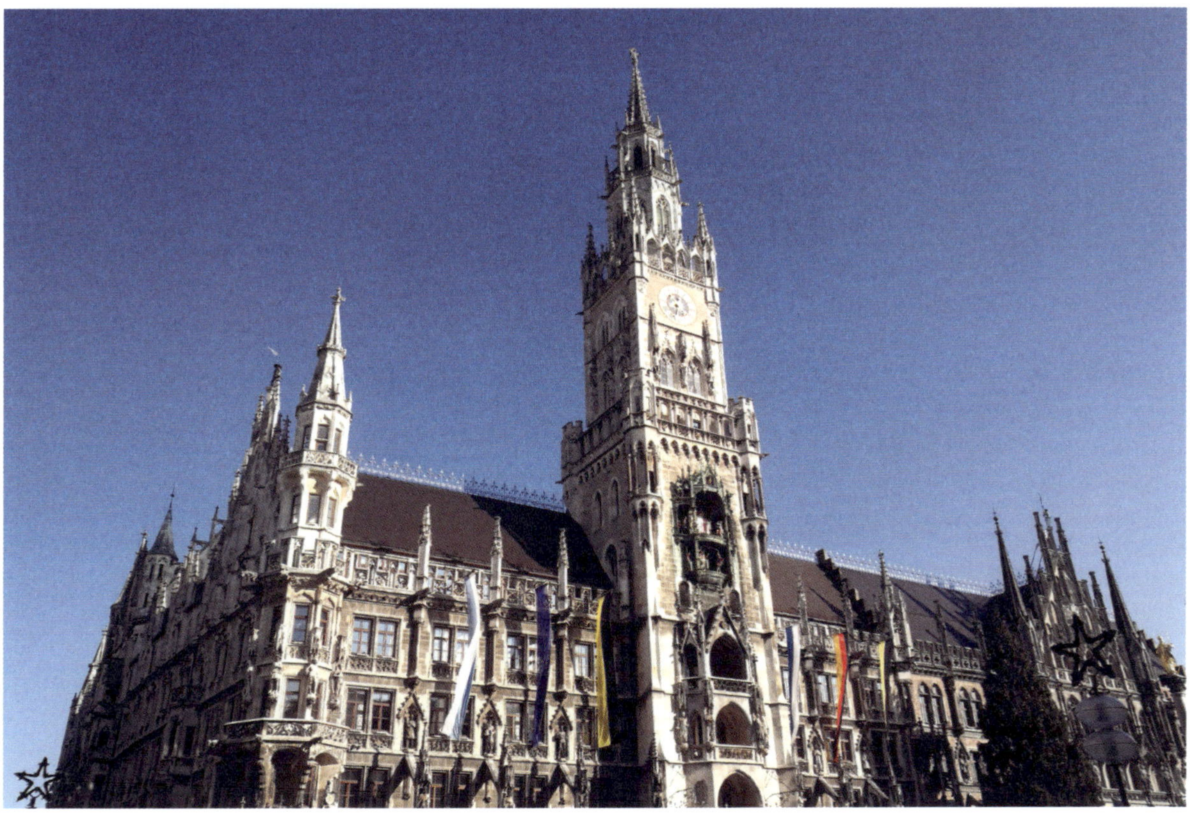

Übung 24: Innenstadt

Zeichnen Sie auch dieses Foto zur Übung nach. Das Foto wurde aus dem ersten Stock aufgenommen und Sie können sehr schön sehen, wo die einzelnen Lininien der Gebäude hinfluchten. Auf den ersten Blick sieht es fast wie eine Zentralperspektive aus. Auf den zweiten Blick jedoch erkennen Sie sicher, dass das linke lachsfarbene Gebäude zwei Fluchtpunkte haben muss.

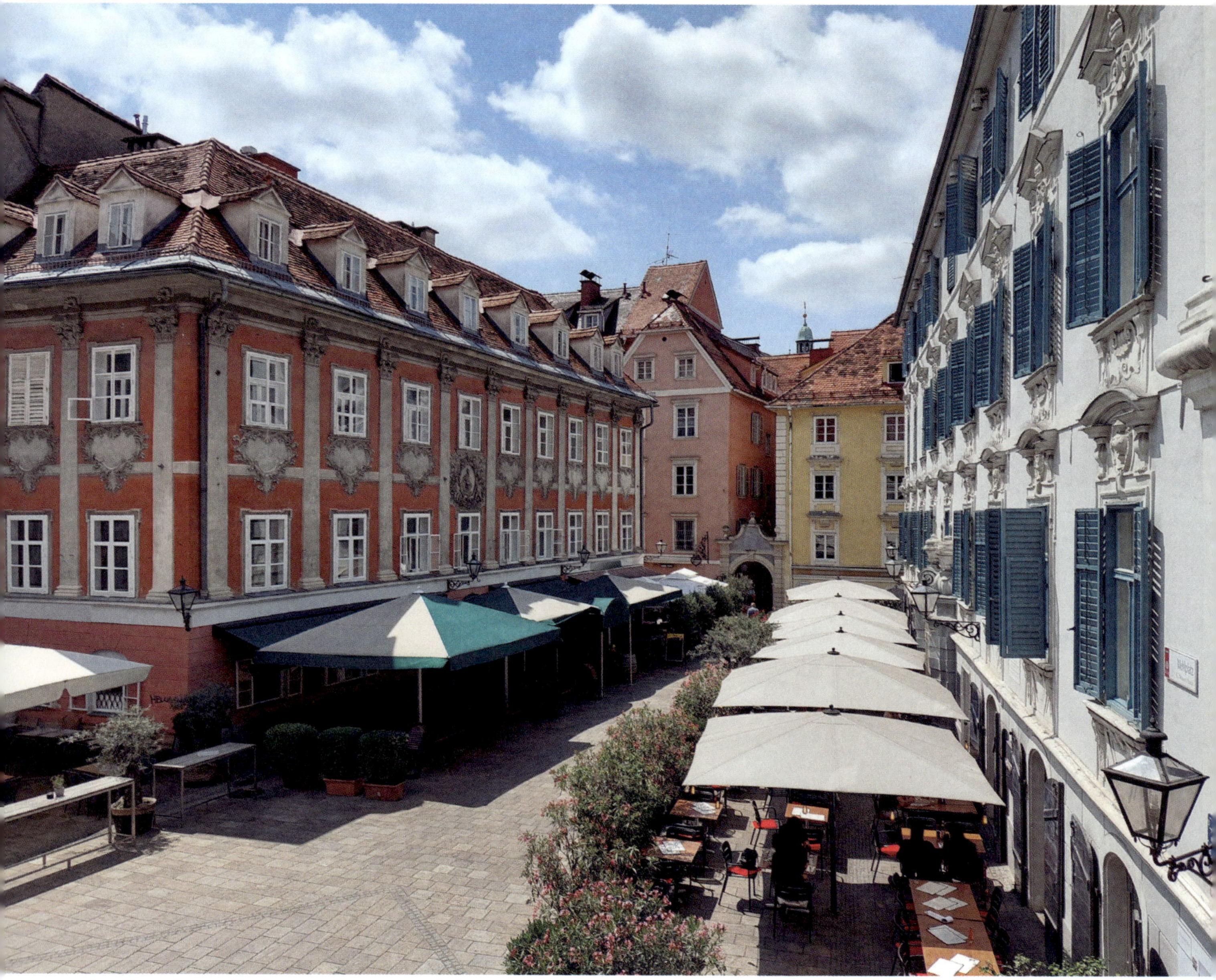

SPEZIELLES

Wenn Sie länger zeichnen, werden Sie nach und nach auf ein paar Sonderformen treffen, die Sie kennen sollten, etwa: Wie zeichne ich Kurven? Wie kann ich etwas bergauf oder bergab zeichnen? Und unser letztes Thema: Wie zeichne ich eigentlich eine Treppe?

Die Kurven

Da eine Kurve von einer Straße ausgeht und diese immer zu einem Fluchtpunkt fluchtet und sich selbst bei einer Zweipunktperspektive nicht in zwei Fluchtpunkte teilt, ist immer gleich vorzugehen:

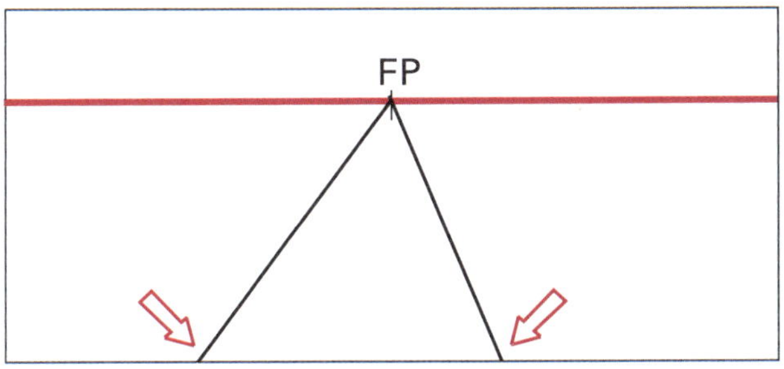

1. Die Straße oder der Weg beginnt bei Ihnen, also verbinden Sie die Punkte, die Ihnen am nächsten sind, mit dem Fluchpunkt (rosa Pfeile).

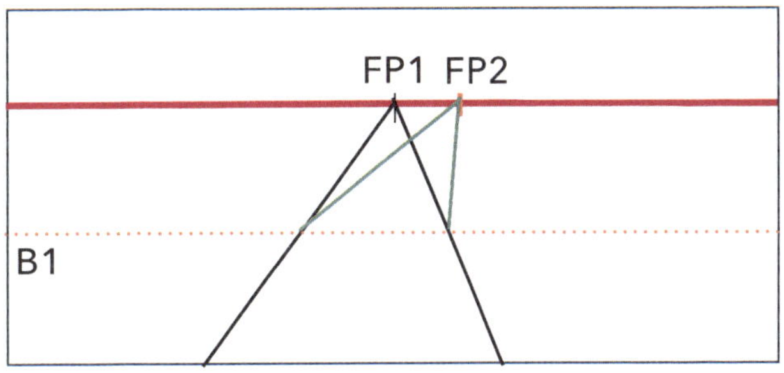

2. Zeichnen Sie die B1-Linie (gepunktete Linie) ein, dort, wo die Straße beginnt in die Biegung zu gehen. Gleichzeitig setzen Sie einen neuen FP neben FP1. Da, wo B1 die Straße trifft, verbinden Sie diese mit dem neu gesetzten FP2 (grüne Linie).

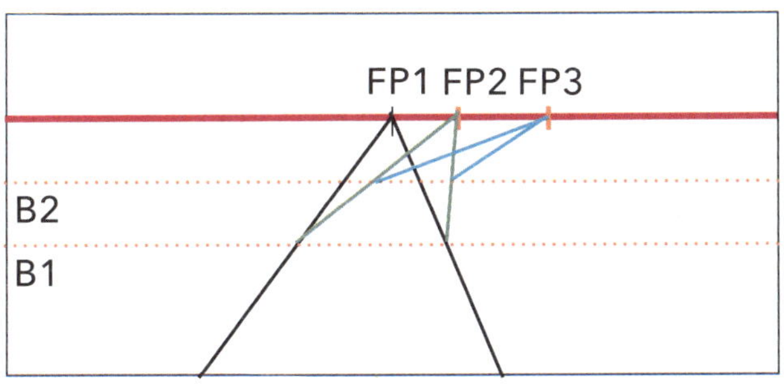

3. Das Ganze kann jetzt so oft wiederholt werden, wie sich die Straße biegen soll. Dazu zeichnen Sie eine B2-Linie ein und einen FP3. Da, wo B2 die grüne neue Linie trifft, fluchten Sie zu dem neuen 3. FP.

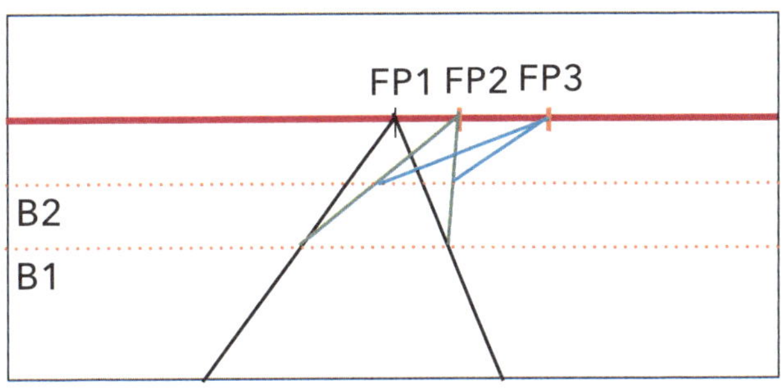

4. Die Ecken werden abgerundet und die Straße beginnt in die Kurve zu gehen. Übrigens, wenn an der Straße Gebäude stehen, dann gehen diese auch mit der Kurve mit. Somit haben diese ab der B1-Linie dann den FP2. Je weiter die FP auseinander sind, umso stärker ist die Kurve.

Bergauf und bergab

Bergauf und bergab sind eigentlich gar nicht so schwer. Wenn Sie eine Gasse bergauf entlanggehen, ist Ihnen bestimmt schon aufgefallen, dass die Gebäude am Fundament immer schräg aussehen und am Anfang des Gebäudes mehr Fundament zu erkennen ist als am Ende. Was natürlich, wenn Sie bergab gehen, genau umgekehrt ist. Das liegt daran, dass die Gebäude auch bei einer Straße, die bergauf führt, gerade gebaut werden. Was heißt: Jedes Gebäude folgt dem Fluchtpunkt zu Ihrem Horizont. Was dagegen nicht zu Ihrem Horizont fluchtet, sondern hinauf- oder hinabgeht, das ist die Straße. Deshalb bekommt die Straße einfach kurzerhand einen Steigungs-FP. Achtung: Dieser gilt nur für die Straße, die Gebäude bleiben wie gewohnt auf Ihrer Augenhöhe.

Bergauf, Sie stehen unten:

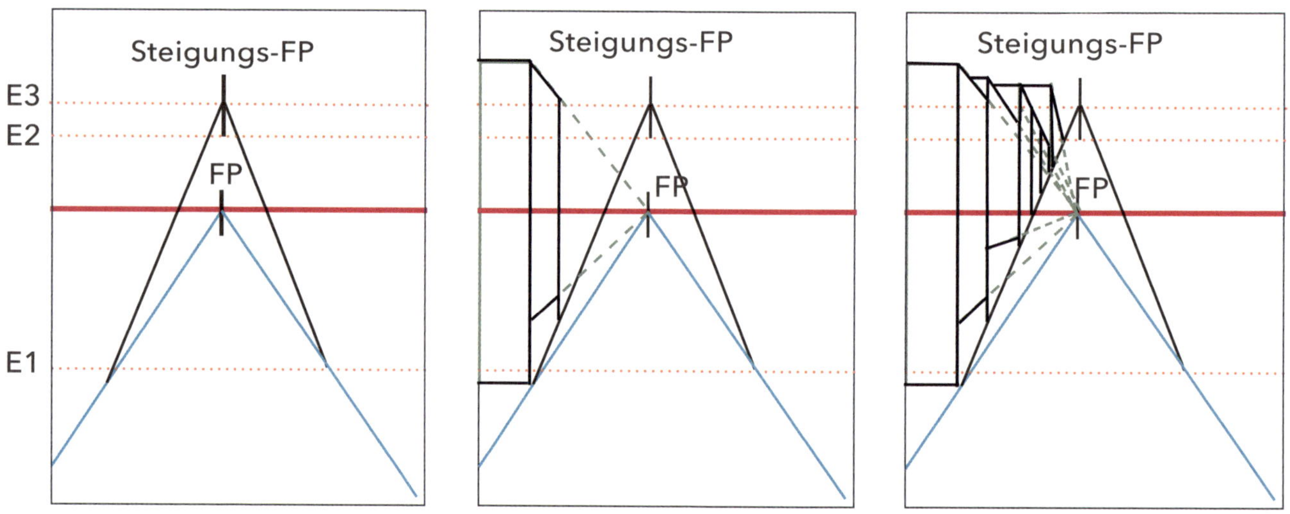

1. 2. 3.

1. Zuerst zeichnen Sie Ihre Augenhöhe und in der Mitte einen FP. Dann verbinden Sie eine Straße zum FP (blaue Linie). Bestimmen Sie, ab wann die Straße in die Steigung übergehen soll (E1). Setzen Sie (in diesem Fall nach Gefühl, da ohne Vorlage) einen Punkt E2 fest, das ist der Punkt, ab dem die Steigung aufhören wird. Darüber setzen Sie den E3-Punkt und legen direkt über dem FP auf der E3-Linie einen Steigungs-FP an. Dann verbinden Sie die Straße, die auf E1 trifft, trifft mit dem E3-Punkt (schwarze Linie).

2. Zeichnen Sie das erste Gebäude ein. Alle fluchten zu dem FP. Durch die Schräge zu dem Steiungs-FP erkennen Sie ein schräges Fundament.

3. Zeichnen Sie Häuser über den Horizont hinaus bis zur Straßenendlinie E2. Wichtig ist hier, dass die vordersten Häuser am breitesten dargestellt werden und sich nach hinten enorm verengen. Sie werden feststellen, dass in solchen Szenen oft eine ungleichmäßige Stufenform nach oben zu sehen ist.

Übung 25: Bergauf vom Foto

Hier eine typische Bergauf-Stadtszene zum Üben und Verstehen.

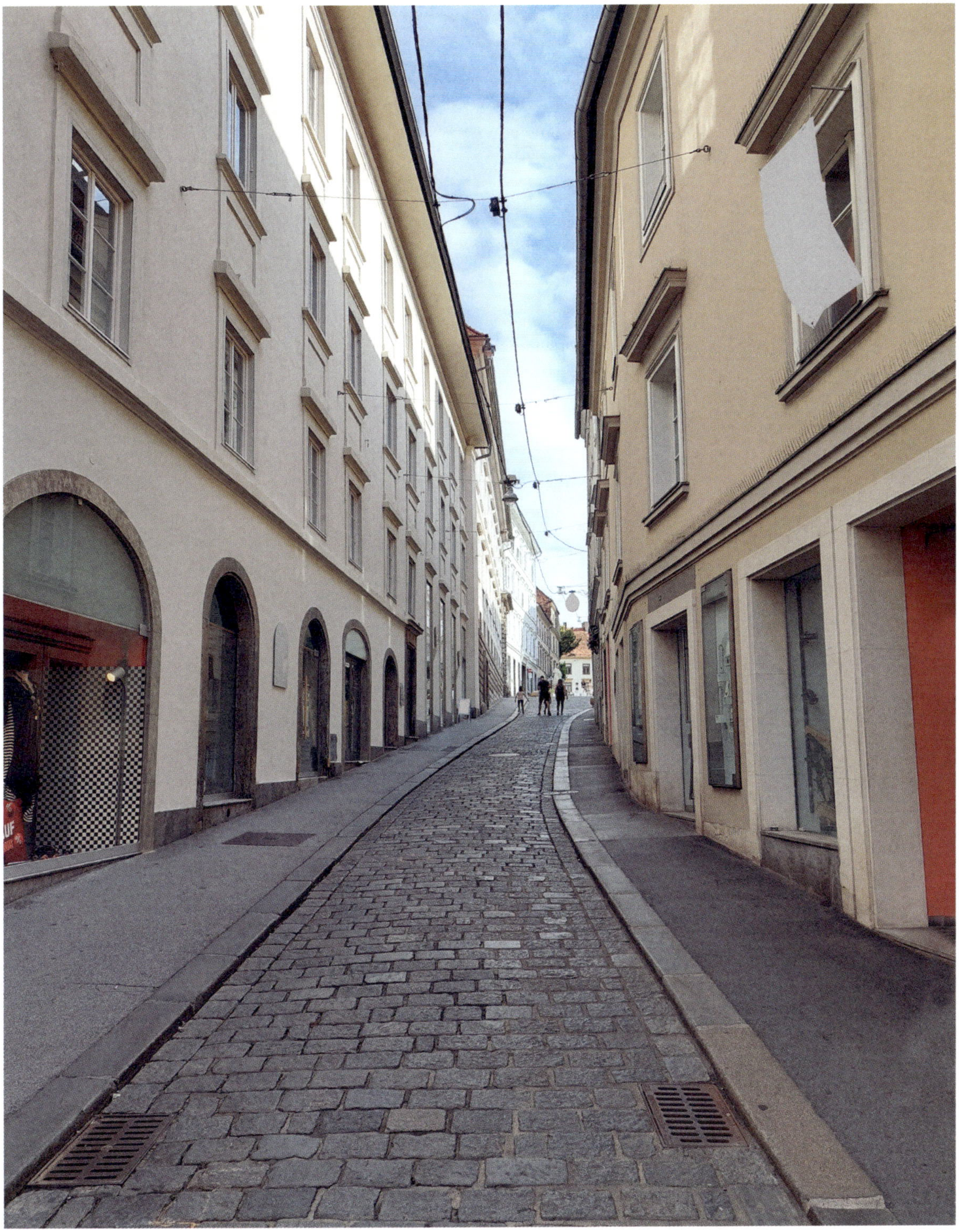

Bergab, Sie stehen oben:

Horizont mit normaler Augenhöhe FP, Sie stehen oben und sehen nach unten. Alle Objekte fluchten zu diesem FP, nur die Straße hat ihren eigenen. Nur so kann bergab dargestellt werden, sonst wäre es eine Vogelperspektive.

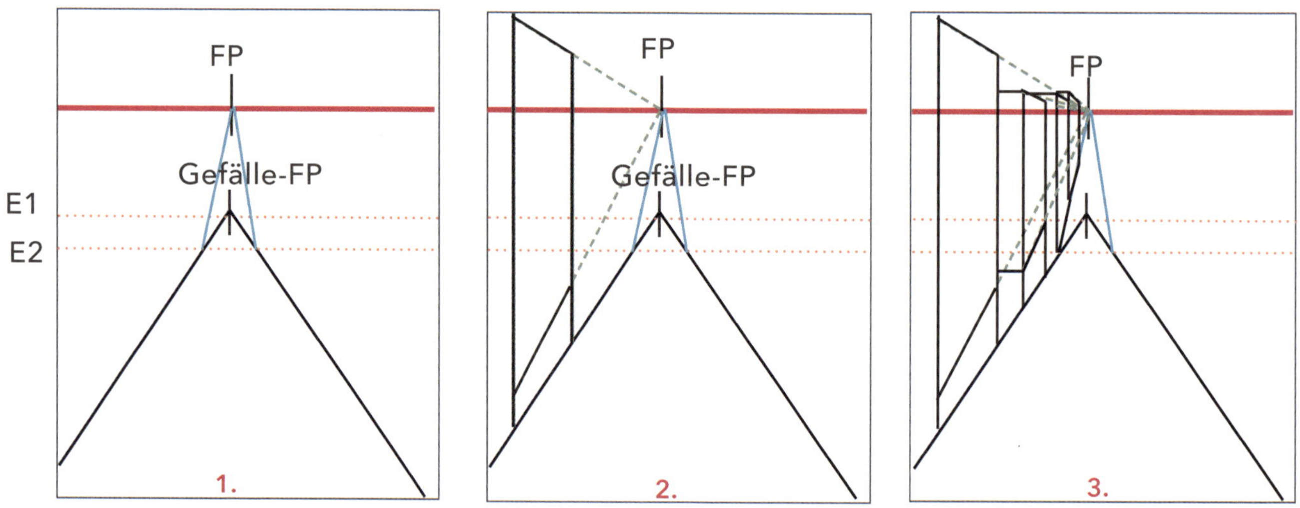

1. Sie stehen oben, also befindet sich der Horizont auch weit oben. Auf diesen zeichnen Sie einen FP und darunter eine Hilfslinie E1, auf welche Sie den Gefälle-FP direkt unter den FP setzen. Nun zeichnen Sie die Straße hin zum Gefälle-FP (schwarze Linien). Als Nächstes ziehen Sie eine Hilfslinie E2, das ist die Linie, an der das Gefälle endet und ab der die Straße gerade weiter zum FP verläuft (blaue Linien).

2. Zeichnen Sie ein Gebäude ein. Alles fluchtet zum FP. Durch die Schräge zu dem Gefälle-FP erkennen Sie ein schräges Fundament.

3. Zeichnen Sie weitere Gebäude. Sind Sie an Ihrer Linie E2 angekommen, folgen Sie mit Ihren Gebäuden der Straße, die zum Horizont führt. Die vordersten Häuser werden am breitesten dargestellt und verengen sich zum Horizont hin. Sobald das Gefälle endet und die Straße gerade weiter verläuft, verlaufen auch die Fundamente wieder parallel zur Straße.

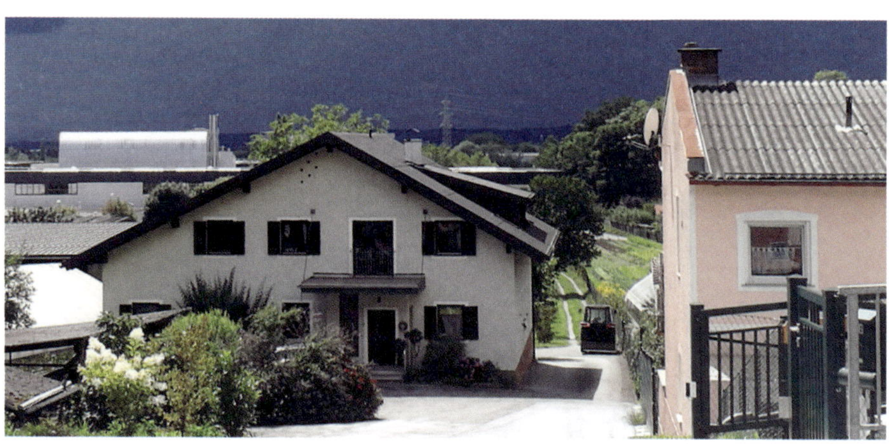

Übung 26: Bergab vom Foto

Hier eine typische Bergab-Stadtszene zum Üben und Verstehen.

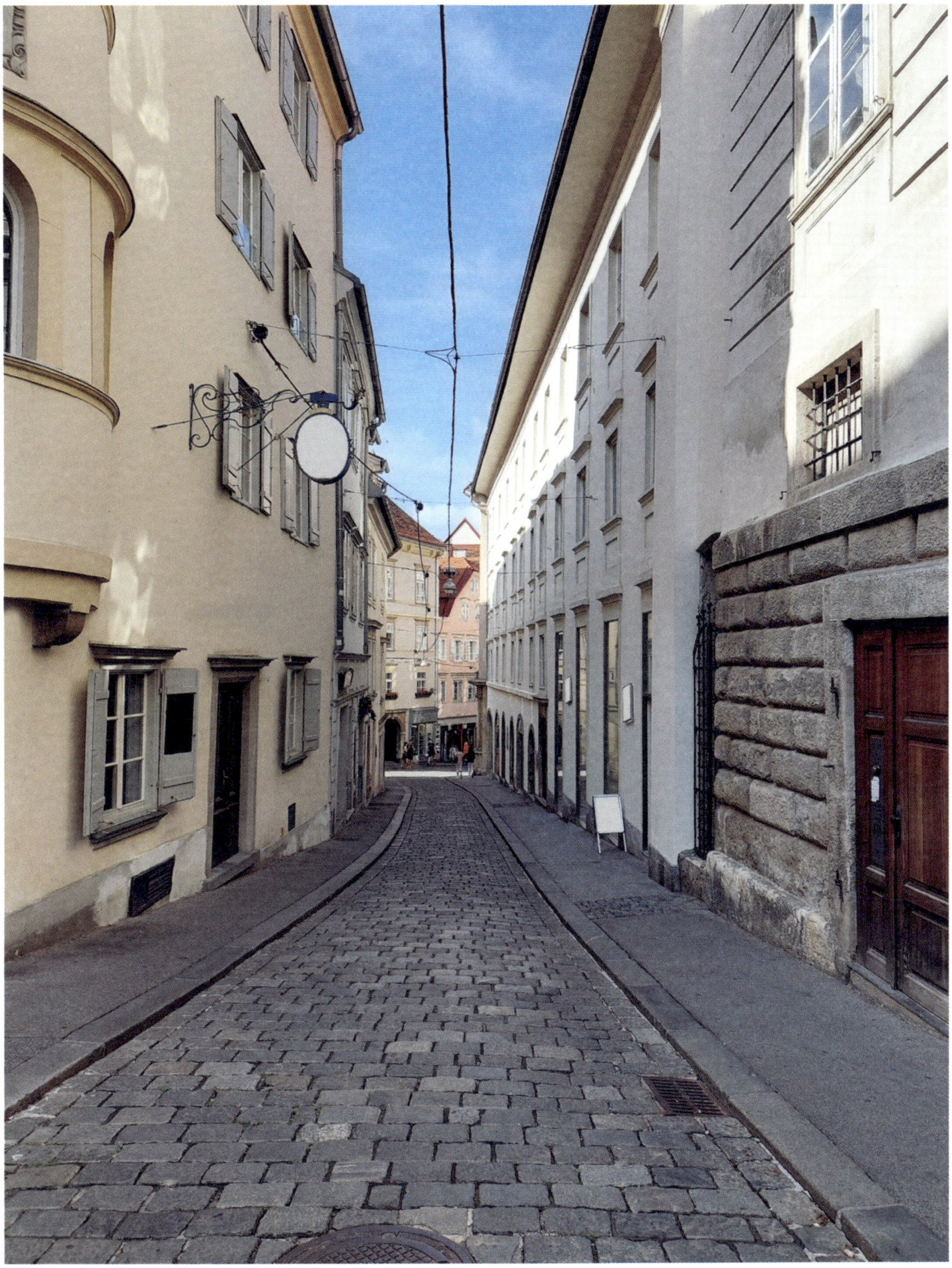

Treppe in der Zentralperspektive

Die Stufe, ab der Sie keine Aufsicht mehr haben, markiert die Position des Horizonts. Da die restlichen Stufen weiter bergauf verlaufen, muss hier ein Steigungs-FP als Hilfe gesetzt werden.

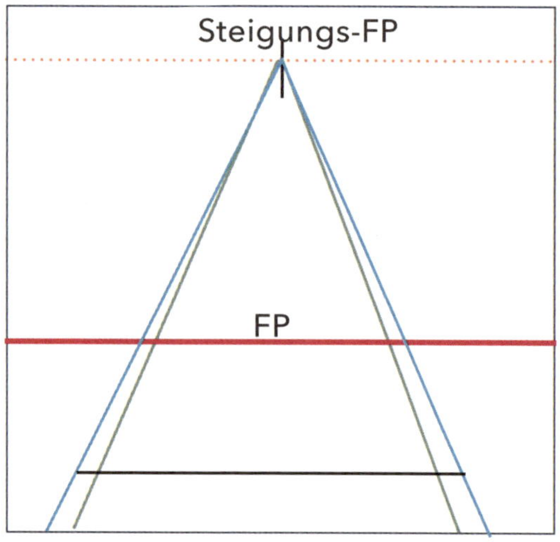

1. Der Horizont wird etwas weiter unten eingezeichnet. Legen Sie den FP relativ mittig an. Zeichnen Sie die Position des Steigungs-FP ein. Markieren Sie die Breite der Stufen (blaue Linien) und lassen Sie die Weite der Stufen zum Steigungs-FP fluchten (grüne Linien).

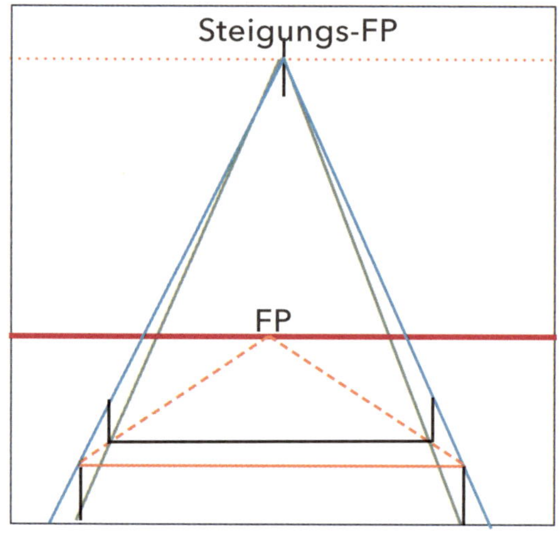

2. Ziehen Sie eine Gerade (orange Linie), die von einer Außenfluchtlinie zur nächsten verläuft. Verbinden Sie diese mit dem FP (gestrichelte Linien). Dort, wo die gestrichelten Linien auf die grünen Linien treffen, ziehen Sie eine weitere Gerade für den Stufenabsatz. Jetzt wird diese Linie mit einer Geraden nach oben wieder zu den blauen Linien verbunden.

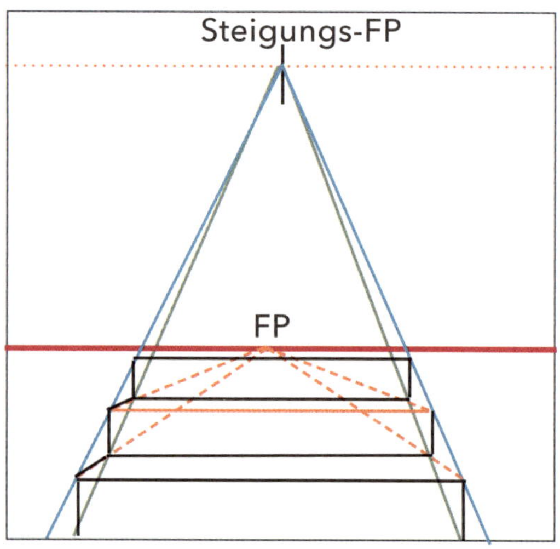

3. Zeichnen Sie eine weitere Waagrechte ein (orange Linie) und wiederholen Sie Schritt 2.

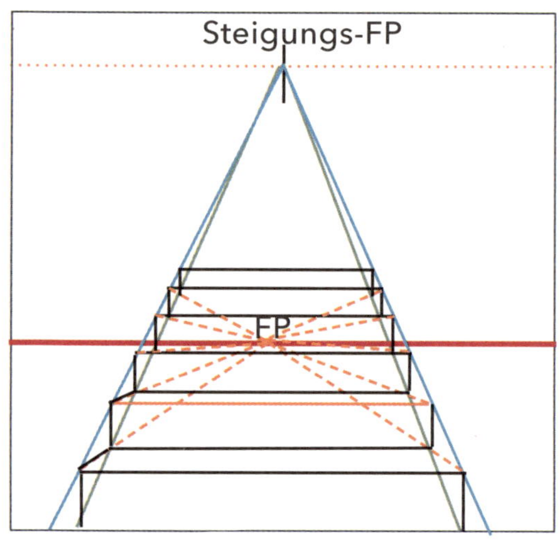

4. Führen Sie die Schritte 2. und 3. auch über dem FP weiter, damit sich die Abstände korrekt perspektivisch verkleinern.

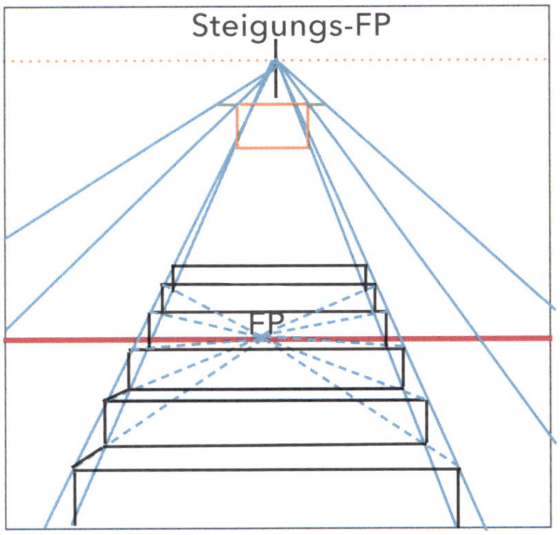

Als Zusatz der Handlauf:

5. Soll die Treppe auch einen Handlauf haben, zeichnen Sie am Ende der Treppe ein Hilfs-Rechteck ein (oranges Rechteck). Von dort verbinden Sie den Steigungs-FP über die oberen Ecken des Rechtecks nach vorne. Für die Breite des Handlaufs zeichnen Sie links und rechts gleich lange waagrechte Linien (grüne Linien) und verbinden auch diese vom Steigungs-FP nach vorne.

Übung 27: Foto einer Treppe in Zentralperspektive

Versuchen Sie diese Stufen nachzuzeichnen.

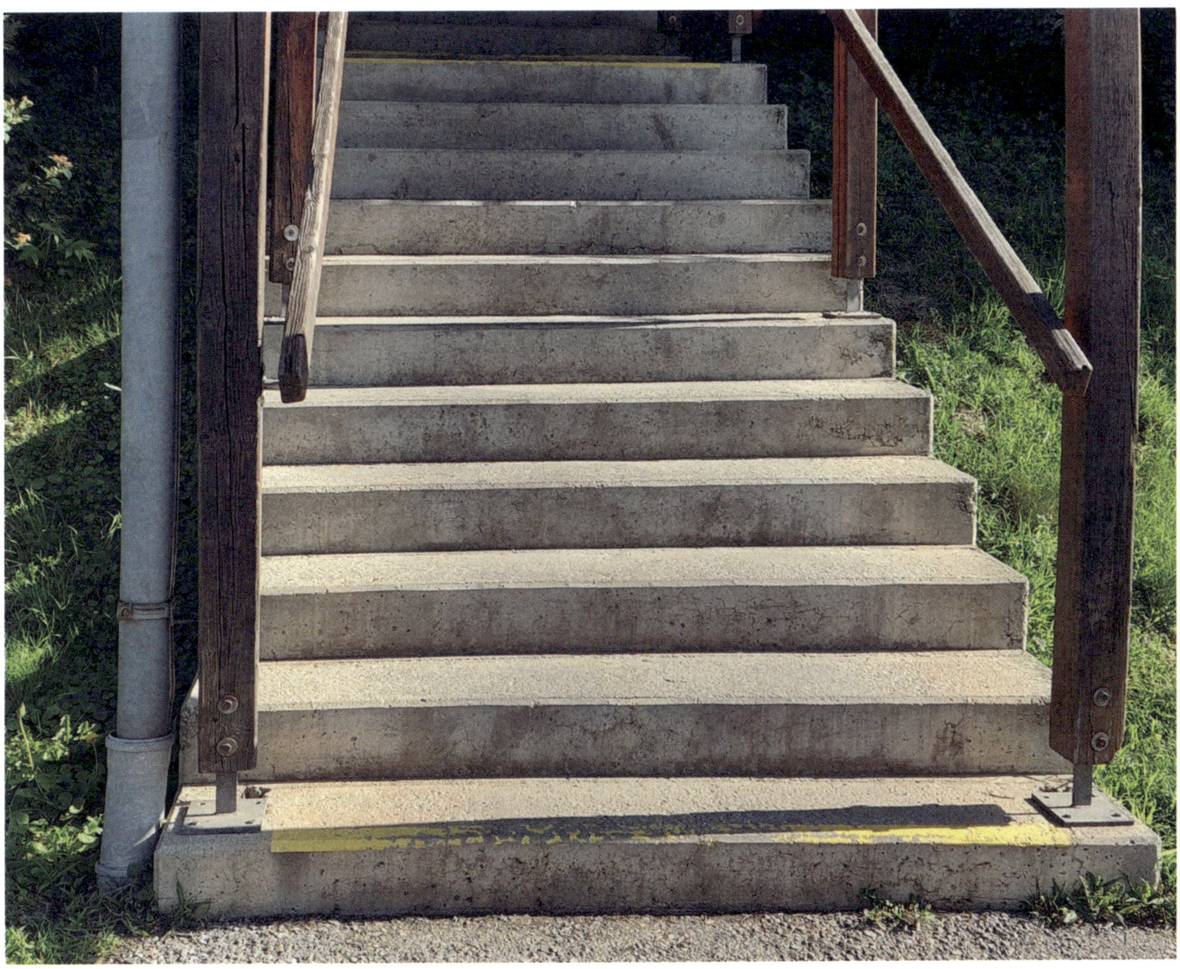

Treppe in der Zweipunktperspektive

Auch in der Zweipunktperspektive benötigen Treppen einen Steigungs-FP. Dieser liegt immer über dem FP1 oder FP2. Der Treppenabschluss kann durch die Fluchtlinien zum Steigungs-FP gezeichnet werden. Die Abstufungen werden gerade gezeichnet.

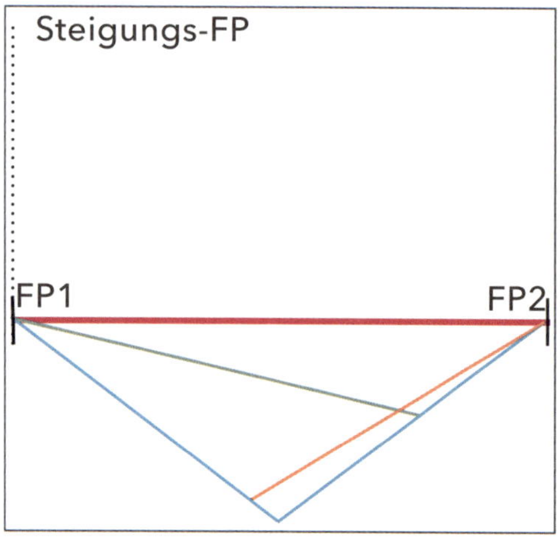

1. Legen Sie Horizont und Fluchtpunkte an. Zeichnen Sie ein, wo die erste Stufe beginnt (blaue Linien). Die grüne Linie definiert die Breite/Länge der Stufen. Die orange Linie zeigt den ersten Abstand der Trittfläche an.

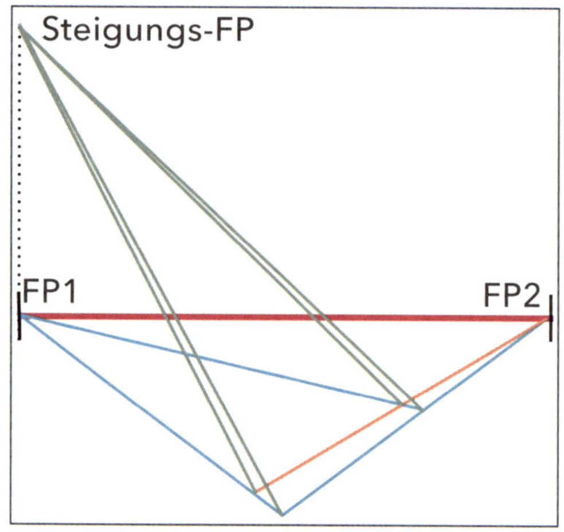

2. Zeichnen Sie die Steigungungsfluchtlinien ein (grüne Linien). Diese führen vom Treppenansatz (blaue Linie) und auch von der Trittflächenlinie (orange Linie) weg.

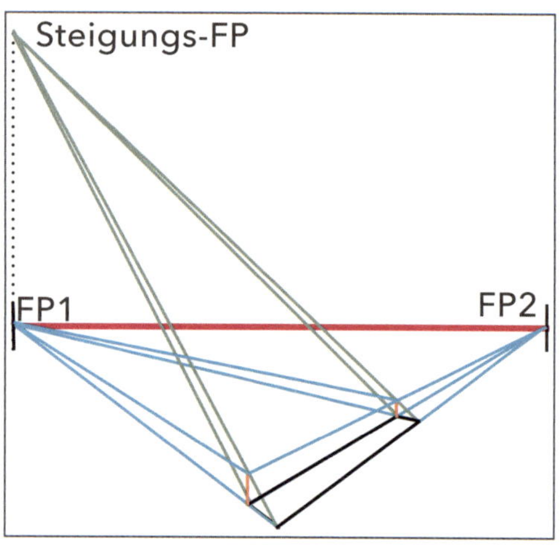

3. Zeichnen Sie die untere erste Stufe schwarz nach, um nicht den Überblick zu verlieren. Danach ziehen Sie links und rechts die Treppenhöhe senkrecht hinauf (orange Linien). Die Treppentiefe hingegen fluchtet immer zu einem Fluchtpunkt. Sie werden durch die grünen Linien begrenzt.

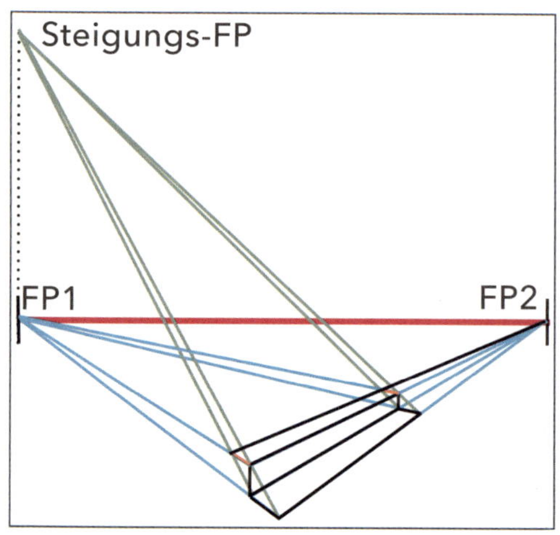

4. Als Nächstes zeichnen Sie die Treppentiefe, die immer zum Fluchtpunkt fluchtet (orange Linien). Auch die Tiefe wird durch die grünen Linien begrenzt. Die Linien werden mit einer weiteren Trittflächenlinie verbunden (schwarze Linie). Dieser Vorgang wird so lange wie gewünscht wiederholt.

Übung 28: Foto einer Treppe in Zweipunktperspektive

Sie fanden die Treppen in der Zentralperspektive ganz okay? Dann wird Ihnen das hier noch mehr Spaß machen. Zeichnen Sie, wenn möglich, auch das Halbstock-Plateau ein und das kleine Dach.

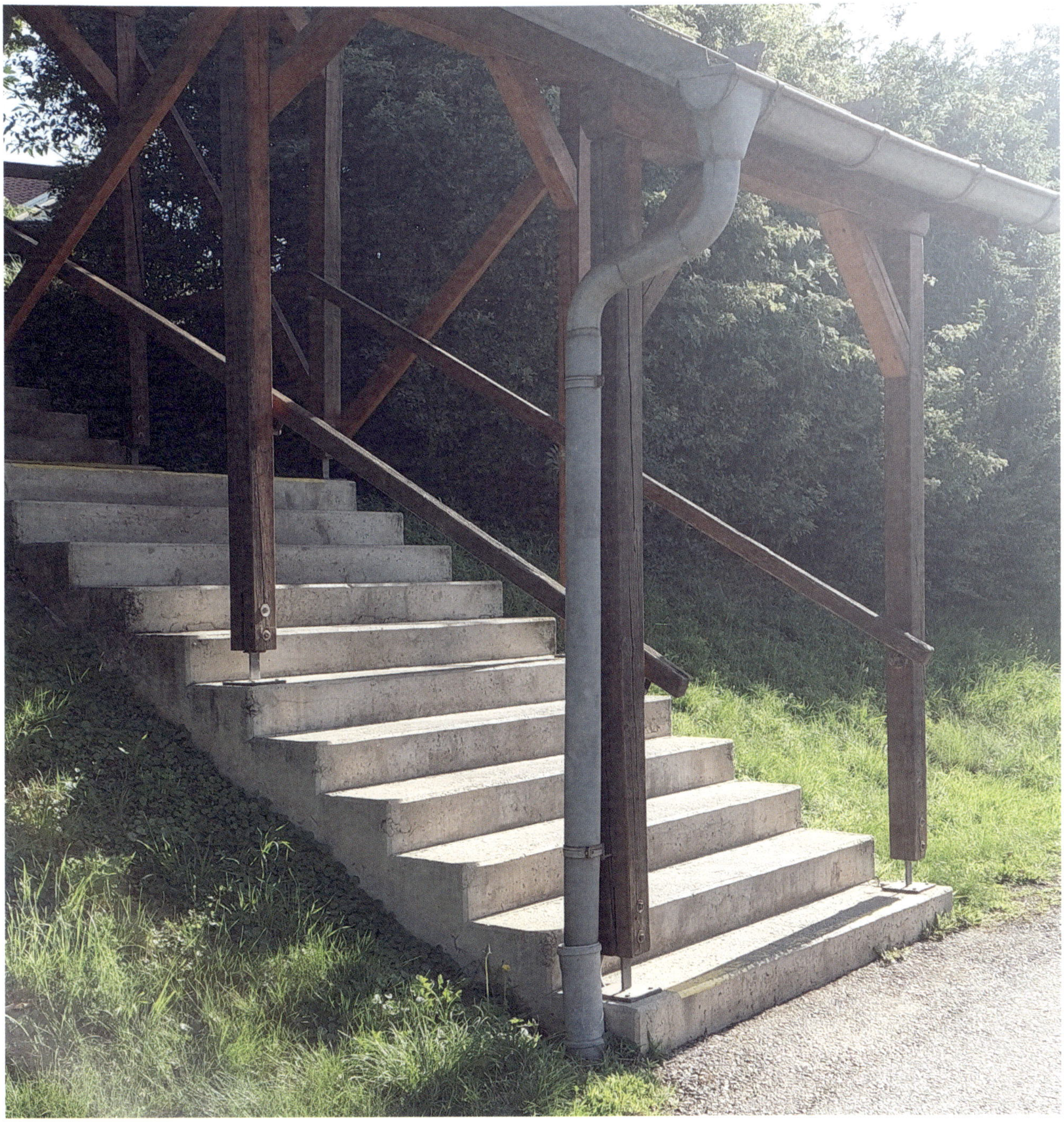

Merke:
Die liebe Zeit: Viel zu oft hetzt man sich als Anfänger zu sehr. Bei Künstlern kann man die benötigte Zeit vom Erschaffen eines Bildes bis zum Finish in Drittel einteilen. Das erste Drittel der Zeit wird für Idee, Skizze und Recherche benötigt. Erst wenn die Skizze genau so ist, wie man sie haben möchte, geht man weiter zum nächsten Schritt! Wenn die Skizze nicht gut ist, wird auch das Endresultat nicht besser. Das zweite Drittel wird für das Vorbereiten des Untergrundes und das korrekte Übertragen und evtl. die Outlines verwendet. Erst im letzten Drittel unserer Gesamtzeit wird das Bild koloriert.

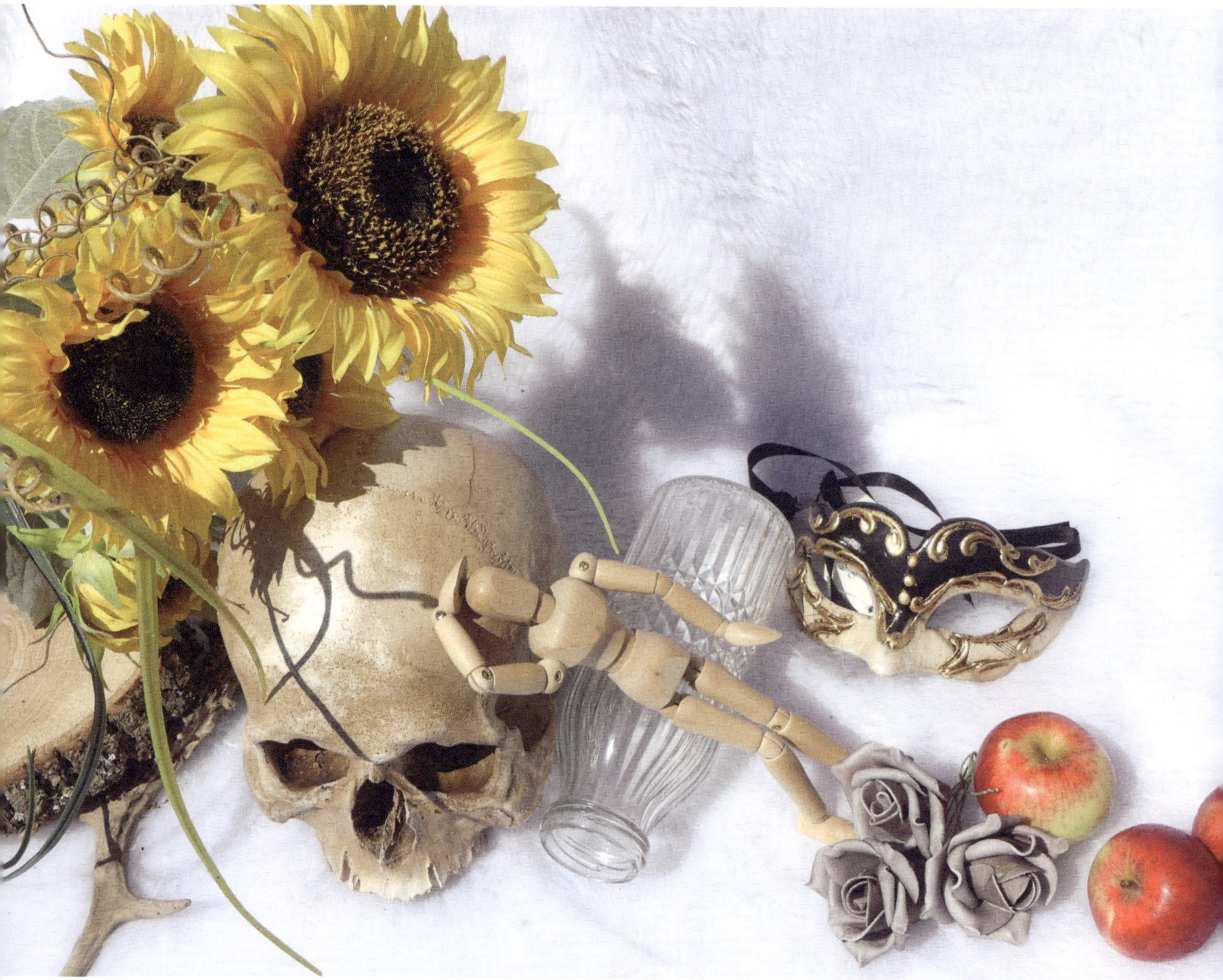

GESTALTUNG & KOMPOSITON

Überlegungen vor dem Skizzieren

Bevor Sie beginnen eine Skizze anzulegen, müssen Sie als Erstes mehrere Entscheidungen treffen. Dabei macht es keinen Unterschied, ob die Szene Ihrem Kopf entstammt oder ob Sie es sich mit einem Block für eine Urban-Sketching-Szene bequem gemacht haben. Auch Fotos müssen nicht unbedingt mit allen Details abgebildet werden, wenn es für die Aussage besser ist, einen neuen Ausschnitt zu wählen.

1. Was will ich aussagen? Die Wahl des Formats

Die erste Frage, die Sie sich stellen müssen, lautet: Was wollen Sie aussagen? Soll das Bild Weite oder Enge vermitteln. Dementsprechend wählen Sie das Format. Übliche Formate sind Querformat, Hochformat, Quadrat und manchmal Sonderformate wie Herz, Dreieck etc.

2. Was ist mein Inhalt/Thema?

Fast zeitgleich mit Frage 1 müssen Sie Frage 2 beantworten. Was sind Inhalt und Thema des Bildes? Inhalt ist z.B. Mensch und Natur. Thema ist die Handlung, die Geschichte – eben das Thema, über das Sie eine Aussage treffen wollen. Es ist wichtig zu verstehen, dass der Inhalt eines Bildes nicht gleichbedeutend mit dem Thema ist.

3. Welches Malmittel verwende ich?

Mit welchem Malmittel setzen Sie Ihr Bild am besten um. Dazu gehört einerseits die Technik: Aquarell, Airbrush, Acryl, Öl etc. Aber auch die Umsetzung des Stils kann in diese Überlegung miteinbezogen werden. Stil könnte sich über Punkt wird Linie und dann Fläche äußern.

4. Wie setze ich es um?

Möchten Sie Ruhe und Ausgleich darstellen oder soll das Bild Dynamik und Spannung erzeugen? Hier helfen Ihnen die Grundformen, in die Sie das Bild herunterbrechen können. Ein Kreis in der Mitte erzeugt Ruhe und Ausgleich. Ein Kreis an einem der Ränder hingegen erzeugt Dynamik und Spannung. Dieser Kreis kann z.B. für ein Porträt stehen.

Die Grundformen sind: Viereck, Dreieck, Kreis (alles wird auf diese drei Formen heruntergebrochen).

Warum dieses Kapitel?

In dem Kapitel Komposition und Gestaltung möchte ich Ihnen helfen, Ihre Bilder überdachter aufzubauen. Deshalb nehmen wir uns sowohl die Form als auch die Komposition und am Ende noch die Farbe der Bilder vor. Ich möchte Ihnen hier kurz vorstellen, was Sie aus diesem Kapitel alles mitnehmen können. Deshalb stelle ich Ihnen hier eines meiner Werke vor, welche Gedanken, Ideen und welche Komposition in diesem Bild versteckt ist.

Charming Winter
Technik: Copic Marker, Farbstifte auf Papier
Größe: A3 Querformat

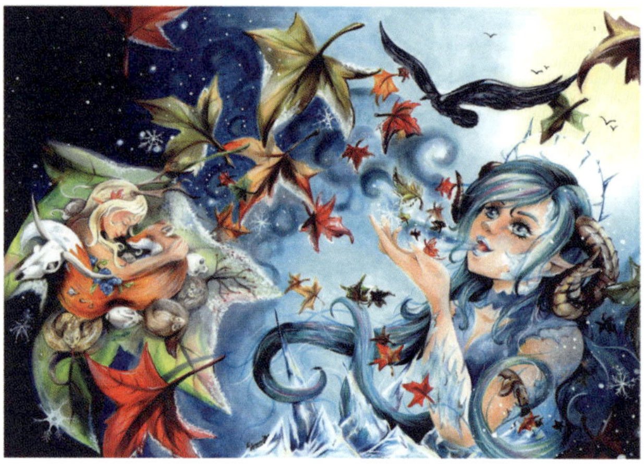

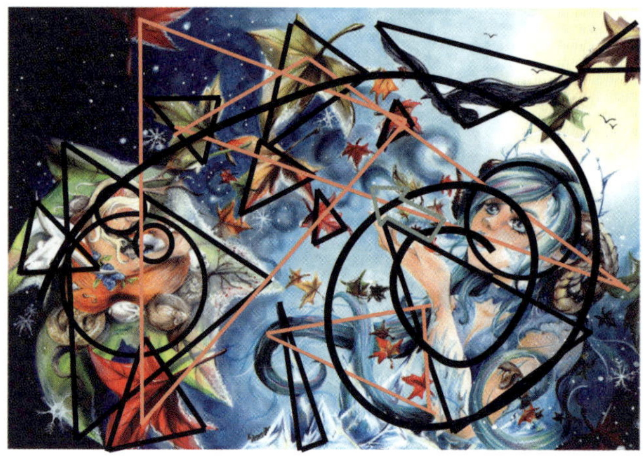

Das Thema des Bildes

Ich wollte hier die Geschichte darstellen, wie der Herbst beginnt einzuschlafen, der Winter in das Bild tritt und den Herbst vertreibt. Inhalt sind hier Fantasyfiguren und Tiere. Damit ich genug Platz habe, das Bild umzusetzen, habe ich mich für ein Querformat entschieden. Mir war wichtig, beiden Jahreszeiten genügend Platz zu lassen, sodass sie sich nur wenig treffen und ineinander zusammenfließen. Dies machte es notwendig, eine Spiralkomposition auszuwählen, die durch die Blätter und die Farben inszeniert wird. Ohne diese würde das Bild optisch auseinanderfallen (optisch ein Teil links ein Teil rechts).

Da wir uns im Herbst befinden, wenn der Winter beginnt einzutreten, habe ich den Herbst auf die linke Seite gesetzt, schon schlafend. Wie Sie noch lesen werden, ist die linke Seite des Bildes in Europa die Einstiegsseite, vorgegeben durch die Leserichtung. Wir identifizieren diese Seite als ICH, wohingegen die rechte Bildhälfte »der Andere, oder der Feind« ist. Durch die Helligkeit und das angeschnittene Blatt steigt der Betrachter sofort dort ins Bild ein. Oder ist Ihnen aufgefallen, dass es daneben fast schwarz ist? So schnell betrachten wir ein Bild, ohne zu wissen, dass unser Blick gelenkt wird.

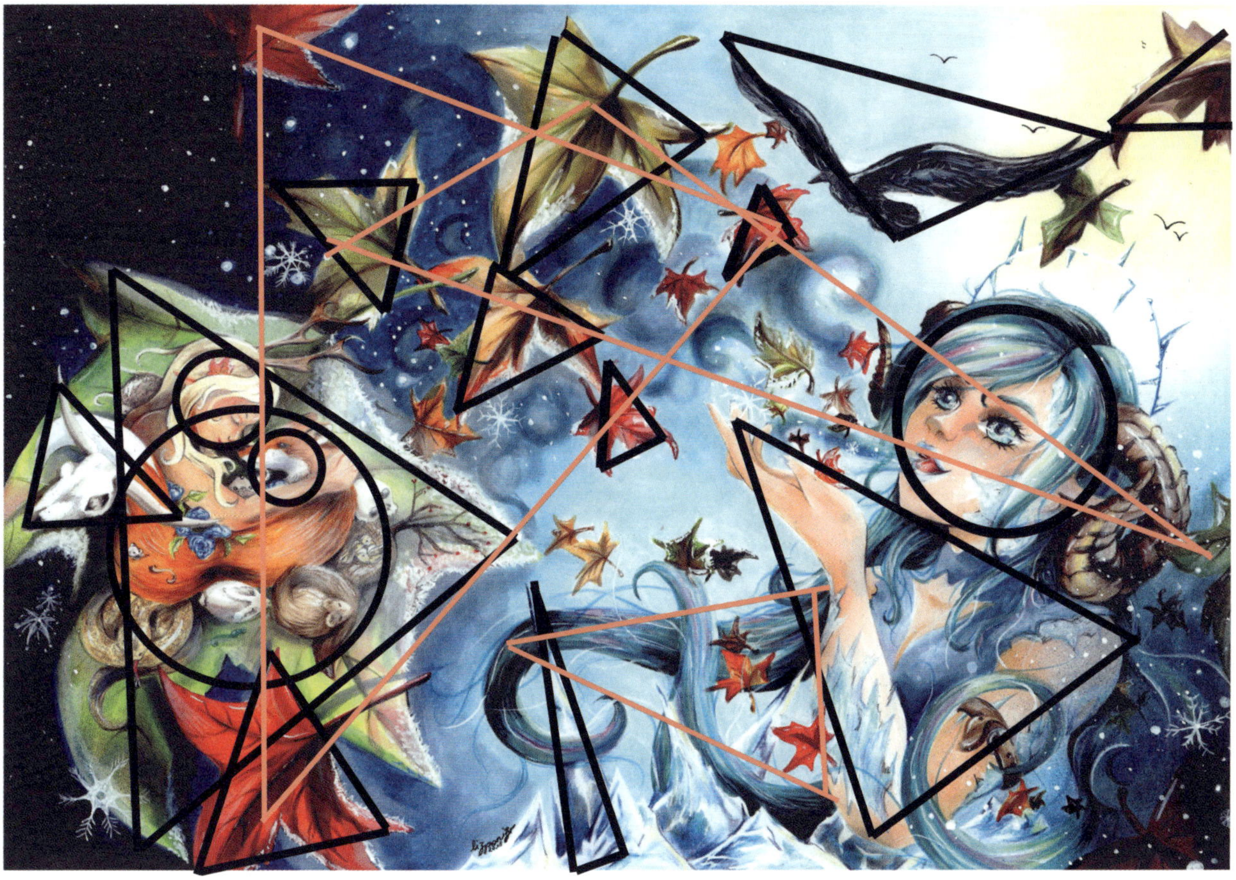

Die Formen

Vor allem in Bildern, die eine Geschichte erzählen, finden sich ganz viele Formen. Die Formen können sich aus der Gestalt der Dinge ergeben, z.B. das Blatt ergibt ein Dreieck oder der Kopf einen Kreis. Sie können sich aber auch durch Farbe und Positionierung ergeben, z.B Fuchs und Gesicht sehr hell gehalten, ergeben einen optischen Kreis oder rechts unten der Unterarm und Oberarm bilden ein Dreieck, farblich sowie durch die Form. Abgesehen von den Formen, die durch die Objekte entstehen (siehe schwarze Formen), bilden sich größere Formen durch die Platzierung ähnlicher oder gleicher Farben im Bild z.B. rote Blätter. Drei sehr prägnante rote Blätter sind in dem Bild verteilt und erzeugen auch so eine optische Fläche, in die der Betrachter hineingezogen wird. Wir unterscheiden also Formen, die sich aus Objekten ergeben, und Formen, die sich aus Farben ergeben und den Betrachter übergeordnet lotsen. Die Formen interagieren auch miteinander, ein Dreieck, das ein anderes Dreieck durchbohrt, deutet auf einen Konflikt oder Kampf hin. Während Kreise einen Ruhepol darstellen und eine gewisse Geborgenheit vermitteln.

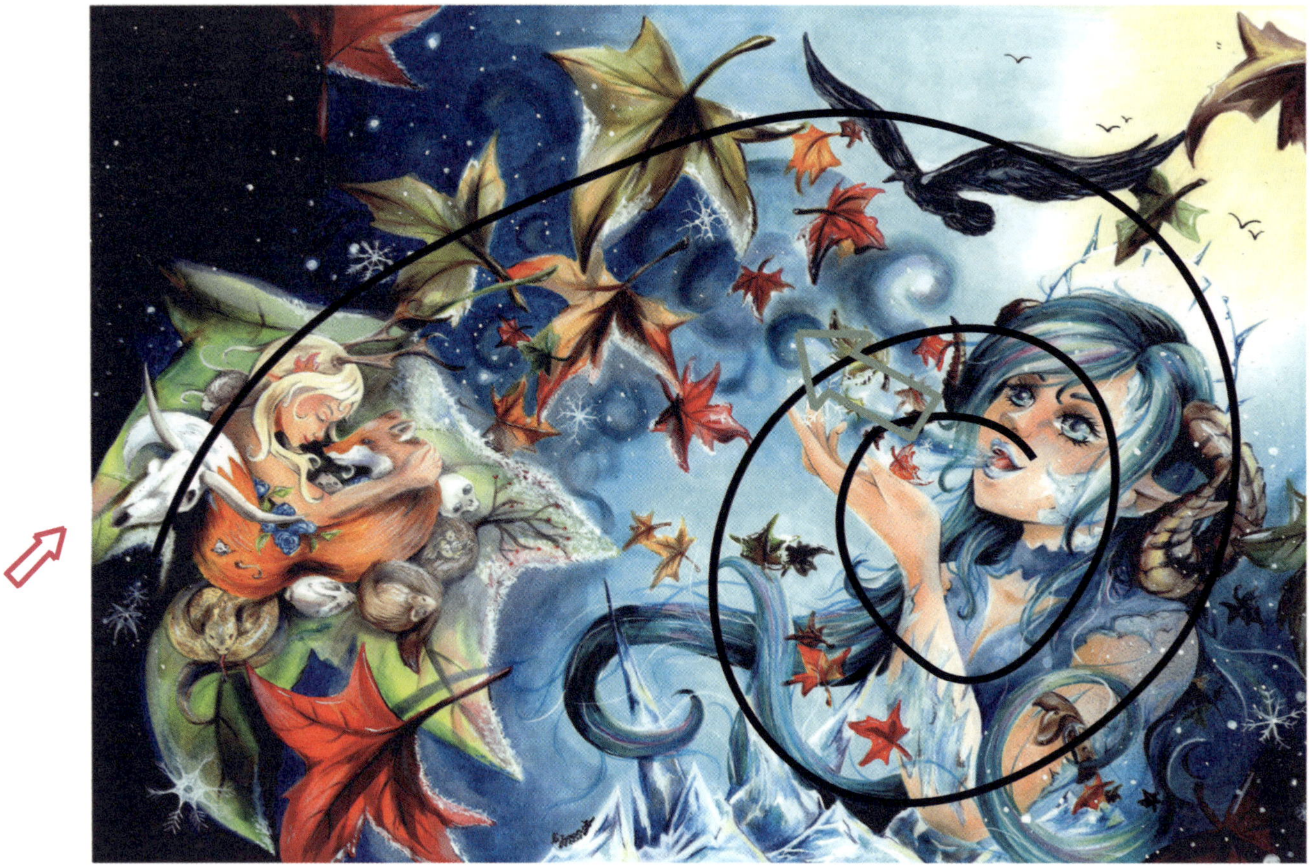

Die Bildkomposition und der Einstieg

Ich führe den Betrachter durch mein Bild mithilfe des Einstiegs links (rosa Pfeil), das angeschnittene Blatt. Es zwingt mich nicht nur dadurch, dass es angeschnitten ist, hier einzusteigen, auch die Farbkomposition spielt eine Rolle, da sich unser Auge immer mehr von der Helligkeit angezogen fühlt. Somit steigt es automatisch im hellen Grün ein und wird sofort zu dem hellen Frauenkopf und den orangen Fuchs geführt. Über die anderen roten Blätter wird der Blick des Betrachters zu dem Gesicht des Winters geführt, wo er eine Zeit lang verweilt und sich die Details ansieht. Die Bildkomposition ist hier eine Spiralkomposition, die jedoch selten angewendet wird, weil sie recht komplex ist. Doch sie bietet die Möglichkeit, zwei getrennte Themenkomplexe gut zu vereinen. Für den Betrachter ist das etwas unfair, eigentlich möchte man fast nicht aus dem Bild aussteigen, nachdem man das Innere der Spirale erreicht hat. Denn hier wird der Blick auf den Atem der Dame aufmerksam gemacht und dadurch wieder ins Bild zurückgeschleudert (grüner Pfeil).

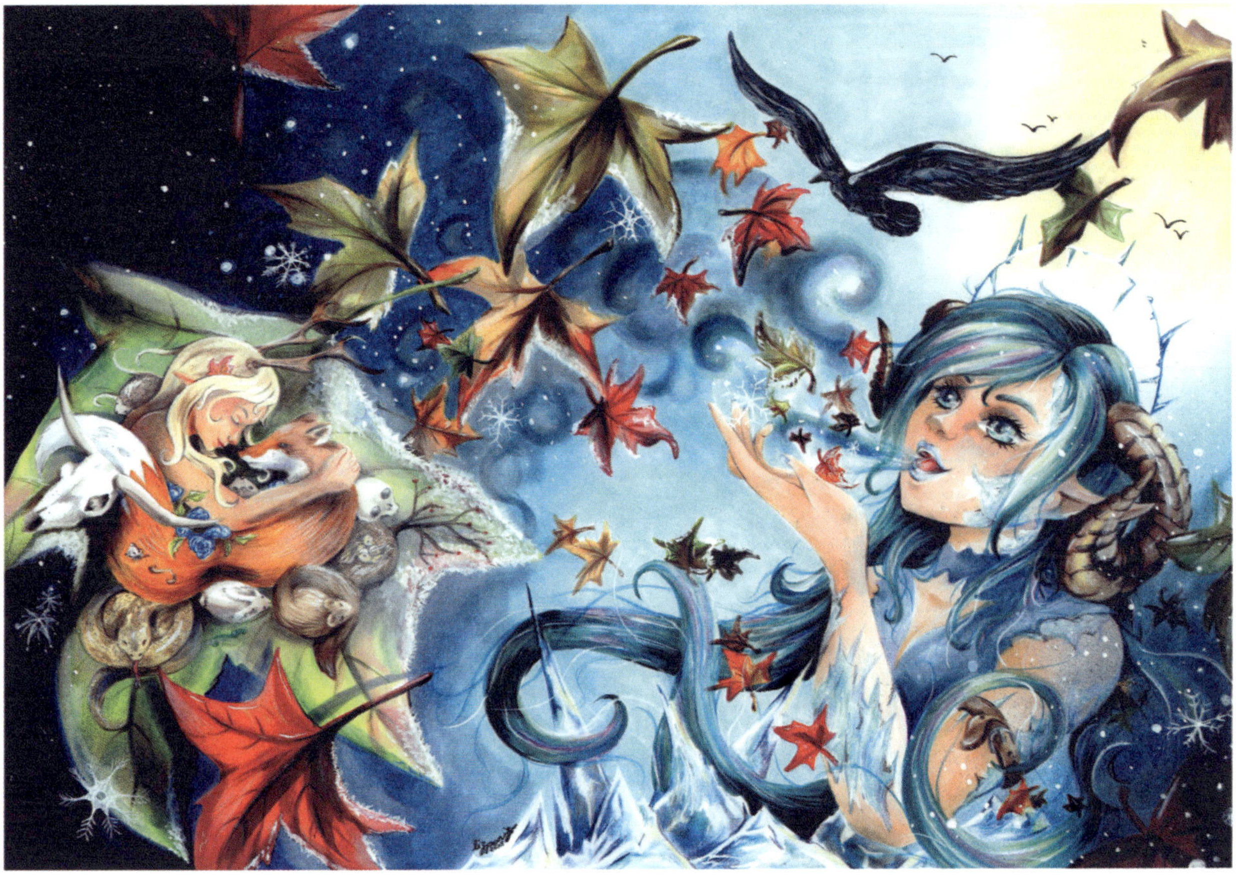

Die Farben

Die Farbkomposition wurde mit vier Farben inszeniert, um auch hier eine gewisse Bildspaltung darzustellen. Blau und die dazugehörige Komplementärfarbe Orange, Rot und die Komplementärfarbe Grün. Schauen wir uns zuerst die Verhältnisverteilung der Farben an. Da der Winter den Herbst vertreibt, hat die Farbe Blau 70 Prozent des Bildes für sich eingenommen. Grün macht 20 Prozent aus und das Rot nimmt noch 10 Prozent in Anspruch. Wichtig bei der Farbverteilung ist, dass die Farben prozentual nicht zu gleichmäßig verteilt sind. Die Primärfarbe Rot und die Komplementärfarbe Grün bilden eine wunderbare Blättereinheit und schicken den Herbst förmlich dem Bild heraus. Damit das Bild nicht zu sehr kippt und etwas mehr Dynamik erzeugt wird, steht dem blauen Winter der orange schlafende Fuchs gegenüber. Sie sehen also, auch der Fuchs ist nicht nur gewählt, weil er gut zum Thema passt, sondern weil seine Farbe einfach perfekt den Zwiespalt mit dem Winter darstellt.

Was will ich aussagen: Wahl des Formats

Hier als Beispiel ein und dasselbe Bild mit unterschiedlichen Aussagen.
Das Querformat zeigt nicht nur die Person, sondern auch die endlose Weite der Landschaft, der Betrachter bekommt ein großes Freiheitsgefühl.

Das Hochformat zeigt hingegen nur noch die Person im Fokus, dies wird durch Enge erzeugt, da links und rechts nur wenig Hintergrund zu sehen ist. Gleichzeitig wird dadurch Ruhe geschaffen, weil das Porträt in der Mitte platziert wurde.

Das Panorama bietet weniger Freiheit als das Querformat, es rückt die Person näher in den Fokus, erlaubt es aber, eine Stimmung der Weite der Landschaft zu erzeugen.

Das Quadrat lenkt den maximalen Fokus auf die Person und hält alle Landschaftsablenkungen fern.

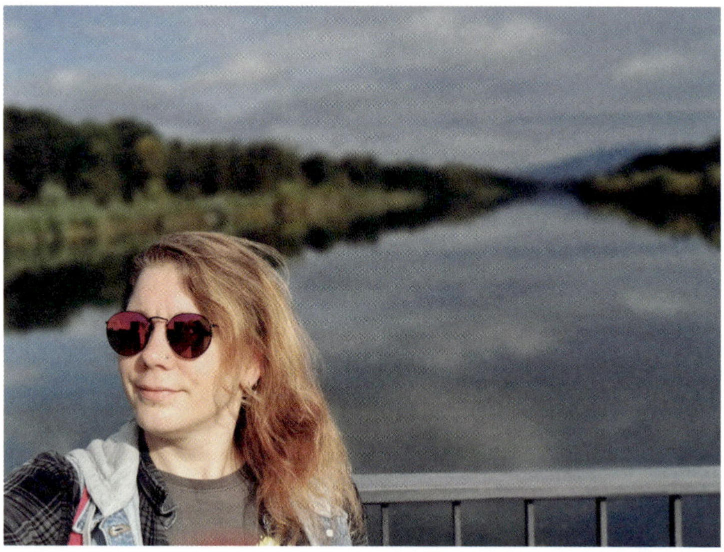

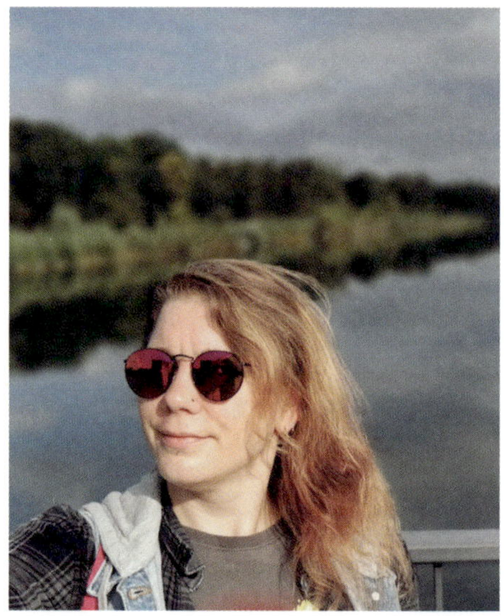

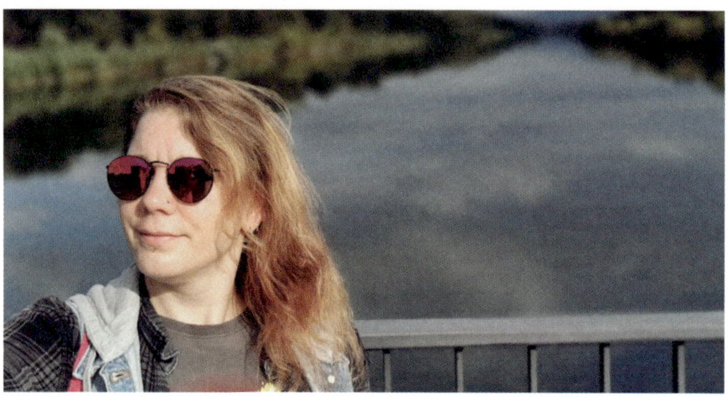

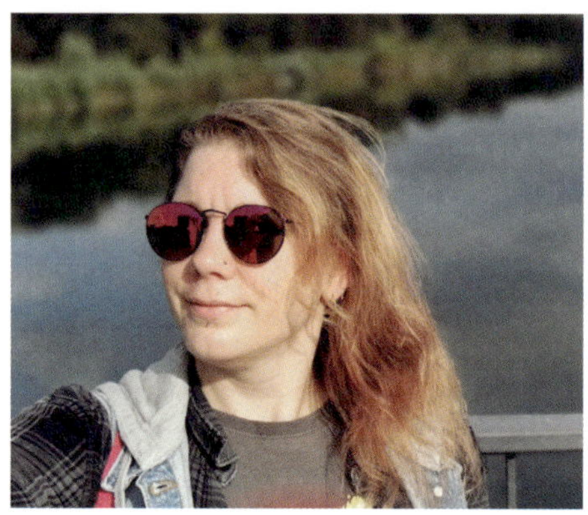

Querformat = oft Landschaften
Hochformat = oft Porträts
Panoramaformat = Stadtansicht oder Zusammenkünfte (letztes Abendmahl)
Quadrat = seltene Stillleben, spezielle Porträts

Wenn Sie eine andere Aussage treffen, abgesehen von den Standards wie Landschaften, kann es gut sein, dass Sie sich für ein anderes Format entscheiden, um dem Betrachter die Aussage schon über das Format zu vermitteln. Z.B.: Sie möchten mit einer weiten Landschaft Angst erzeugen, jetzt haben Sie die Möglichkeit, einfach das typische Querformat zu wählen und die Landschaft sehr dunkel und unerkennbar zu gestalten. Oder Sie wählen gleich ein Hochformat, damit sich der Betrachter beengt vorkommt.

Tipp: Landschaften und Stillleben

Nahaufnahmen sowie Porträts und Stillleben folgen der Regel: Alles was hell ist, liegt vorne, alles, was dunkel ist, liegt hinten. Dadurch werden Bilder plastisch. So bauen wir normalerweise auch den Kontrast unserer Objekte auf.

Wenn Sie jedoch Landschaften mit einer Weite malen oder zeichnen, dreht sich diese Regel um. Alles, was dann nah beim Betrachter ist, also Ober- und Unterseite des Bildes, werden dunkel, wohingegen alles, was weit weg ist, also auf der Horizontlinie liegt, heller wird.

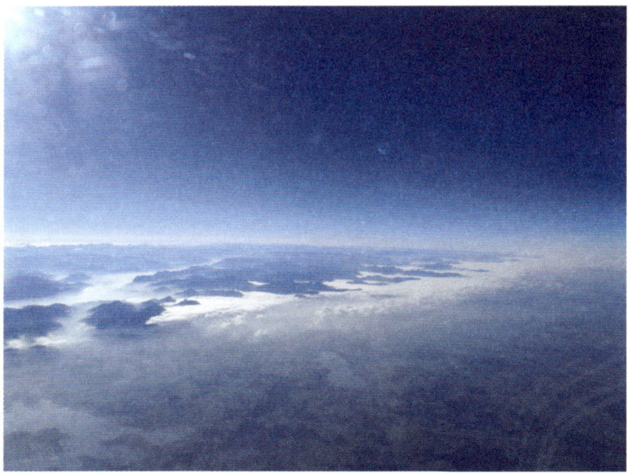

Beispiel Blick aus dem Flugzeug:
Unten und oben im Bild ist es sehr dunkel, wohingegen es in der Mitte (Horizont) aufhellt. Dies ist der Punkt, der am weitesten vom Betrachter entfernt ist.

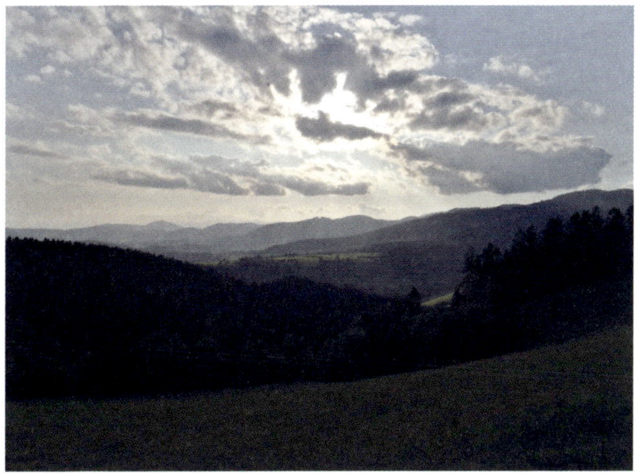

Beispiel Landschaft:
Hier sehen Sie anhand der Berge wunderbar, wie der erste Hügel noch sehr dunkel ist und die Berge, die immer näher am Horizont sind, schon nebelartig im Hellen verschwinden. Während der Himmel ganz oben wieder dunkler aussieht, weil er uns näher ist.

Merke:
Landschaften: oben und unten dunkel, in der Mitte, wo der Horizont ist, hell.
Stillleben: unten (vorne) hell, je weiter das Bild nach hinten geht, umso dunkler.
Optik: Je dunkler das Bild ist, desto kleiner wirkt es (das Landschaftsbild wirkt kleiner, enger als das Flugzeugbild, obwohl beide die gleichen Größen haben).

Die Umsetzung

Bevor wir uns die Formen im Speziellen ansehen, möchte ich Sie kurz auf die grundlegenden Möglichkeiten der Platzierung aufmerksam machen. Der Punkt steht für ein Objekt oder die Farbe, die abgebildet wird. Dabei ist es egal, ob der Punkt ein Kreis, ein Dreieck oder ein Quadrat ist, es geht um das Dargestellte. Kommt ein zweiter Punkt hinzu, erzeugt unser Gehirn automatisch eine Linie. Dies kann für die Bildkomposition hilfreich sein, weil die Linie uns optisch wohin (Bild 2) oder aber zu einer Wiederholung führt (Bild 3), was oft langweilig ist für den Betrachter. Ab dem Zeitpunkt, wo ich mindestens drei Punkte in meinem Bild habe, formen diese Punkte eine Fläche. Die Fläche stellt dann die Form dar. Ich arbeite im Folgenden mit ähnlichen Fotos, um den Unterschied einfacher und schneller zu verdeutlichen.

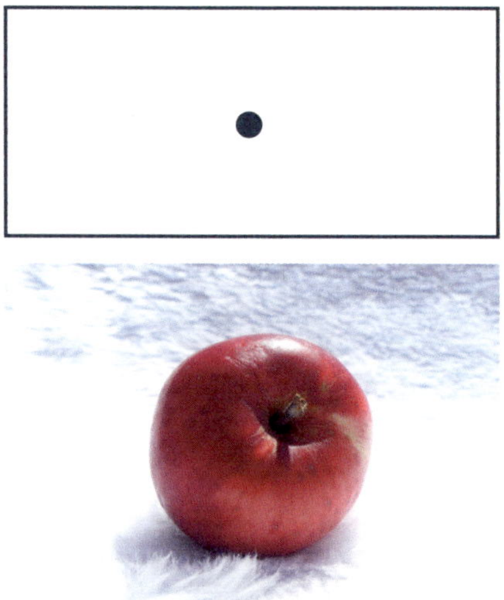
Der Punkt mittig erzeugt Ruhe.

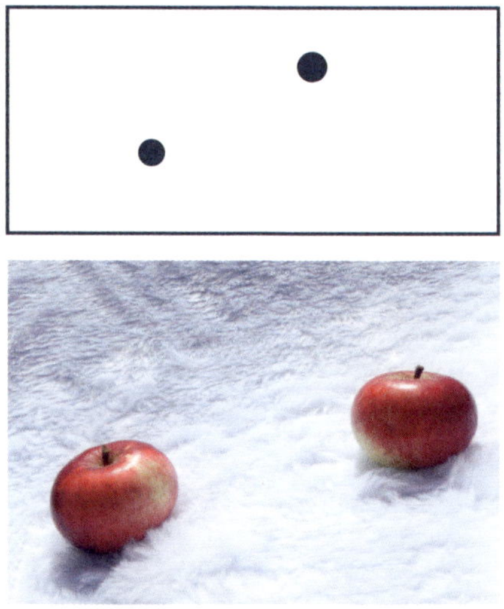
Es wird automatisch eine Linie gesetzt.

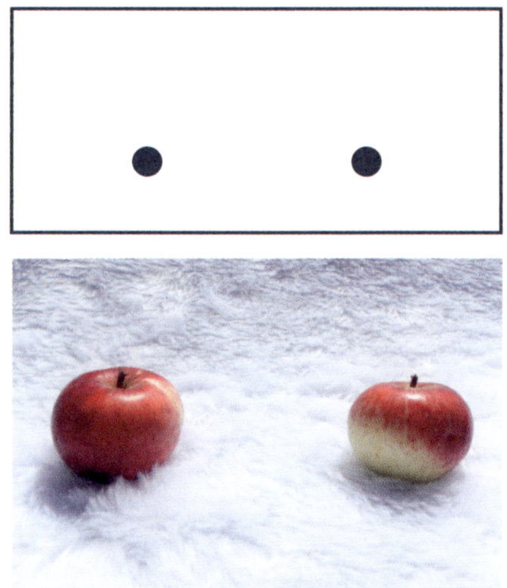
Punkte werden zur Wiederholung.

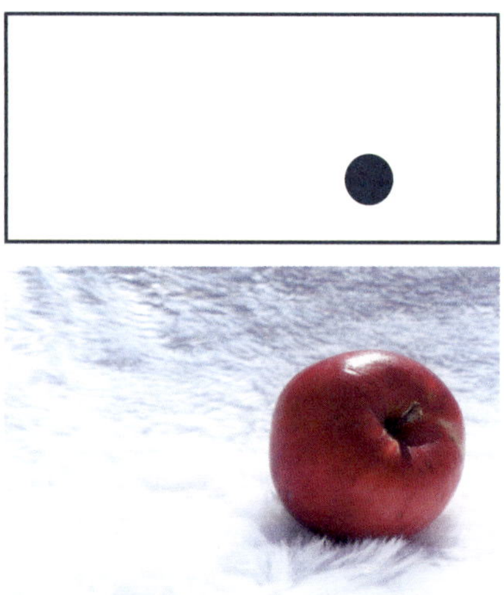
Der Punkt seitlich erzeugt Spannung.

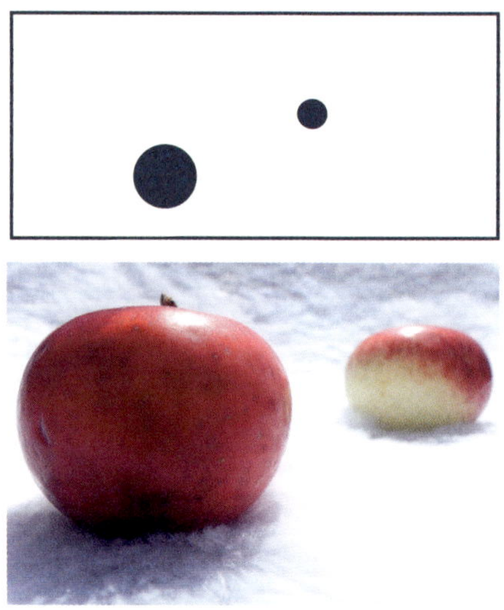
Größenunterschiede erzeugen einen Raum.

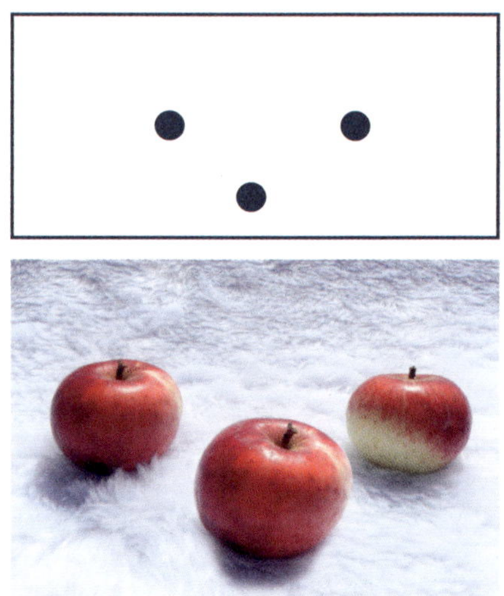
Drei Punkte werden zu einer Fläche.

Die Formen

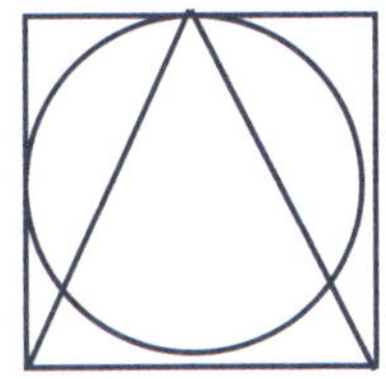

Es gibt drei Grundformen, um alles darzustellen:
1. Das Dreieck, das in christlichen Bildern für Gott steht.
2. Der Kreis, der in diesem Zusammenhang für das Universum steht.
3. Das Viereck, das den Menschen abbildet.

Alle drei Formen übereinandergelegt ergeben das Symbol für Leben.
Wie Sie schon an unserem Beispiel »Charming Winter« gesehen haben, kommen sehr oft viele Formen in einem Bild zusammen. Jetzt wollen wir uns einmal die einzelnen Postionen der Formen ansehen, was diese aussagen und wie wir Spannung im Bild aufbauen können.

Der Kreis

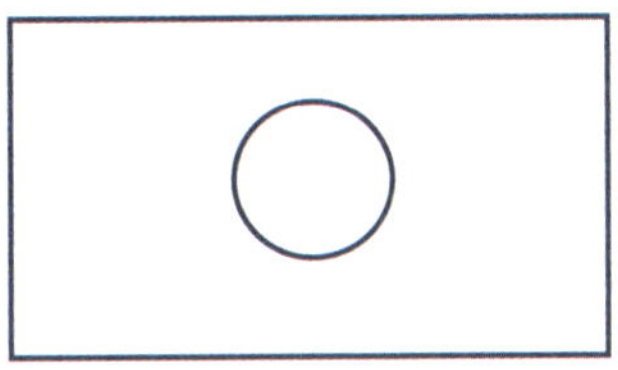
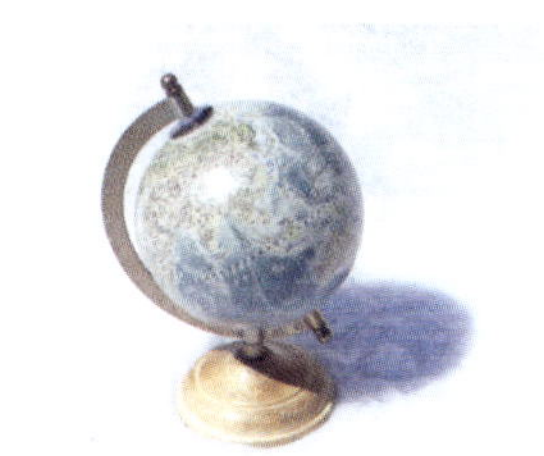

Ruhe, Ausgeglichenheit, Langeweile.

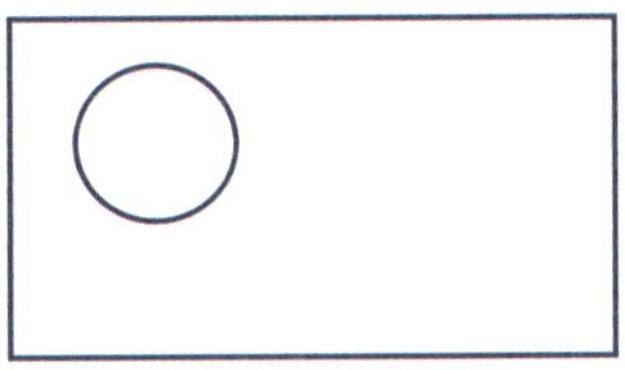
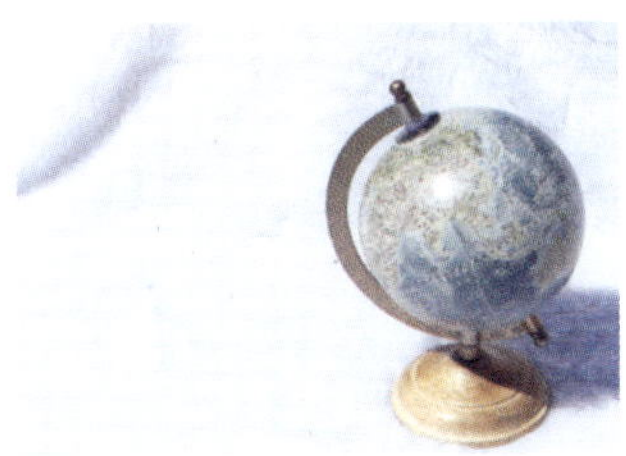

Spannung, Einseitigkeit, Aussage.

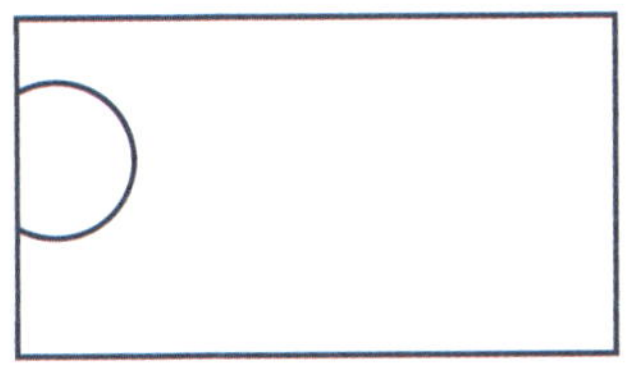
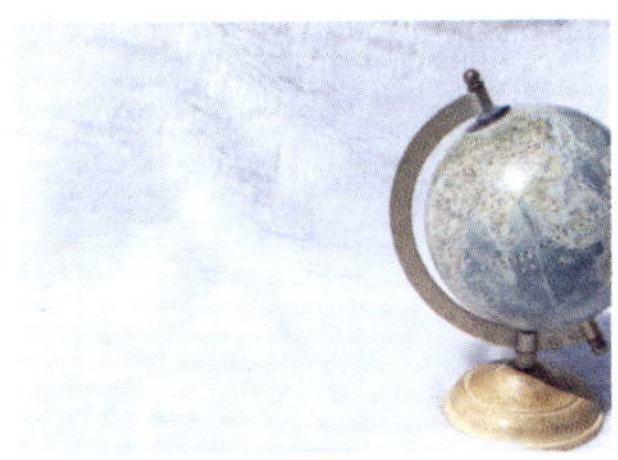

Erweiterung des Formats, Bewegung.

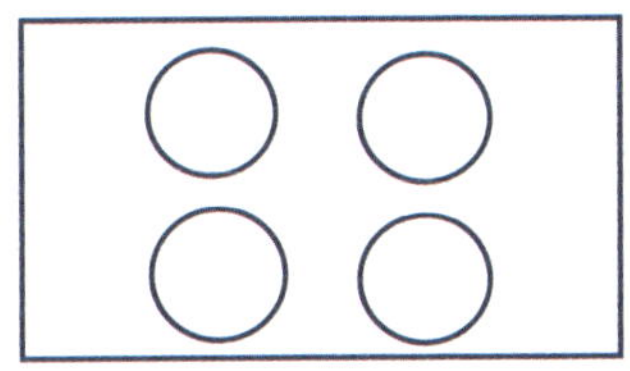
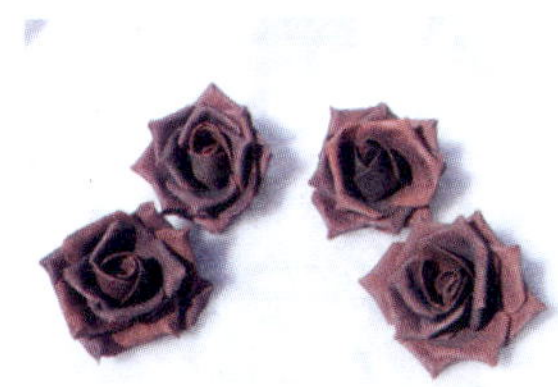

Langweilig, will man nicht ansehen.

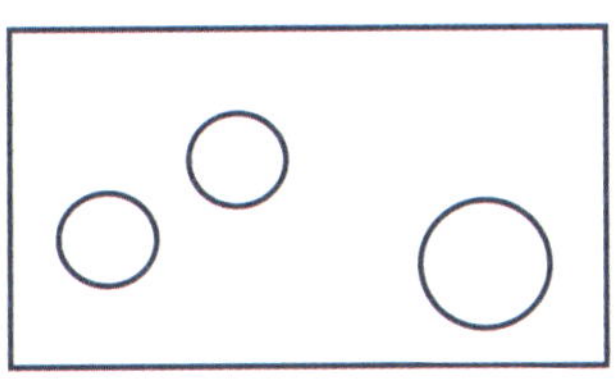
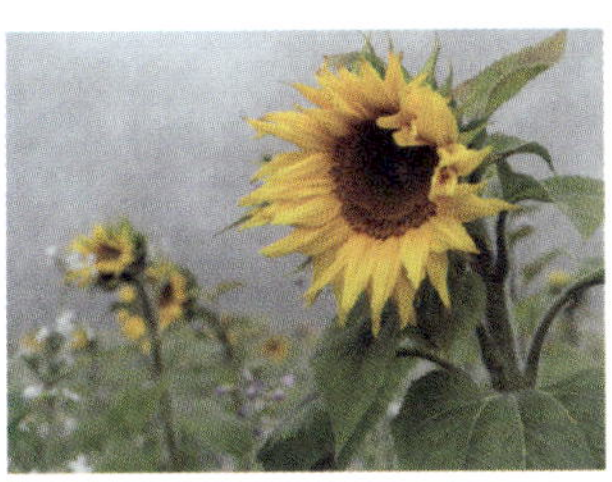

Spannung, da Unterschiede vorhanden.

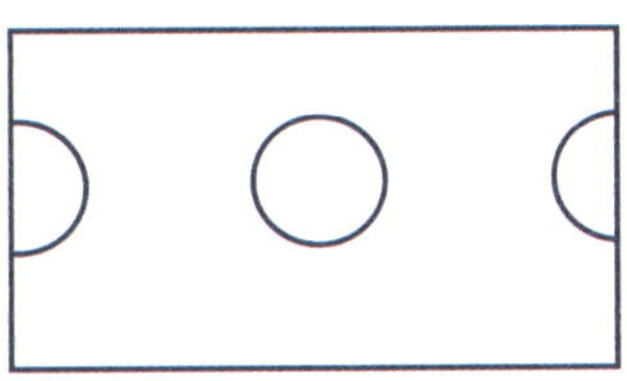
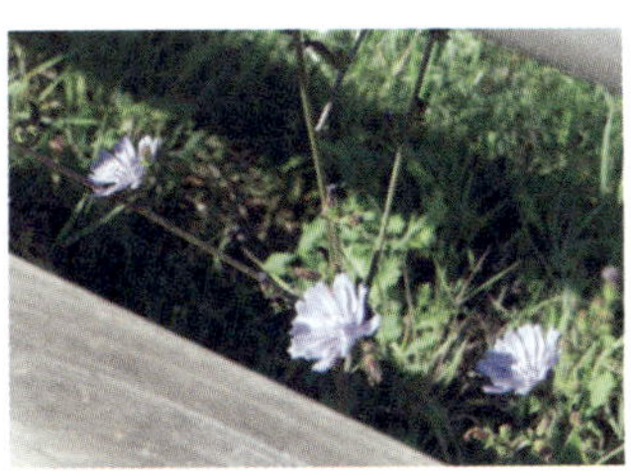

Langeweile, alles dasselbe.

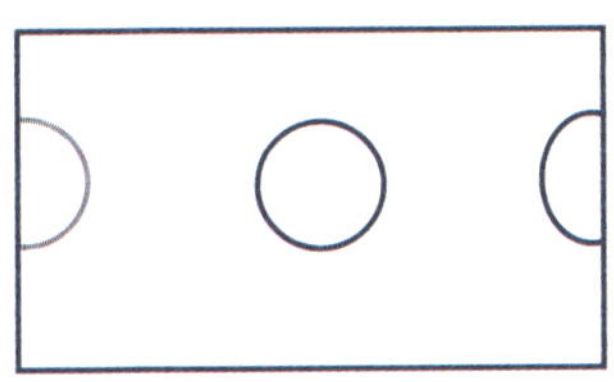
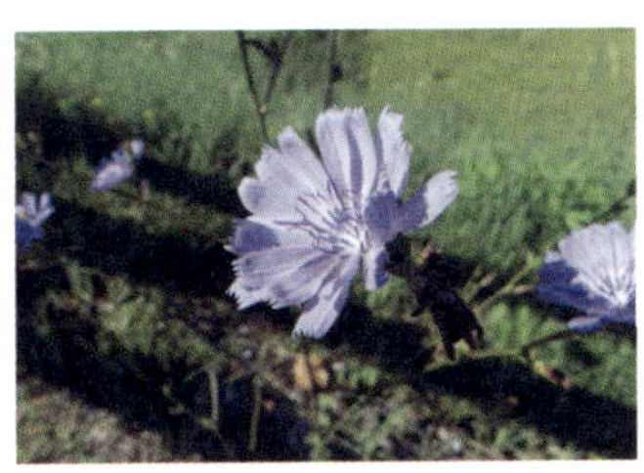

Spannung, da Unterschiede vorhanden.

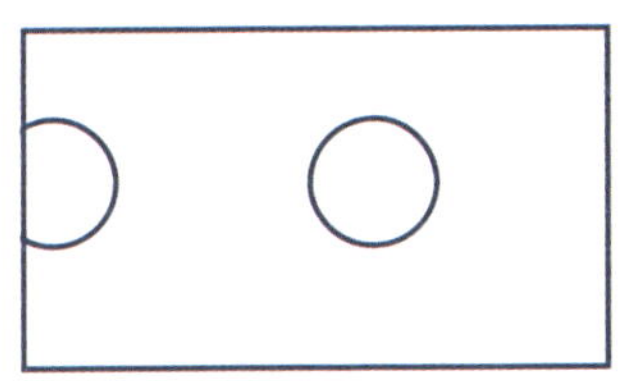
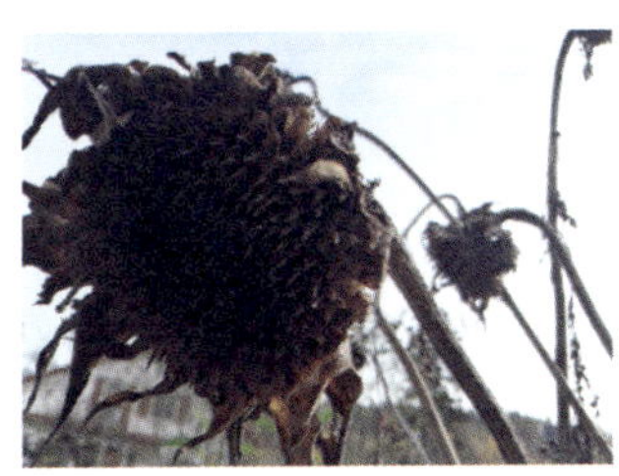

Blickfang, Formatssprengung, Spannung.

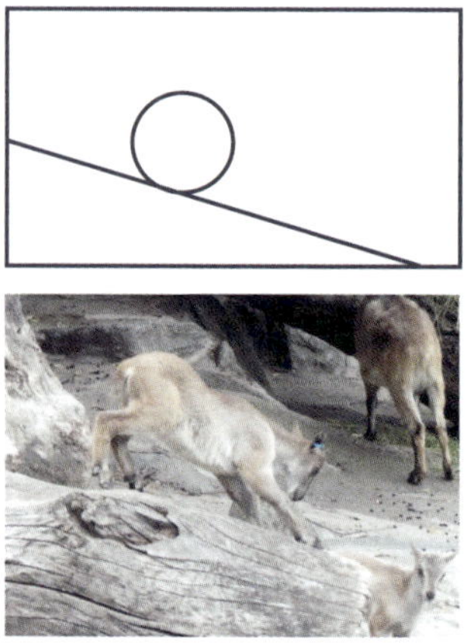

Bewegung und Richtung gebend

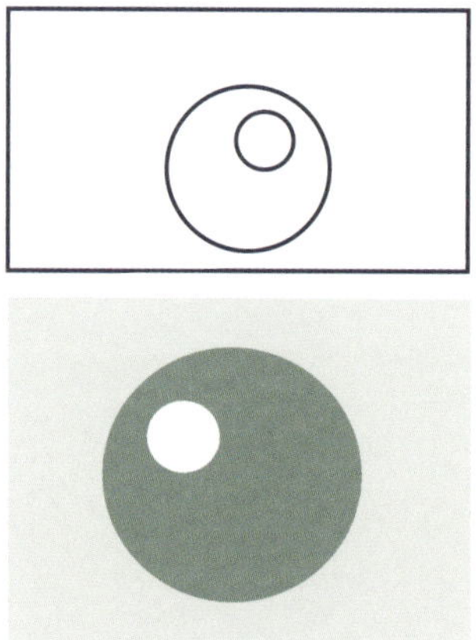

Plastizität, aus Kreis wird Kugel.

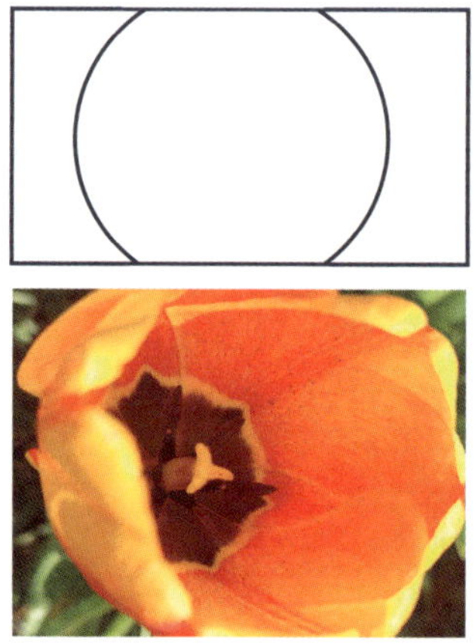

Spannung, Kreis sprengt den Rahmen.

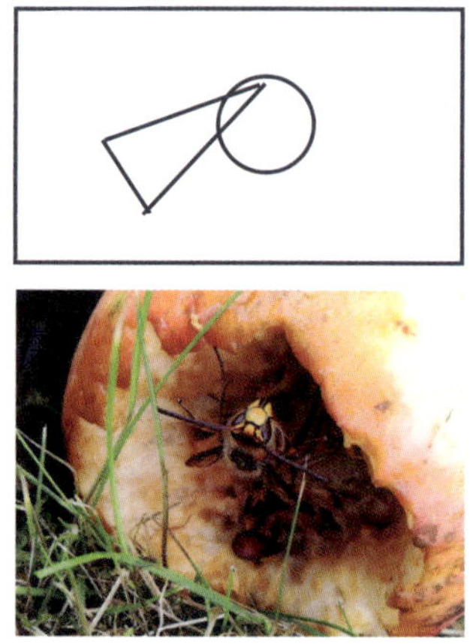

Durchbohrend, Formen kreuzen.

Das Dreieck:

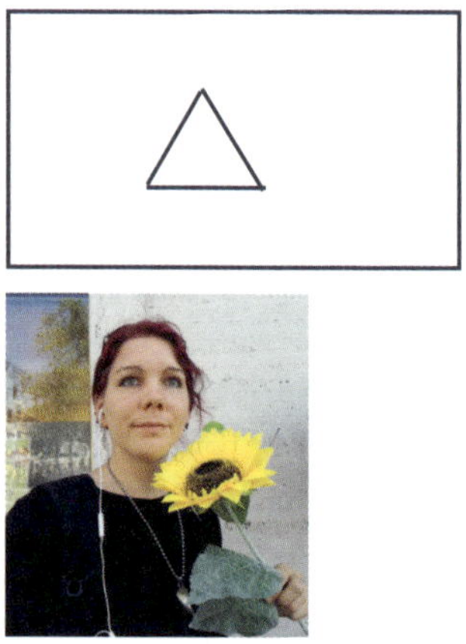

Porträt oder Richtungsanzeige oben.

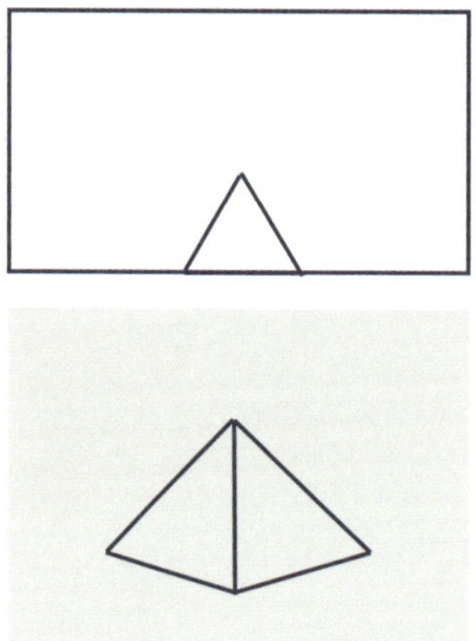

Pyramide.

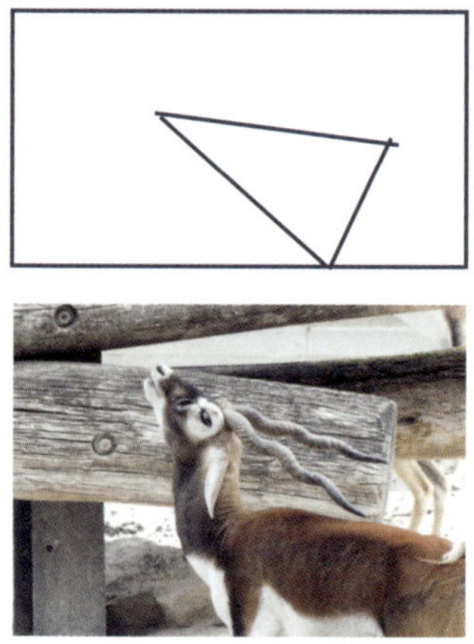

Spannung, zeigt uns Aggression.

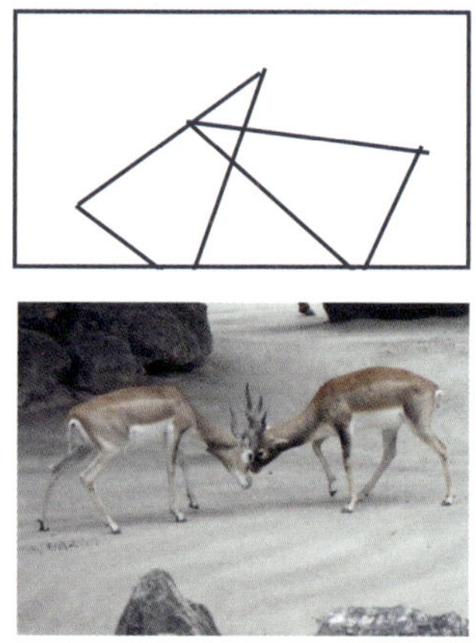

Kampf, Feind, wir kämpfen.

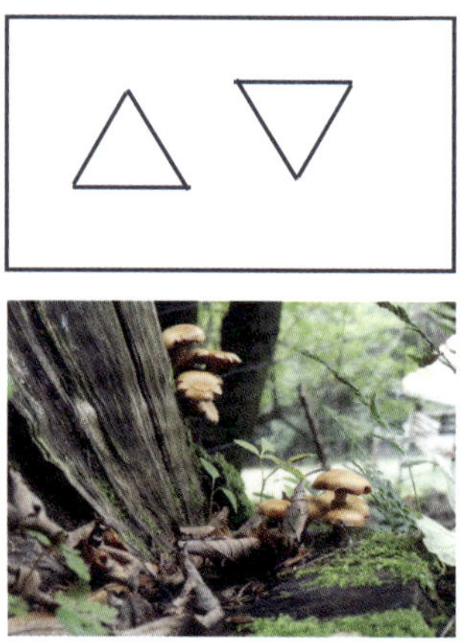

Spannung, unterschiedliche Richtungen.

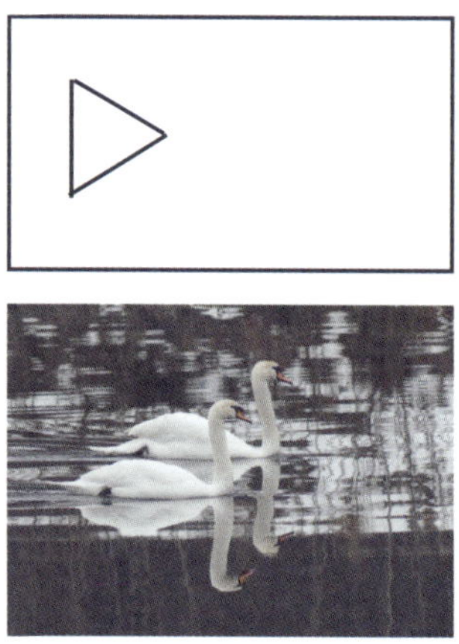

Bewegung, Dynamik.

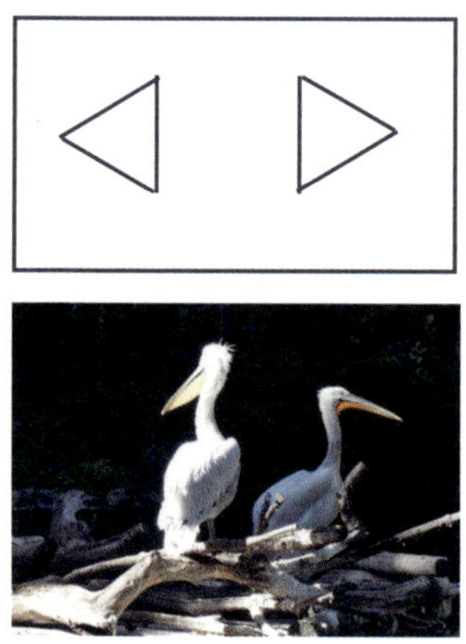

Bild wird auseinandergerissen.

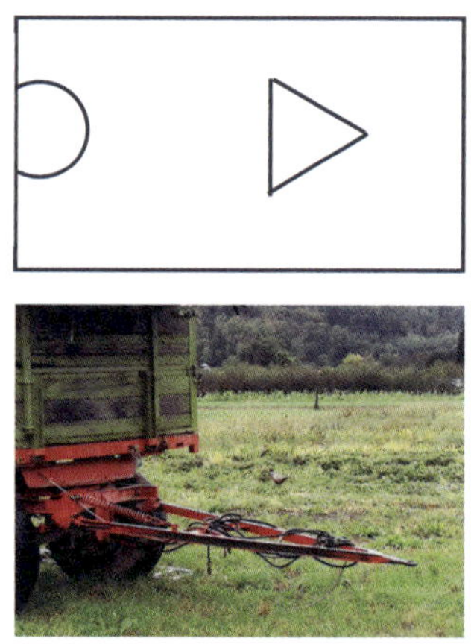

Blickfang, Spannung.

Das Viereck

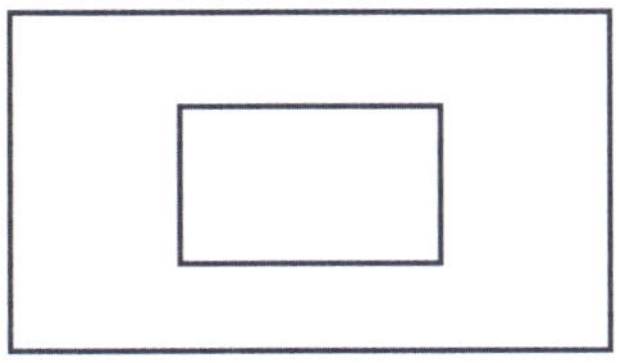
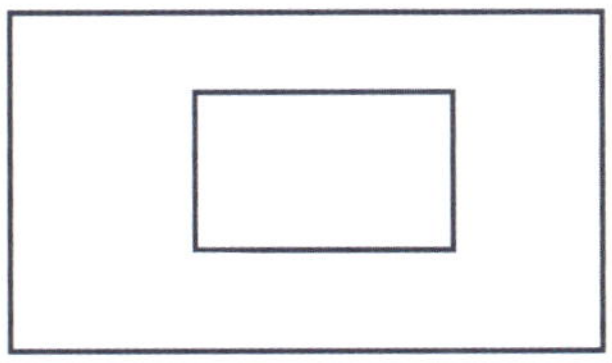
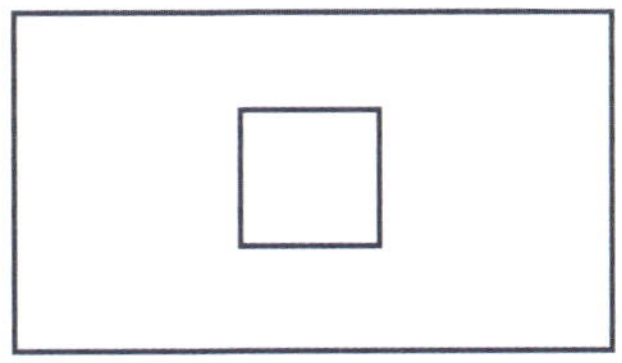
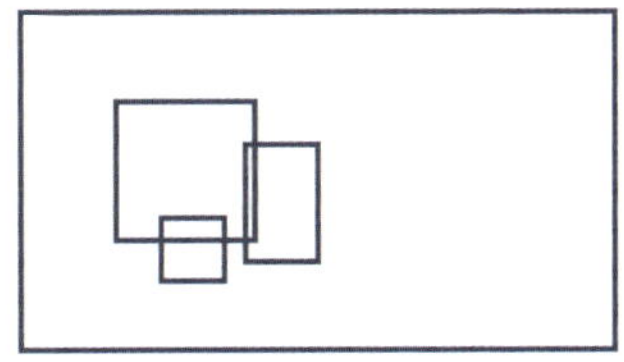

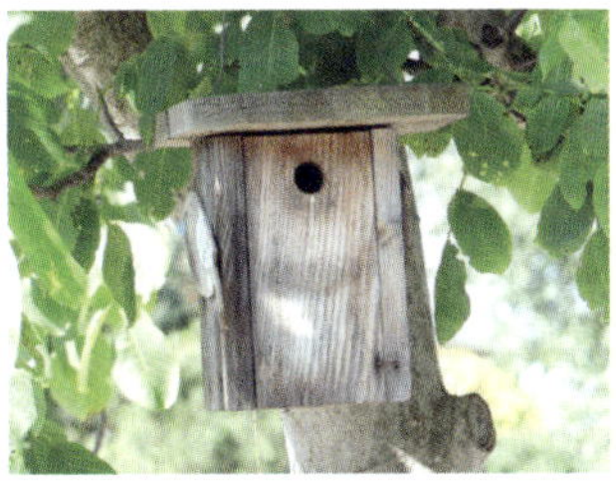
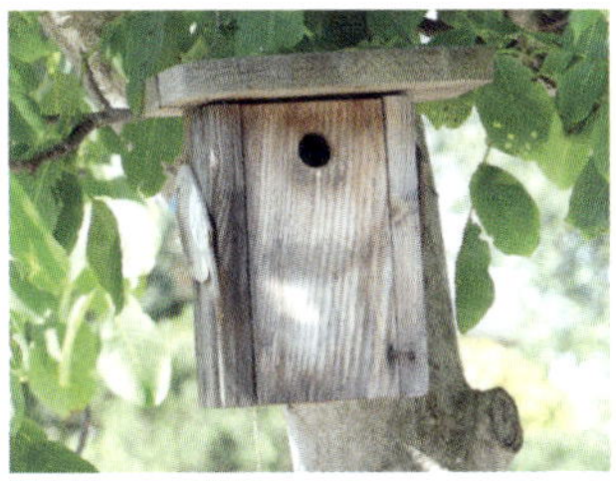
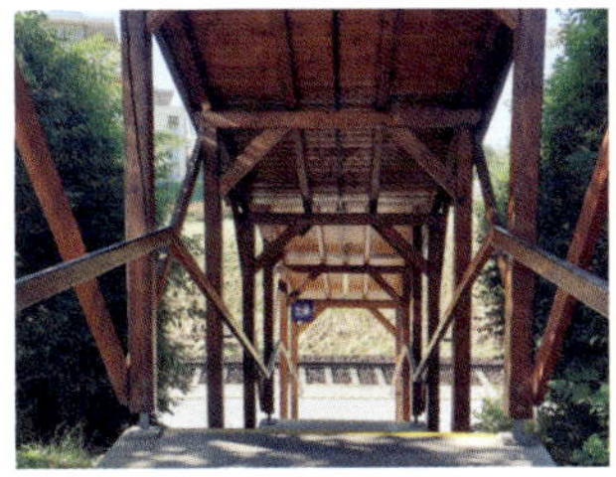
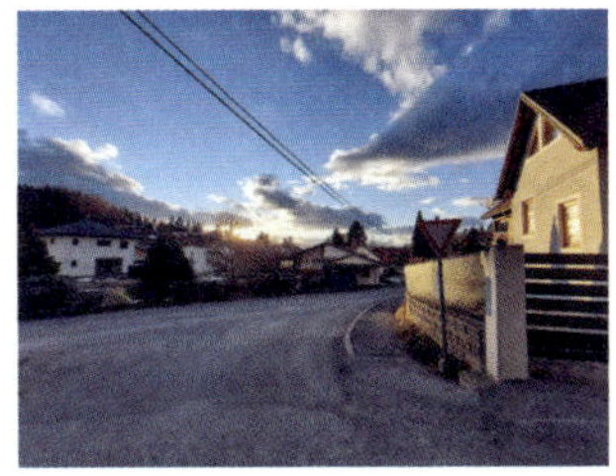

Langweilig, genau ausgemessene Mitte.

Optische Mitte ist nach oben versetzt.

Erzeugt einen Tunnel, Bewegung.

Spannend, verschiedene Größen.

Gleichgewicht oder Ungleichgewicht

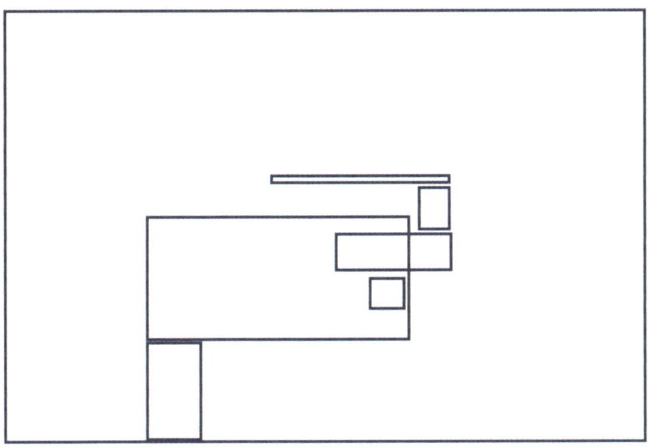

Gleichgewicht heißt nicht, dass auf beiden Seiten das Gleiche abgebildet sein muss. An diesem Beispiel sehen Sie gut, wie ein Gleichgewicht auch Spannung erzeugen kann, indem es mit unterschiedlich großen und langen Formen dargestellt wurde. Es ist im Gleichgewicht, das Einzige, was es jetzt noch langweilig erscheinen lässt, ist die mittige Platzierung im Bild. Verschieben Sie den Bildausschnitt für mehr Spannung.

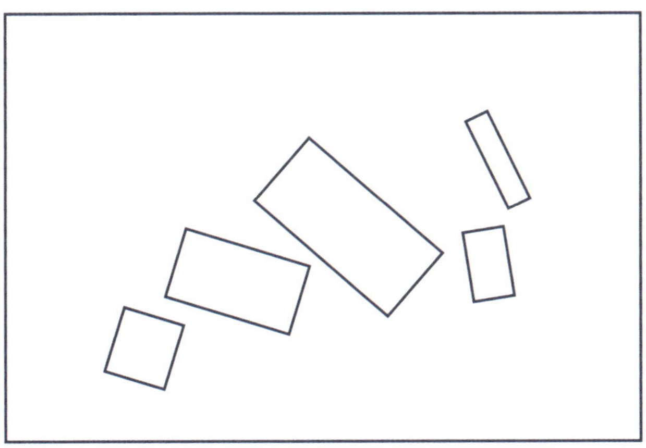

Hingegen bedeutet Ungleichgewicht Spannung und Bewegung. Gerade Bewegung wird oft durch ein Ungleichgewicht dargestellt, es ist die einfachste und doch effizienteste Möglichkeit, diesen Effekt in sein Bild einzubauen. Doch auch hier ist darauf zu achten, dass die Formen nicht zu gleichmäßig gewählt werden. Oft wird die Bewegung mithilfe von Schrägen oder Wellen eingebaut, die immer schräger werden.

Kreis vor Rechteck

Sie erzeugen Geschlossenheit. Alles, was innerhalb dieser Form liegt, wird vereinnahmt. Z.B.: ein Oval (Obstschüssel), in dem lauter Kreise liegen (Äpfel), werden zu einem gemeinsamen Objekt. Kreise und Ovale binden sehr stark den Blick des Betrachters, deshalb reicht oft ein kleiner roter Punkt aus, um ein ganzes Gemälde ins Gleichgewicht zu bekommen. Obwohl die Geschlossenheit gewinnt, wird ein Kreis oder Oval immer vor einem Rechteck wahrgenommen. Auch mit diesem Wissen kann man den Betrachter leicht dort hinführen, wo man ihn hinhaben möchte.

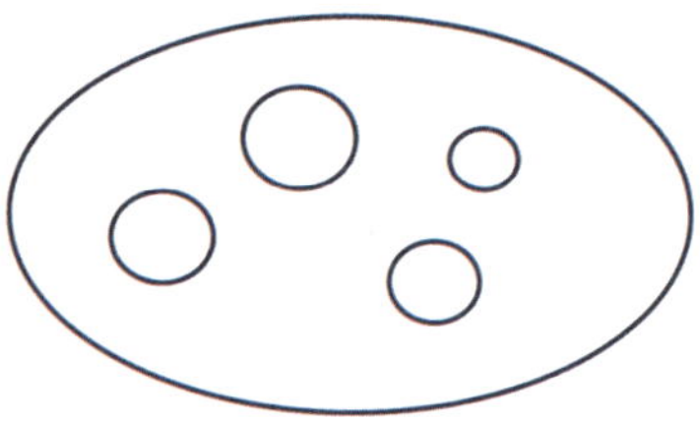
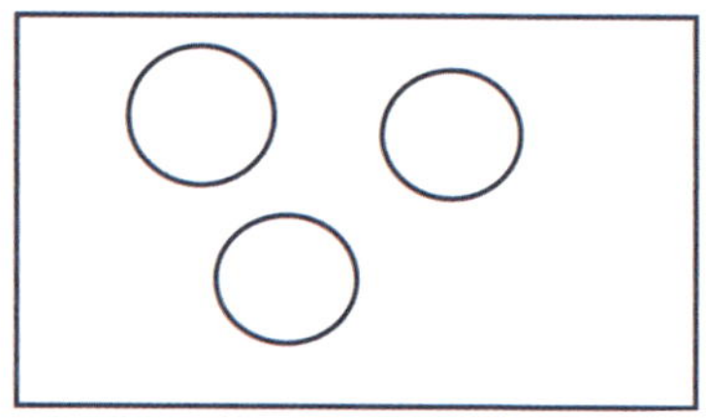
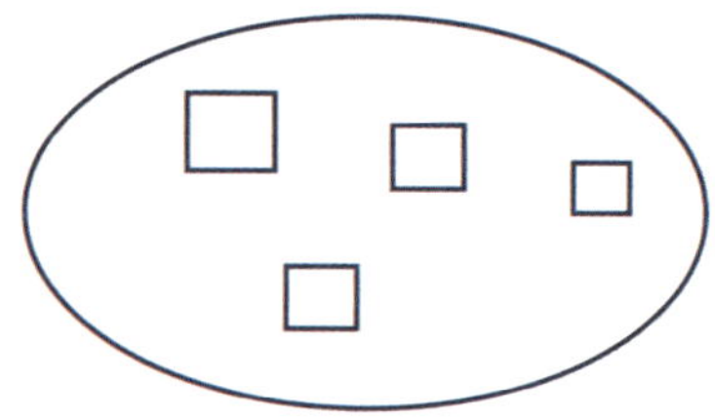

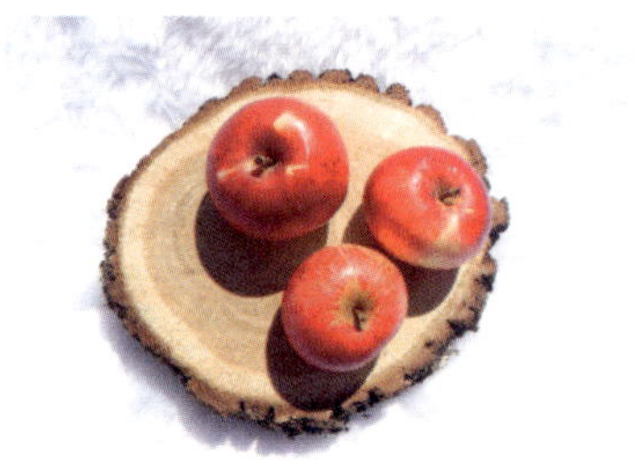
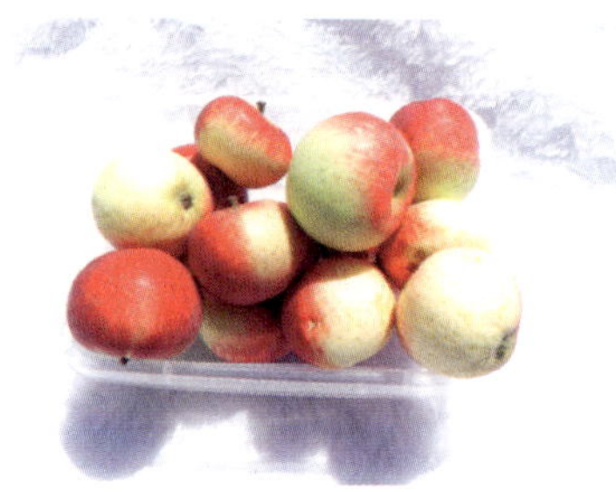
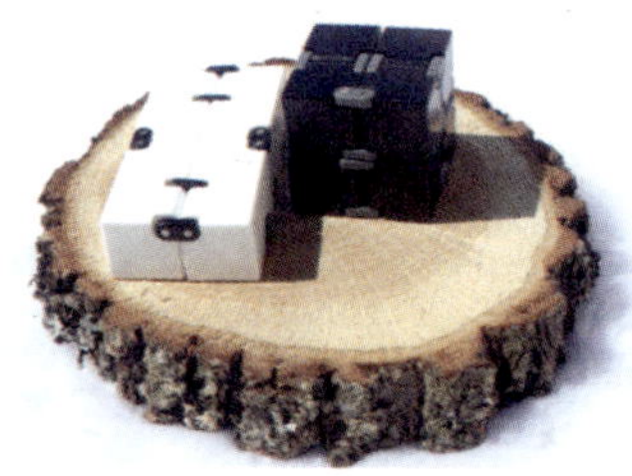

Bergauf, bergab

Durch die Leserichtung weiß man, wo der Betrachter optisch ins Bild einsteigt und wie man eine Person positionieren muss, damit sie Freund oder Feind ist. Europäer lesen von links nach rechts. Links ist die Seite des »Ichs«, diese Seite assoziieren wir mit uns. Wenn von dieser Seite eine Person in das Bild schaut, wird sie als ein »das könnte ich sein« wahrgenommen. Steht auf der rechten Seite eine grimmige Person und sieht nach links, wird sie als Bedrohung gedeutet.

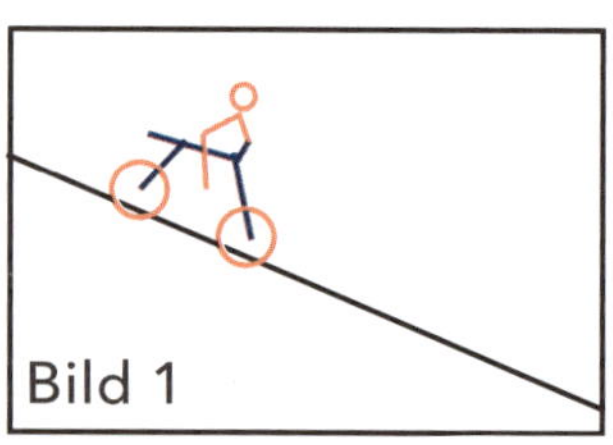

Für Europäer bergab. Man steigt links ins Bild ein. Wenn eine Figur von rechts auf uns zukommt, ist das »der Andere«.
Siehe Beispiel Bild 1: Ich fahre hinunter. Bild 2: Es fährt jemand den Berg hinauf.

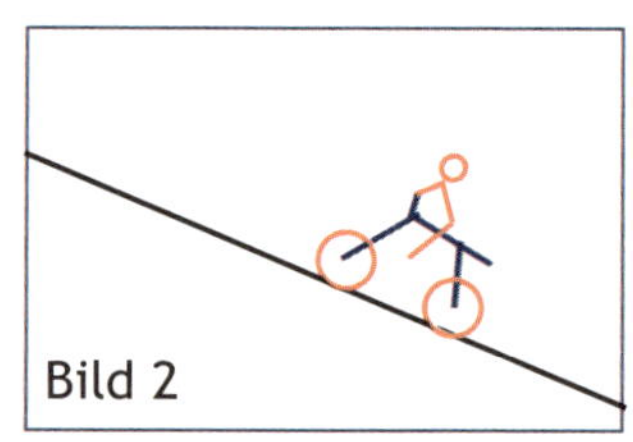

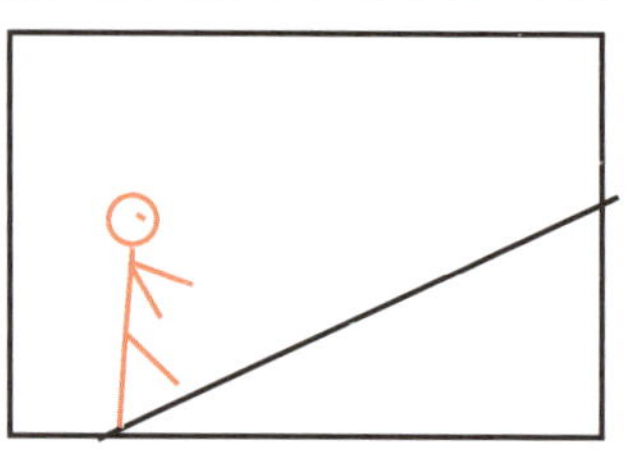

Bergauf, man steigt wieder von links ins Bild ein. Stößt man hier auf eine Person, die nach rechts schaut, so verbindet man sich mit der Person und sieht, wie viel Aufstieg noch vor ihr liegt Die Person, die nach links schaut, geht dagegen den Berg hinunter.

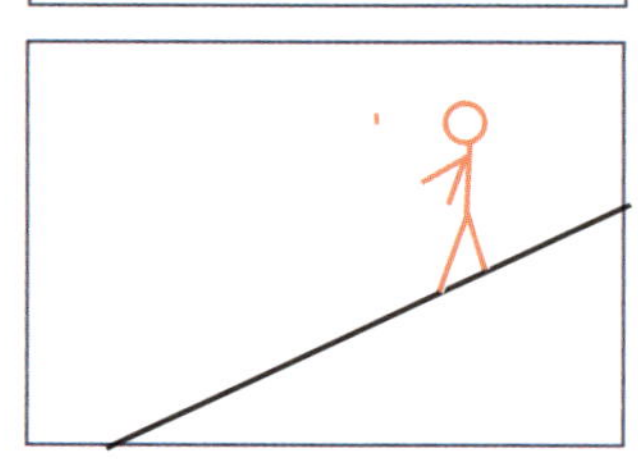

Das Porträt

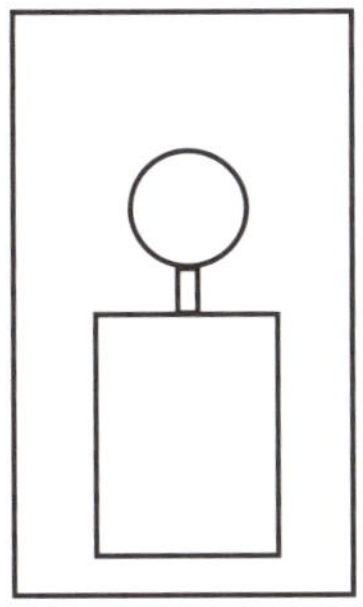

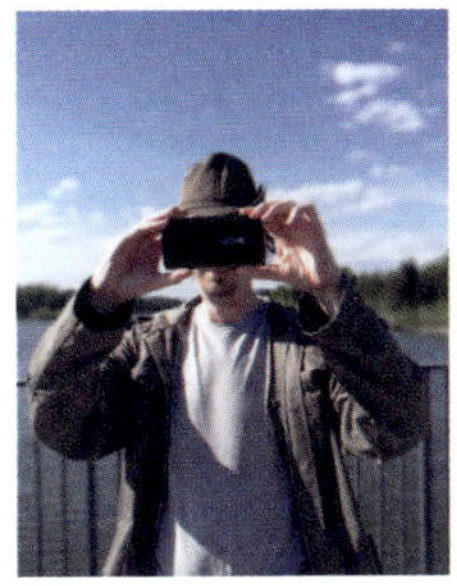

Frontal-Porträt, klassisch, aber langweilig.

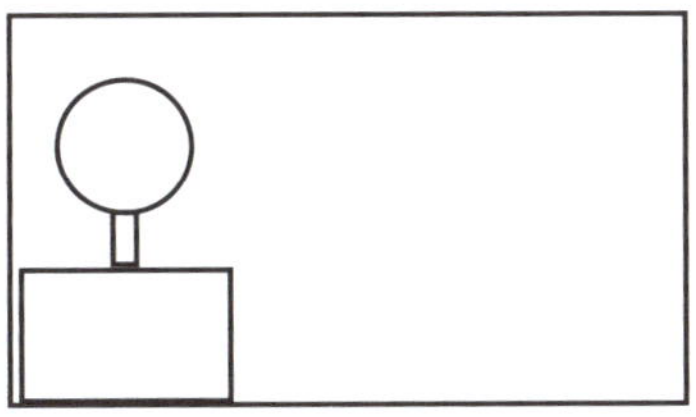

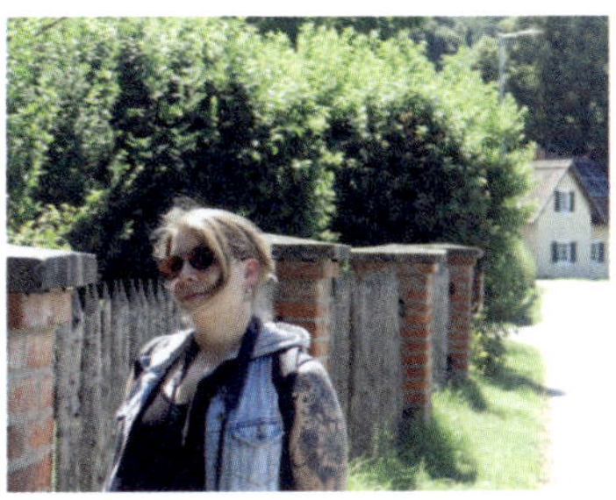

Die Figur ist wichtig und sagt mit dem Hintergrund etwas aus.

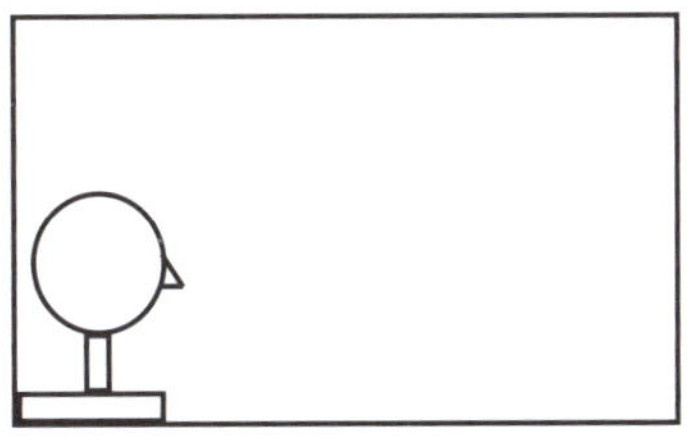

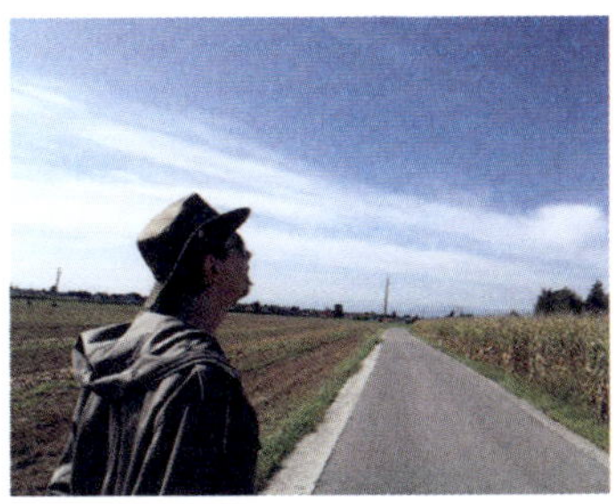

Das Profil blickt in die Zukunft oder ins Leere.

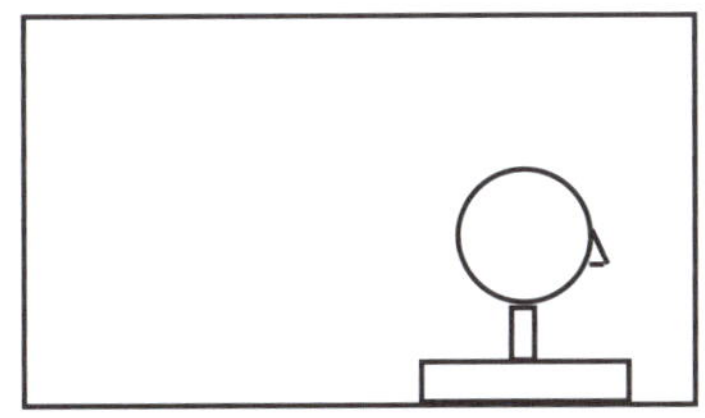

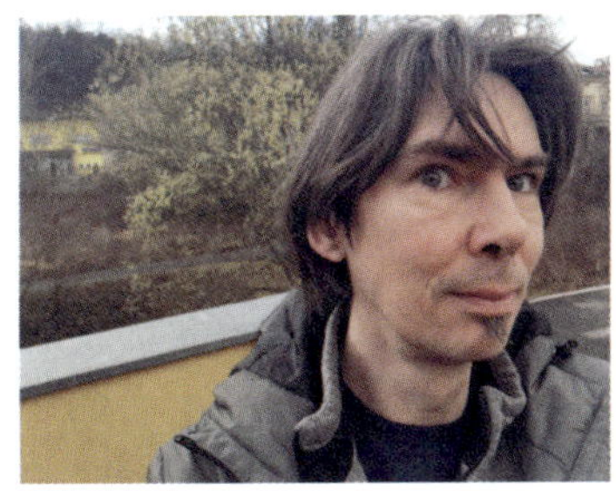

Die Figur bewegt sich, geht aus Format heraus. Das Format löst sich auf.

Die Figur

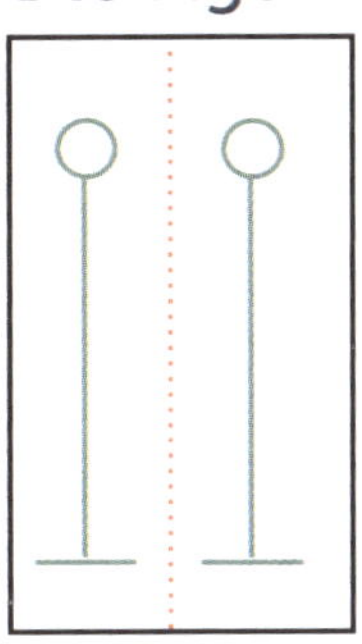

Das Bild fällt auseinander, ergibt zwei Teile.

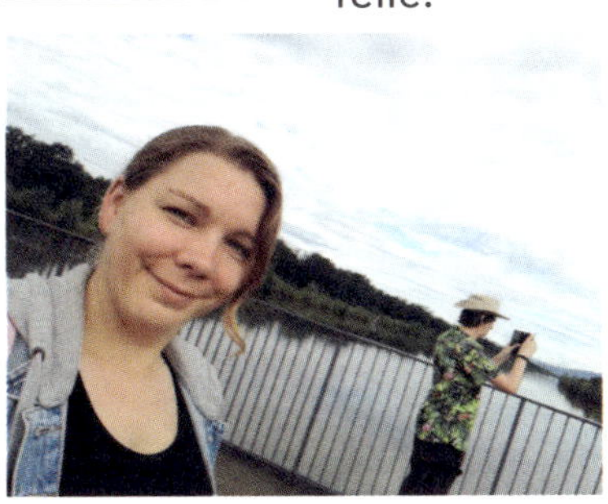

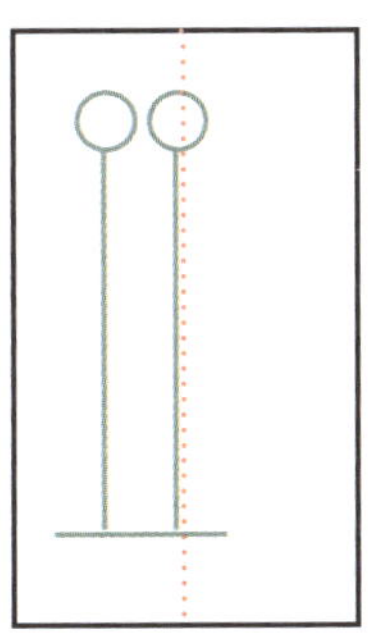

OK, Personen sind verbunden und ragen über die Mitte hinaus.

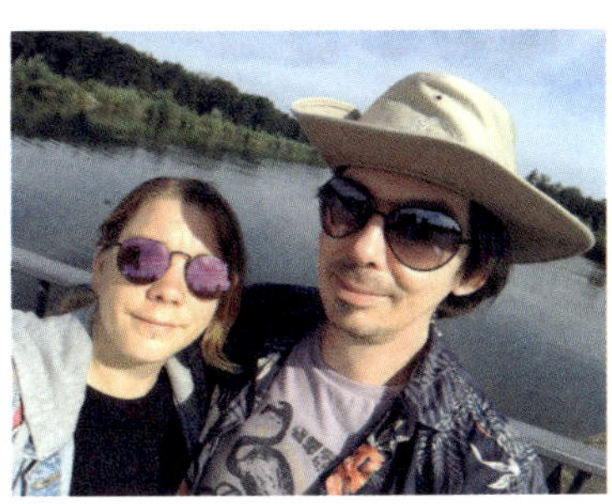

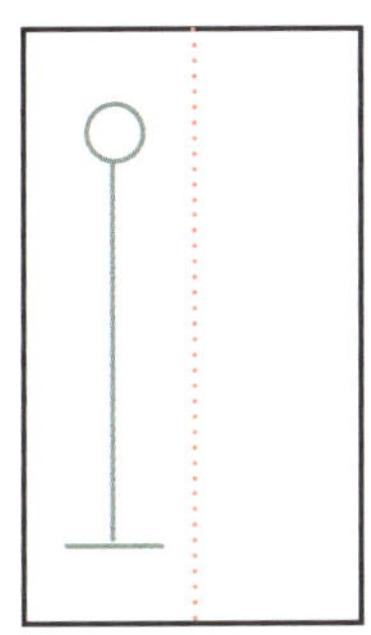

Teilt etwas mit, es geht um den Hintergrund.

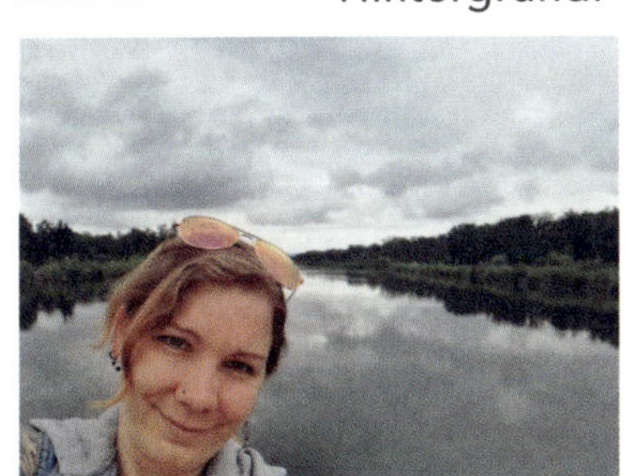

Die Leserichtung

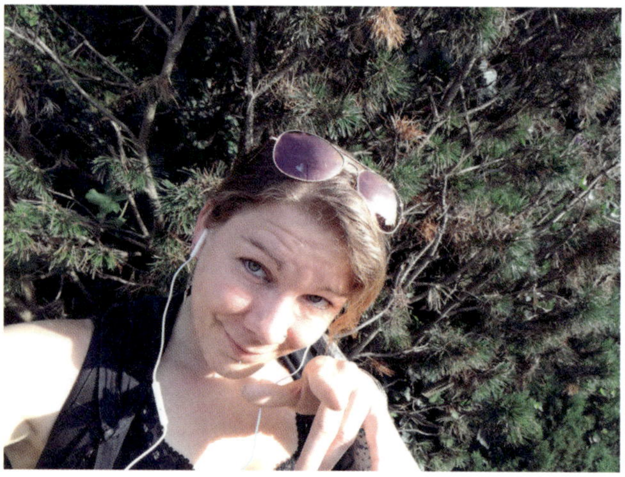

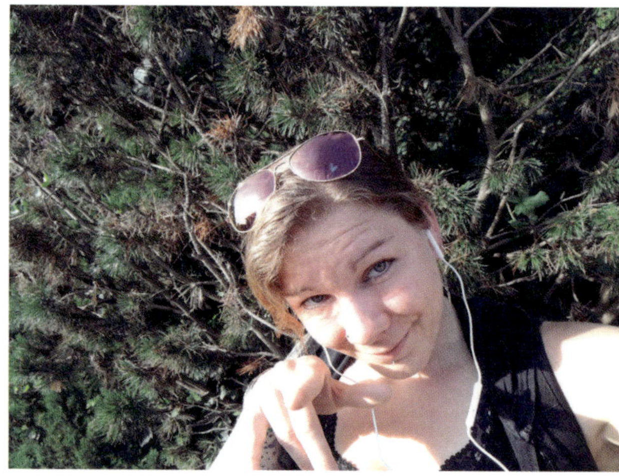

Betrachten Sie die beiden Bilder und versuchen Sie die Unterschiede in der Stimmung zu erkennen, die die Person bei Ihnen auslöst.

Linkes Bild: Sind Sie selbst oder eine Freundin. Man fühlt mit der Person und ist sofort auf ihrer Seite, es fühlt sich einfach bekannter und positiver an.

Bild rechts: Es ist eine Frau, die man nicht richtig kennt, sie sieht zwar freundlich aus, aber so verbunden wie mit der Frau links ist man mit ihr nicht.

Wenn Sie ein Bild malen, achten Sie darauf, wie Personen oder Dinge positioniert werden. Stehen sie von links nach rechts schauend, kann man sich als Betrachter oft selber sehen. Stehen sie uns gegenüber und sehen uns an, wirken sie vielleicht bedrohlich und können durchaus feindlich sein. Wie etwa in der Kriegsmalerei, die Sieger oder die zu unterstützende Fraktion stand immer links und die Gegner kamen von rechts.

Diese Betrachtungsweise ist leserichtungsabhängig, für Asiaten etwa, die von rechts nach links lesen, sieht dieses Verhältnis genau umgekehrt aus.

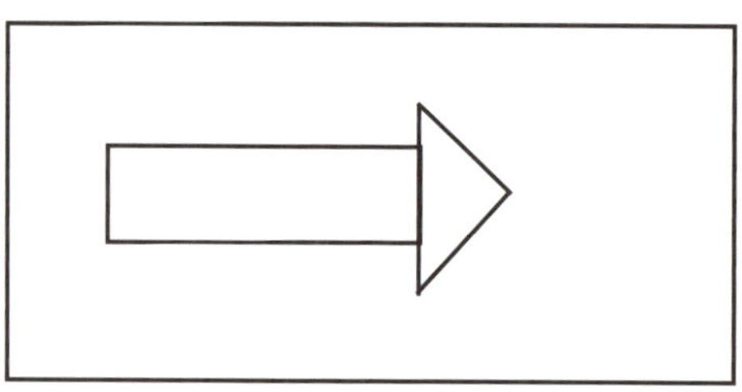

Ungefährlich, beruhigende Richtung. Könnte man selbst sein, eine Verwandte oder eine Freundin. Wir fühlen uns zu dieser Richtung gehörig und fühlen oft mit dieser Person mit. Wenn es Objekte sind, dann achte ich darauf, dass ich den Betrachter von links nach rechts ins Bild führe.

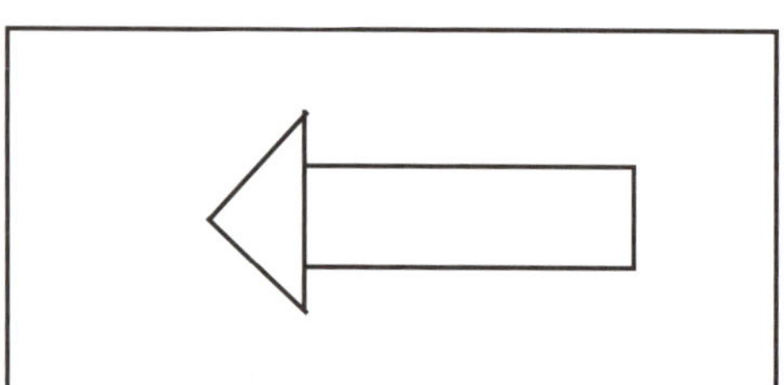

Aus dieser Richtung kommen Bedrohung, Spannung, Gefahr, Feinde und Fremde. Auf dieser Seite des Bildes wird das mir Unbekannte oder das Kommende platziert. Ich kann mich damit nicht identifizieren und habe nicht selten das Gefühl, es kommt auf mich zu.

Stillleben und Landschaften

Flaschen oder Kirchtürme nie in die Mitte des Blattes positionieren. Es ist langweilig und teilt das Blatt! Für die Positionierung eher den goldenen Schnitt beachten oder die Drittel-Regel einsetzen. Machen Sie Ihr Stillleben spannend.

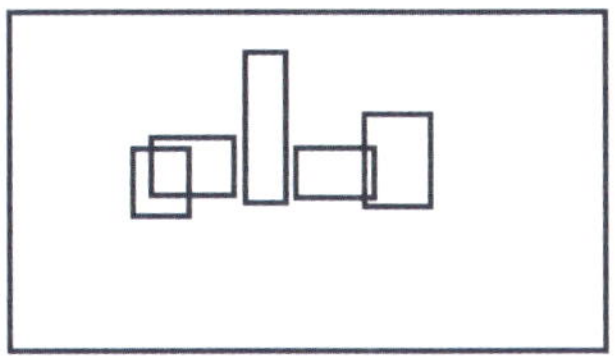

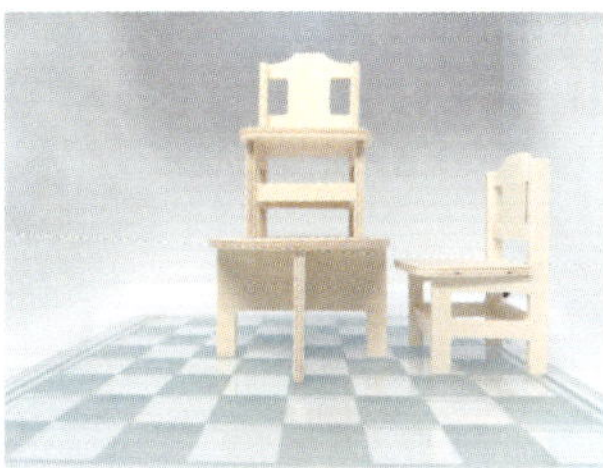

Größtes Objekt mittig wirkt langweilig.

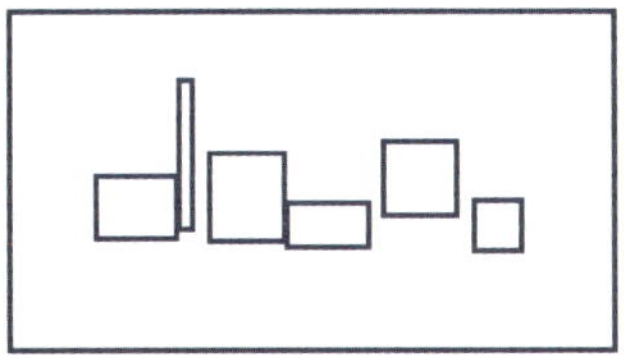

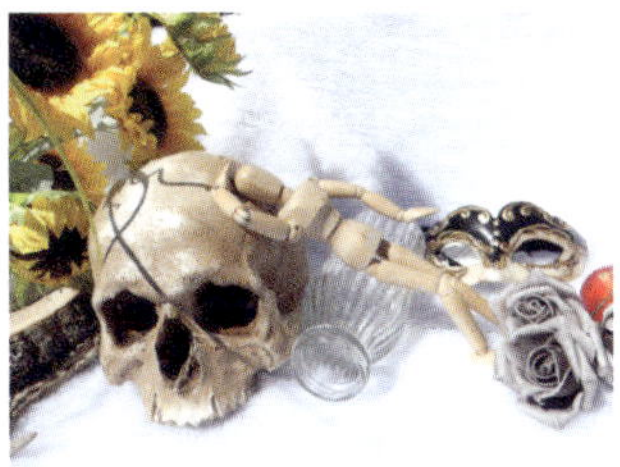

Spannung, unterschiedliche Höhen.

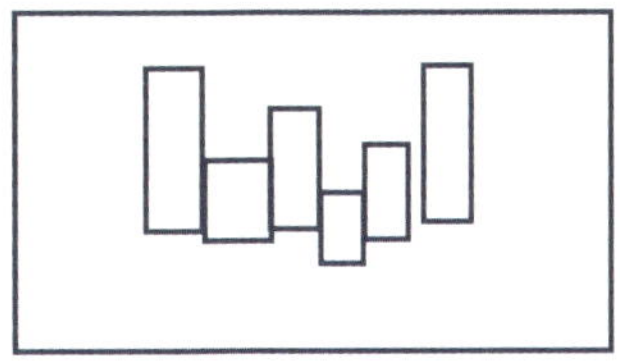

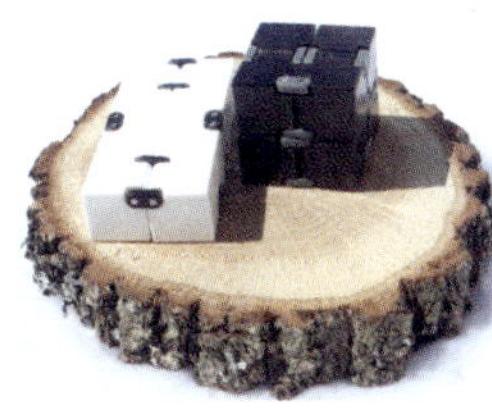

Zu gleichmäßig, wirkt langweilig.

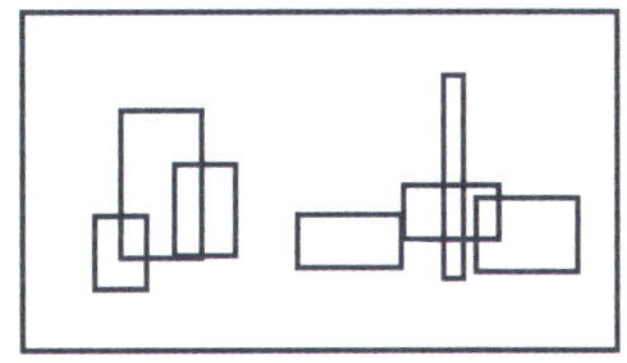

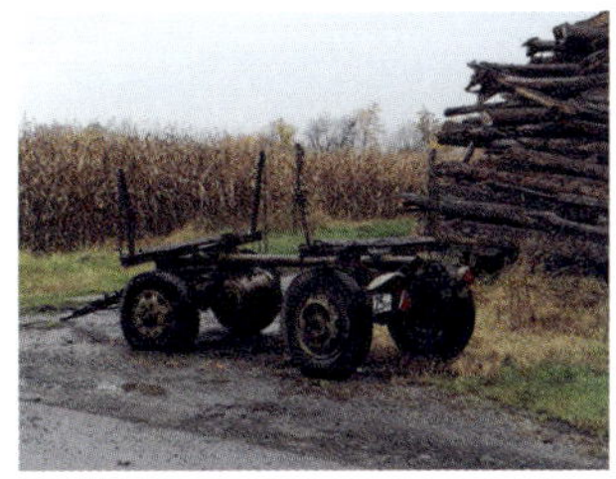

Spannung, ungleich, verschieden.

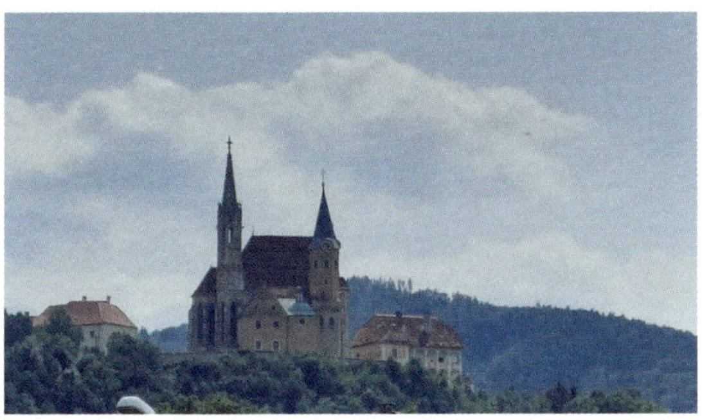

Linkes Bild: Spannung und etwas ungleich.

Rechtes Bild: Langweilig zu gleich und mittig gesetzt.

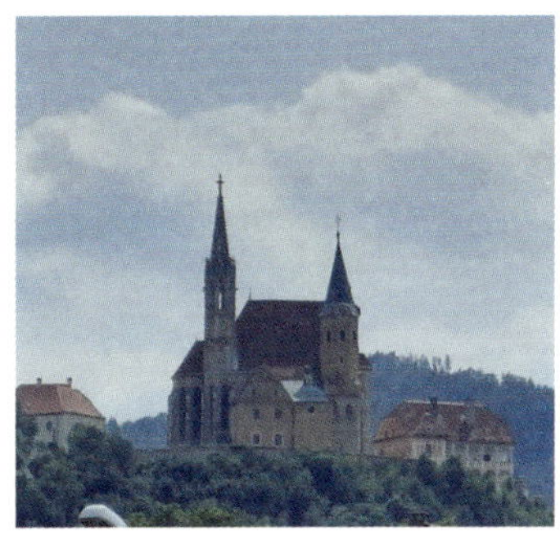

Noch mehr Grundwissen

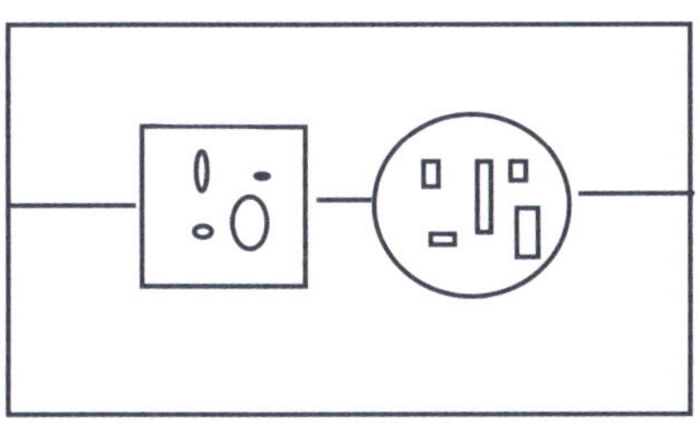

Gesetz der Geschlossenheit: Objekte, die geschlossen sind, werden optisch zusammengefasst. Obwohl Kreise in einem Viereck nichts miteinander zu tun haben, gehören sie trotzdem optisch zusammen. Es dominiert immer die äußere geschlossene Linie. Auch wenn der Kreis früher wahrgenommen wird.

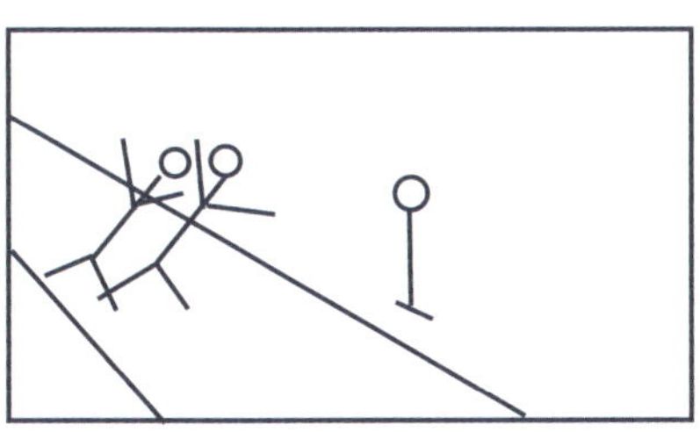

Gemeinsames Schicksal: Gleiches Verhalten zeigt Zusammengehörigkeit, z.B. zwei Leute laufen, einer steht. Die Läufer teilen ein Schicksal, der Dritte ist der Außenstehende.

Quadrate und Rechtecke

Quadrate kommen in der Natur eher selten vor, sie sind nicht natürlich und immer von Menschenhand gemacht! Beim Stillleben spielt man daher oft mit runden und eckigen Kontrasten. Sie sind auch als eigene Aussage zu verwenden, etwa beim Bild im Bild. Das Format gibt den ersten Rahmen und danach platziert man noch eine eckige Form (Bild 2). Zusätzlich fühlt sich unser Auge von runden Formen mehr angezogen als von eckigen, das heißt, dass diese für uns mehr hervorstehen.

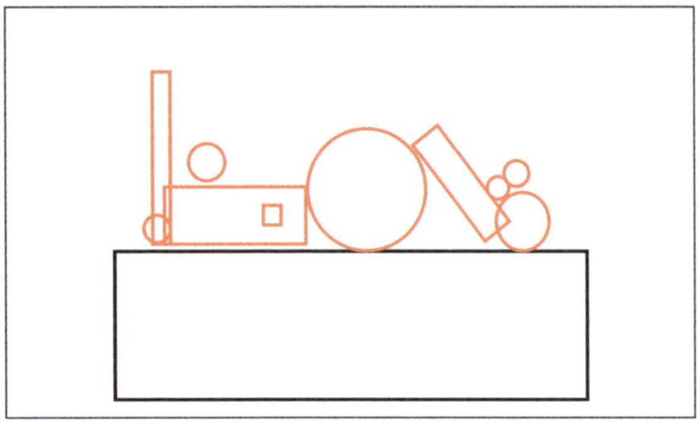

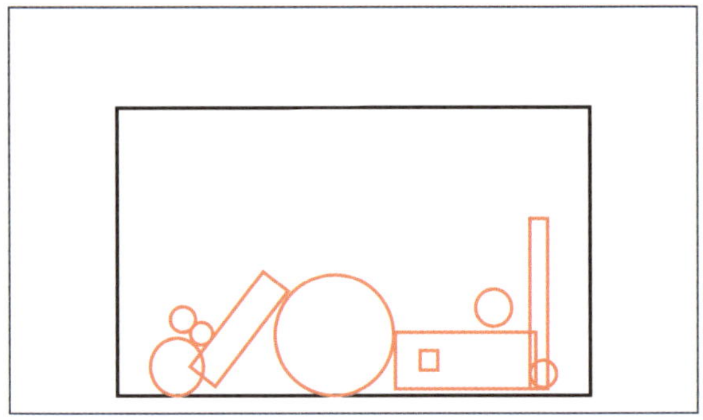

Perspektivisch

Zwei Punkte miteinander verbunden ergeben eine Linie. Drei Punkte bilden eine Fläche.

So erzeugt man durch Perspektive Dimensionen, Linien, Räume und Bedeutungsänderung.

Die Fläche ergibt sich, wenn man mindestens drei Punkte miteinander verbindet (somit ist das Dreieck die Fläche, welche die wenigsten Punkte braucht). Das macht unser Auge ganz automatisch, etwa mit Kontrasten (drei starke Kontraste auf einem Objekt) oder drei Punkten in derselben Farbe. Es gibt einige Möglichkeiten, den Betrachter automatisch Punkte verbinden zu lassen, ohne dass dieser es merkt.

Geben Sie zu einer Fläche noch einen Horizont dazu, erhalten Sie einen Raum.

Vier Punkte ergeben zwar auch eine Fläche, aber sie sind ein Ausgleich und sind somit fad und statisch, deshalb werden sie nur selten eingesetzt. Diese Aussage trifft nur dann nicht zu, wenn es um einen Raum geht, der durch eine Trapezform (vier Punkte verengend) geformt wird. Durch die Diagonalen der Trapezform kommt eine optische Perspektive zustande.

Merke:
Unsere Objekte und unser Sehen ist dreidimensional. Unsere Zeichnung auf Papier hingegen ist zweidimensional. Um auf einem zweidimensionalen Papier die Illusion der Dreidimensionalität zu erzeugen, benötige ich Perspektive und Kontraste. Durch den Horizont und durch Formen wie das Trapez kann Weite dargestellt werden.

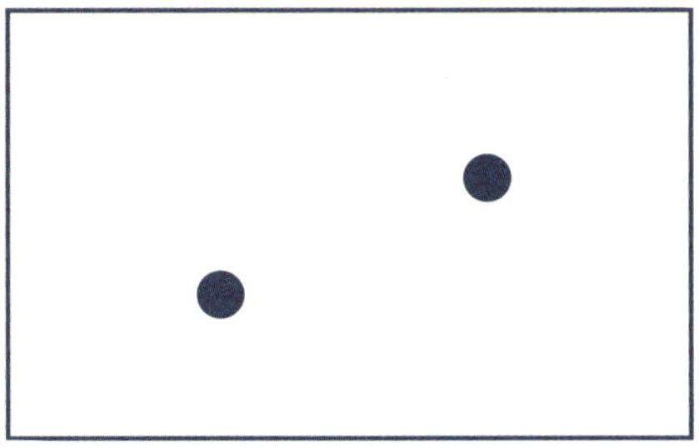

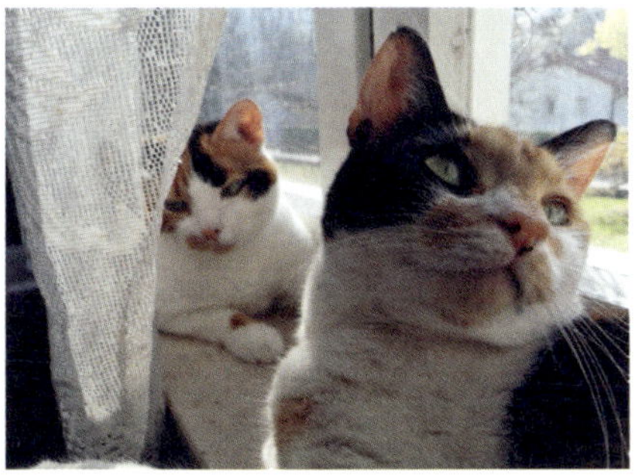

Zwei Punkte ergeben eine Linie, sind die zwei Punkte unterschiedlich groß oder wird ein Punkt verdeckt von dem anderen, wird eine perspektivische Ansicht daraus.

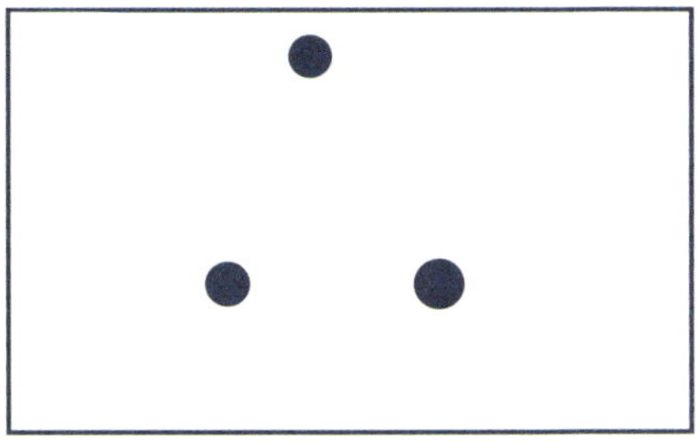

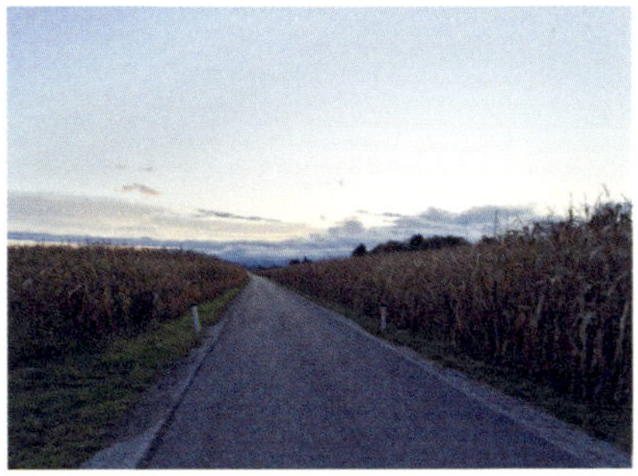

Drei Punkte bilden ein Dreieck und sind oft zu sehen, wenn es um Straßen oder Wege geht. Sie führen uns zum Horizont hin, was eine perspektivische Illusion erschafft.

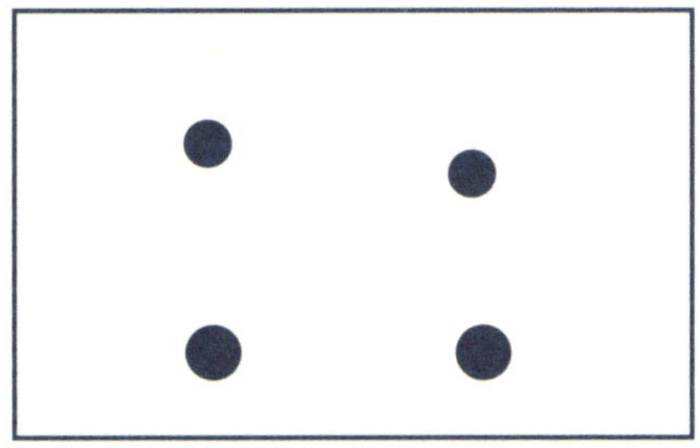

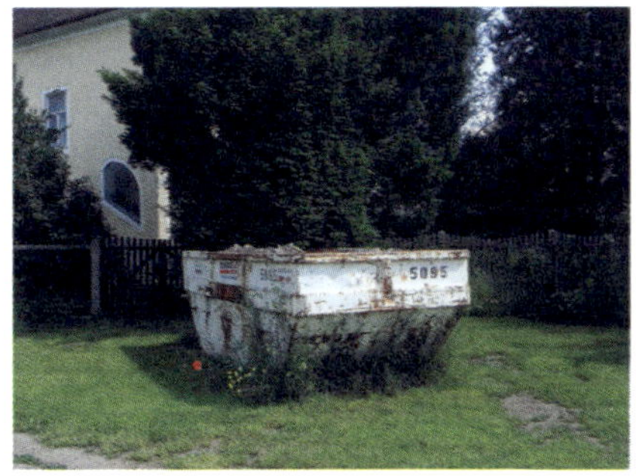

Vier Punkte ergeben ein Rechteck, aber um einen Raum zu erschaffen, werden sie als Trapez dargestellt. Durch diese Verengung und die Diagonalen entsteht der Raum.

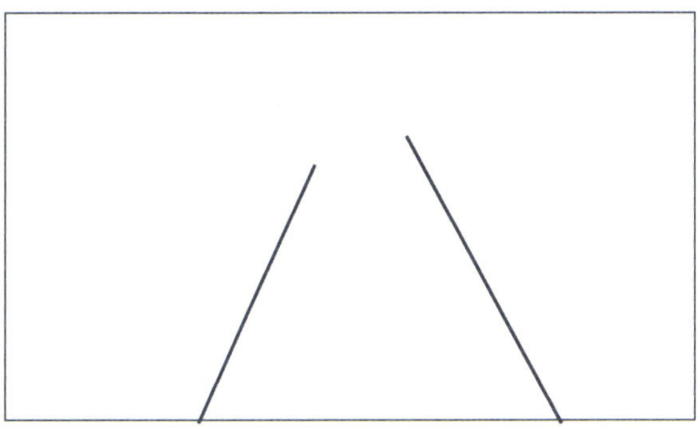

Durch ein Dreieck oder Trapez kann ein Weg oder eine Straße dargestellt werden. Es ist nicht notwendig, das Dreieck zusammenstoßen zu lassen. Unser Auge macht das von selbst und erkennt, dass das hier ein Dreieck ist, obwohl es genau genommen keines ist.

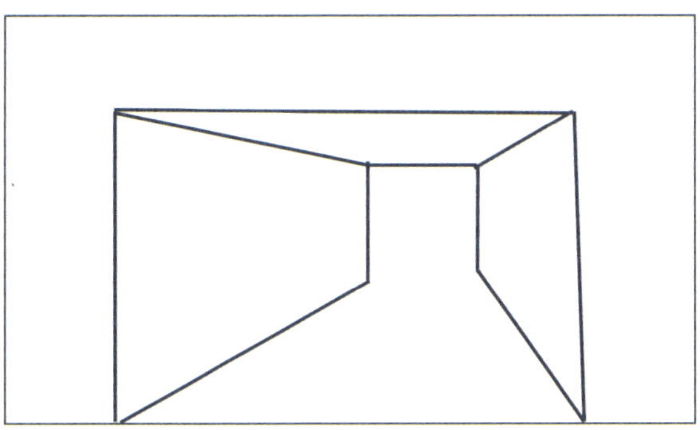

Durch drei Trapeze wird wie hier ein Raum oder Tunnel dargestellt. Schon zwei gegenüberliegende Trapeze würden uns in einen Raum führen. Wichtig für die perspektivische Illusion sind die Diagonalen, die unser Auge auf einen Punkt führen.

Tiefe im Raum

So erreichen Sie Perpektive:

» Bildaufbau (Vordergrund, Mittelgrund, Hintergrund)
» Fluchtpunkt und Horizont
» Überscheidungen und unterschiedliche Größen
» Wiederholung der Objekte mit unterschiedlichem Größenverhältnis
» Reduzieren der Details im Hintergrund, Detailreiches im Vordergrund
» Licht und Schatten
» Bewegung wird durch ein Ungleichgewicht oder Kurven, Form oder große und kleine Objekte, Bewegungslinien oder durch bewegte Menschen dargestellt.

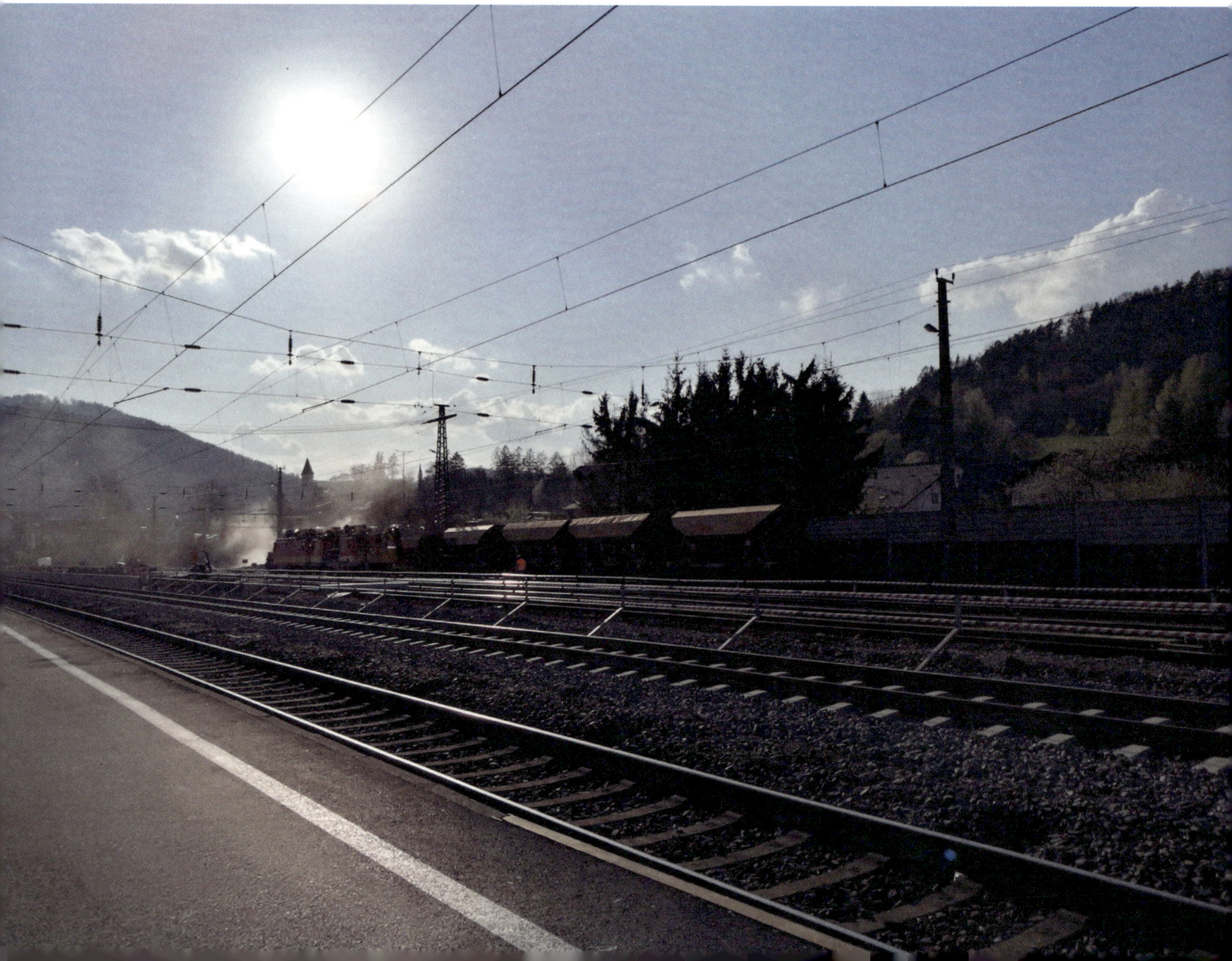

DIE BILDKOMPOSITION

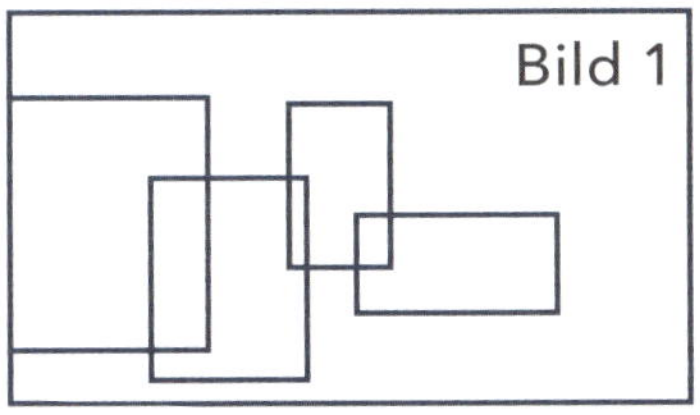

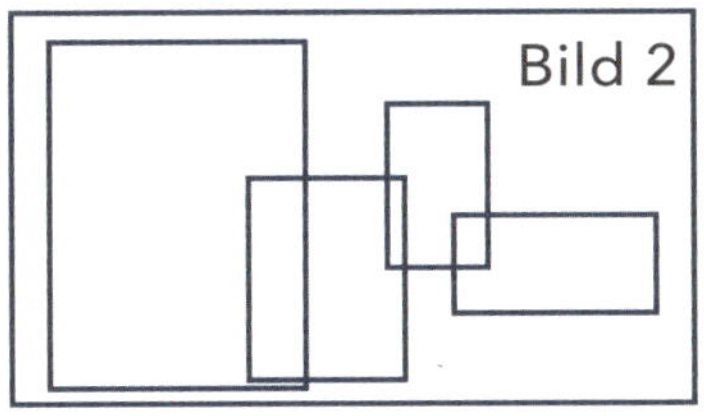

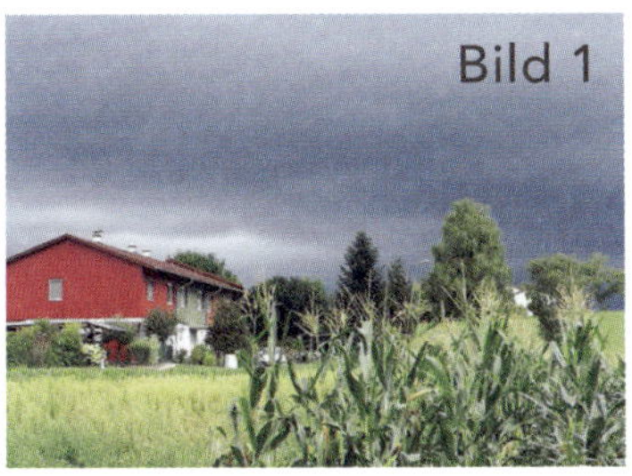

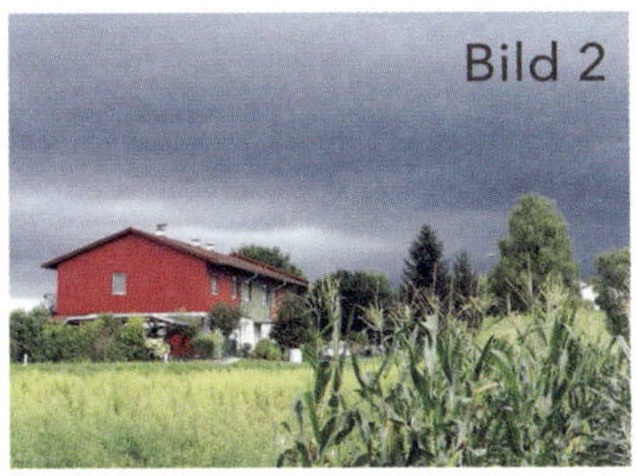

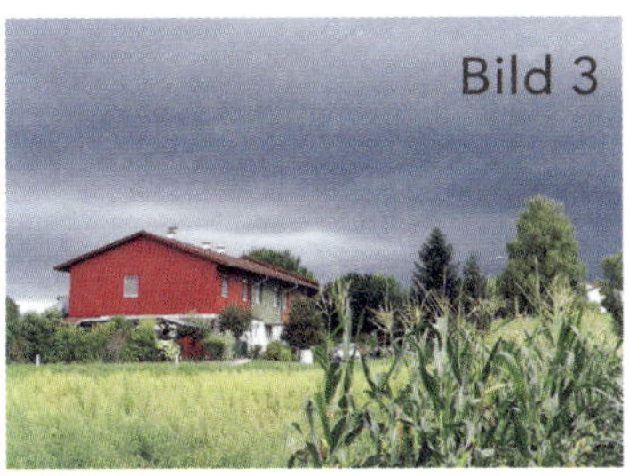

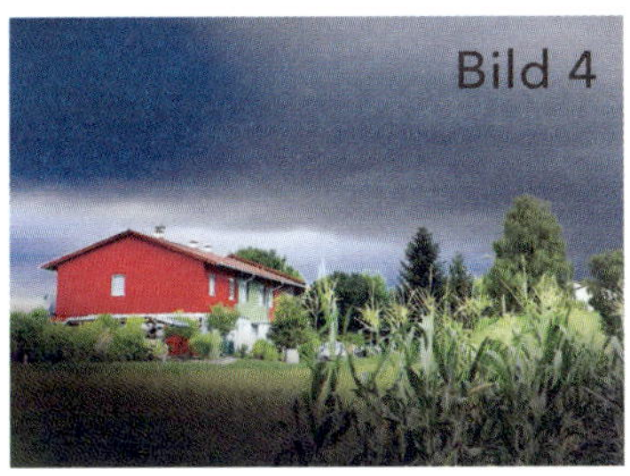

Es ist ratsam, den Betrachter ins Bild hineinzuführen (Bild 1 durch das angeschnittene Haus). Wenn man gleich auf der linken Seite eine große Wand aufzieht (Bild 2), kommt der Betrachter nicht ins Bild. Es benötigt sehr viel Aufwand, die Distanz des Zwischenraums zu überbrücken und im Rechteck zu landen. Um den Betrachter ins Bild zu führen, kann ich mir auch eine Schräge, Diagonale oder einen Hügel oder Busch in Richtung Haus zu Hilfe nehmen (Bild 3). Dadurch, dass hier der Busch eine leichte Schräge präsentiert, wird der Betrachter leichter in Richtung Haus geschubst. Oder ich arbeite mit Farbe. Das Auge wird besonders von heller Farbe angezogen. Das heißt, ich werde den Hintergrund eher dunkel gestalten und dort, wo der Betrachter einsteigt, Helligkeit hinterlegen (Bild 4).

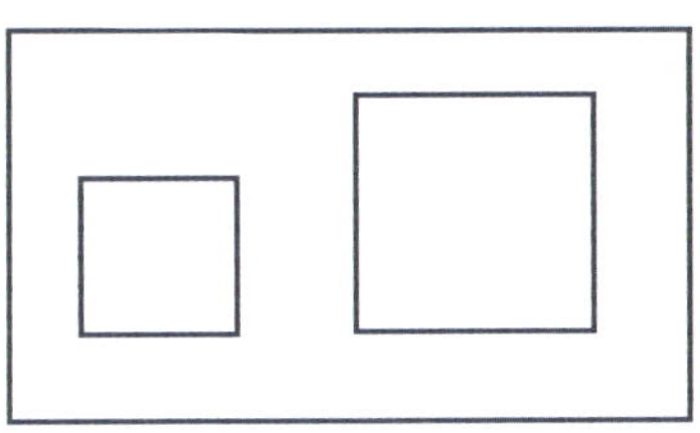

Bild A

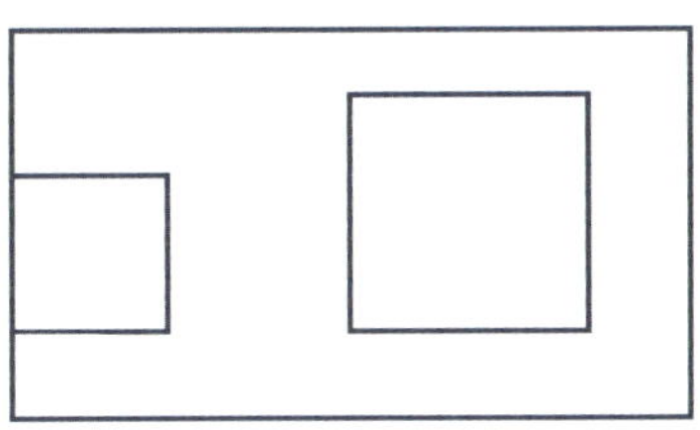

Bild B

Obwohl unsere Leserichtung von links nach rechts geht, wird in Bild A zuerst auf das größere Objekt geschaut. So kann man den Blick des Betrachters zusätzlich beeinflussen. In Bild B steigt der Betrachter über das Rechteck ein, bevor er zum größeren schaut.

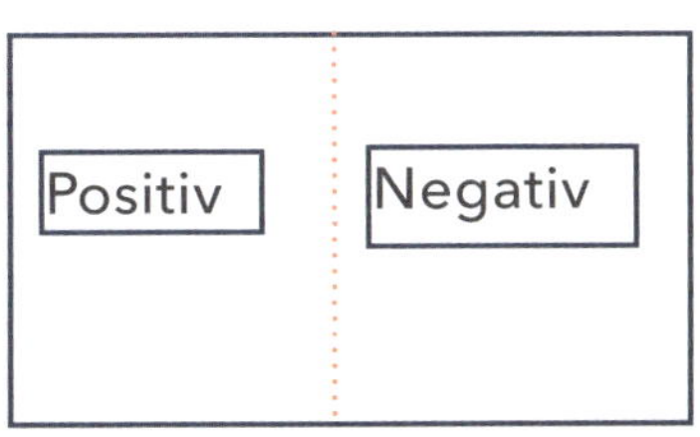

Durch die Leserichtung gibt es natürlich eine mehr positiv und eine mehr negativ behaftete Seite. Diese Seitenverhältnisse sind dann wichtig, wenn Sie einen Konflikt oder einen Kampf darstellen möchten.

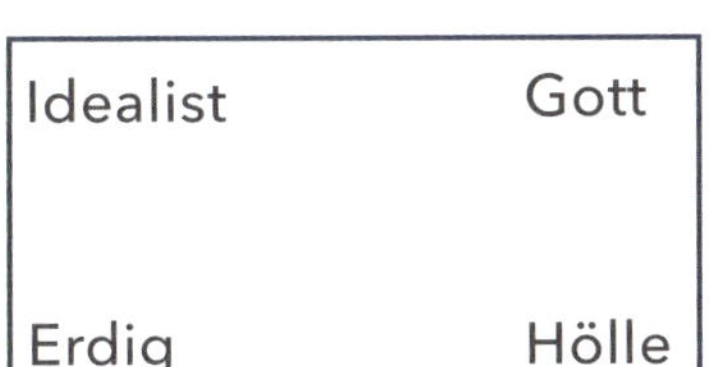

In der alten Malerei galt jede Ecke des Formats symbolisch für einen Begriff. Diese Begriffe geben deshalb eine gewisse Positionierung vor. Engel, die in früheren Gemälden oft vom Himmel heruntersteigen, werden auf der Seite Gottes platziert.

Wenn das Bild kippt

Manchmal kommt es vor, dass ein Bild »kippt«. Es ergibt sich ein unvorteilhaftes Ungleichgewicht, das eine Seite schwerer erscheinen lässt. Um wieder ein Gleichgewicht herzustellen, benötigt es oft nur einen kleinen (rötlichen) Punkt. Rot ist eine sehr starke Farbe. Strategisch auf die ausgleichende Seite gesetzt, bringt sie das Bild wieder ins Gleichgewicht.

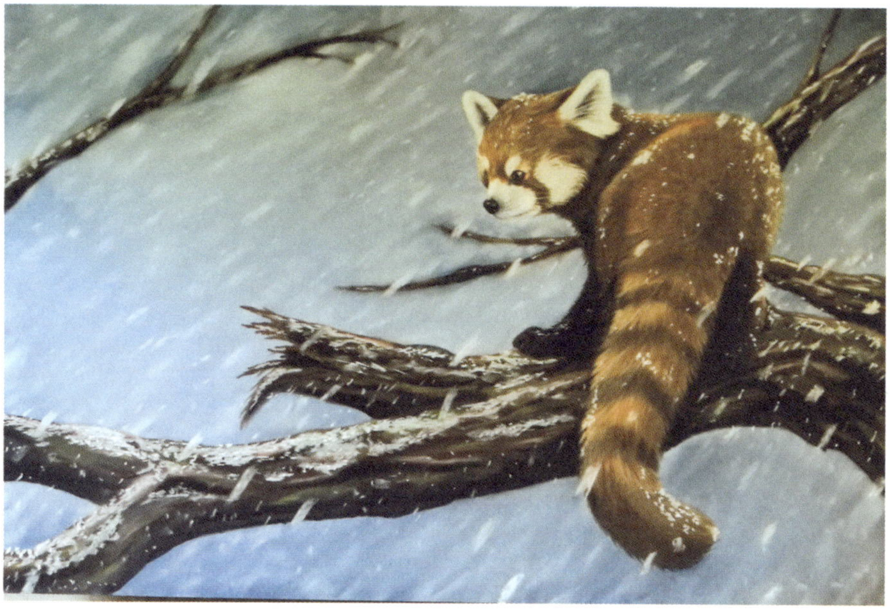

Mithilfe des Stammes wird Ihr Blick direkt zum roten Panda geleitet. Doch sobald Sie das Gesamtwerk betrachten, ohne einer Linie zu folgen, fühlen Sie, dass die rechte Seite Übergewicht besitzt.

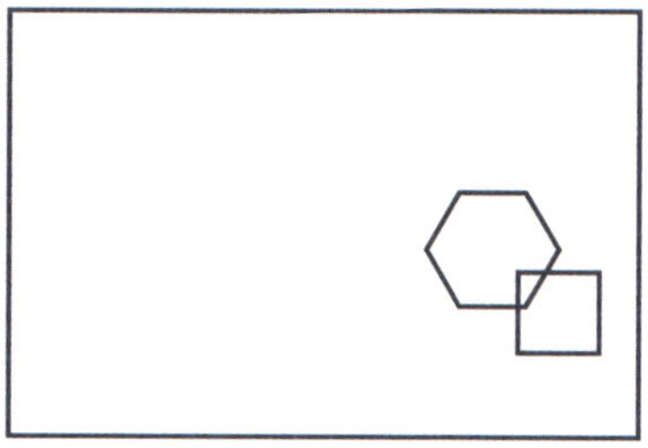

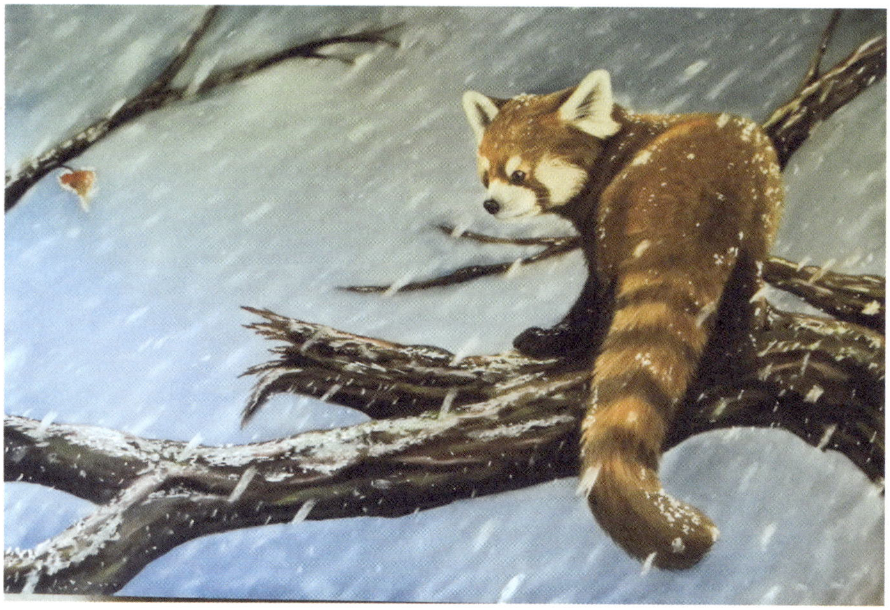

Dieses Übergewicht kann ich nun mit meinem »roten Punkt« wieder ins Gleichgewicht heben. Ich wähle ein oranges Blatt, das Ihren Blick dreiecksartig wieder auf den Stamm führt.

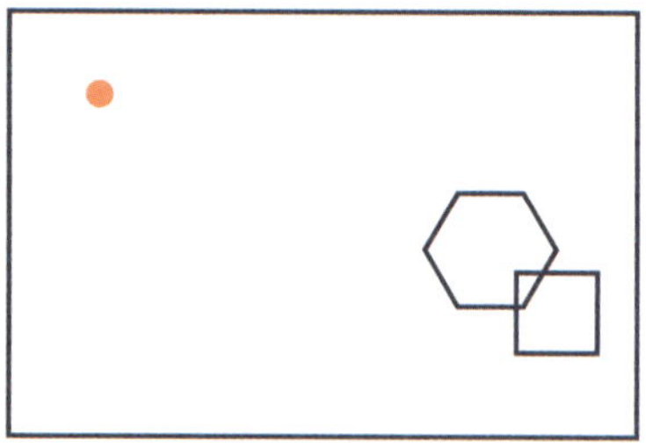

Hier ein zweites Beispiel. Dies sind natürlich offensichtliche Beispiele, aber dass der kleine rote »Klecks« funktioniert, sehen Sie hier sehr gut. Betrachten Sie alte Gemälde im Museum einmal genauer, diese Technik wird verblüffend oft angewendet. Das Rot kann natürlich in ein Rotbraun oder Orange umgewandelt werden, je nachdem, wie stark das Ungleichgewicht ist. Der Punkt oder Kreis ist die Form, die am stärksten wiegt, aber natürlich kann hier auch ein Dreieck helfen, um den Betrachter gleich wieder ins Bild zu schubsen.

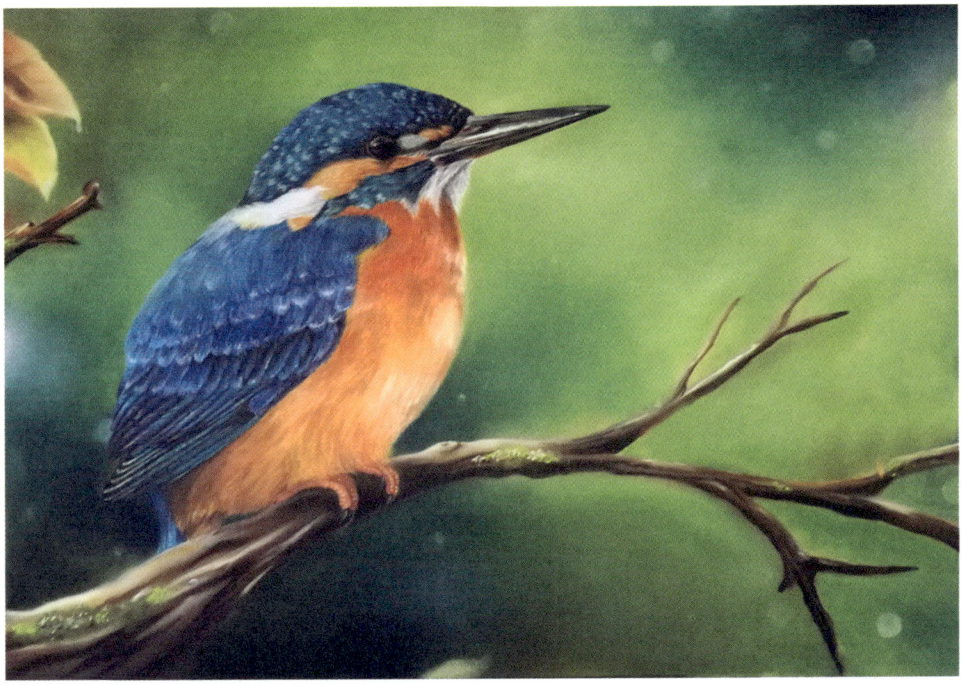

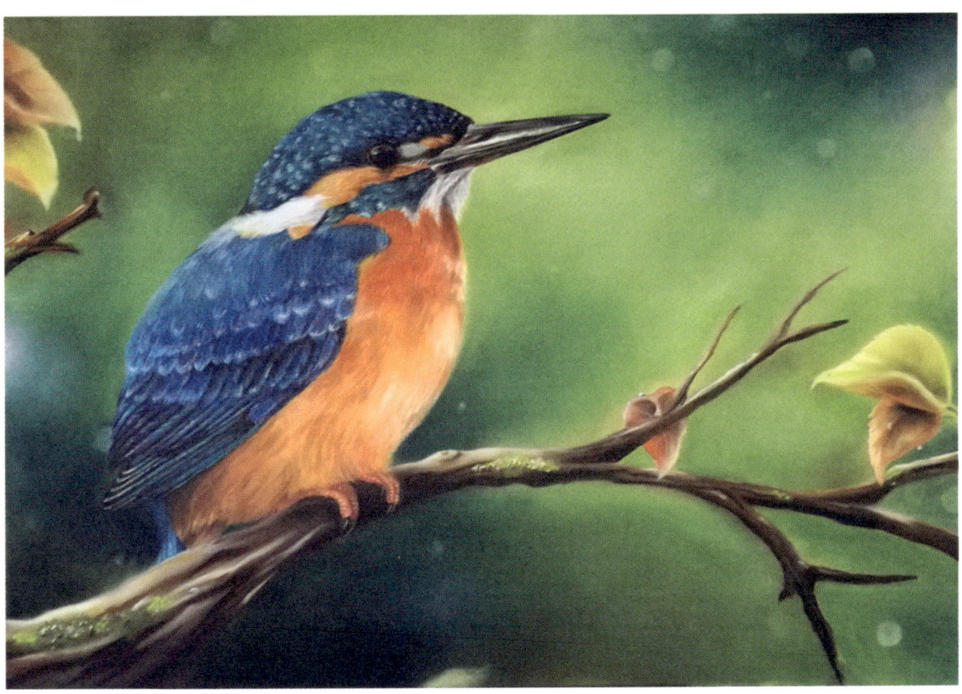

Diagonalkomposition in Farbe

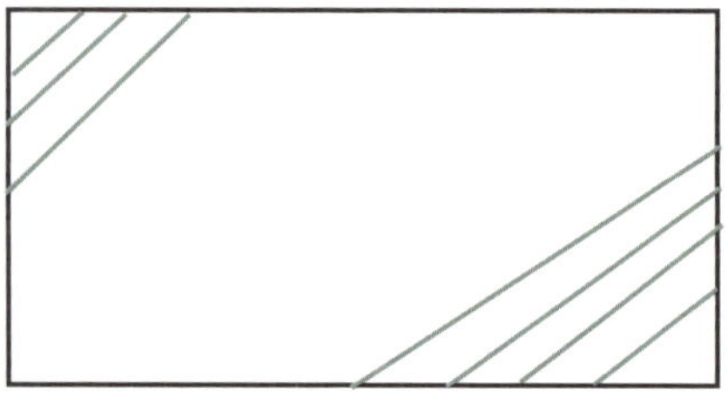

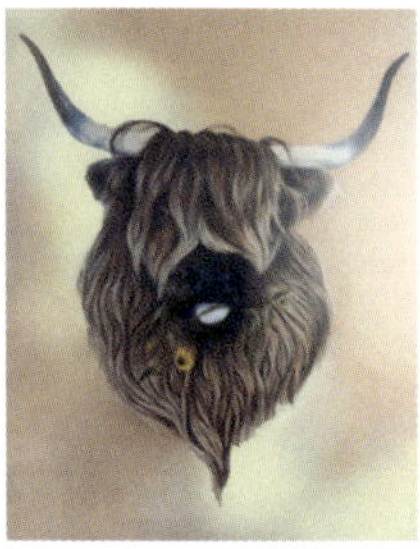

Diese Komposition wird in zwei gegenüberliegenden Ecken angewendet. Die Farbe wird im oberen und unteren Eck aufgetragen.

Diagonalkomposition mit dem Objekt

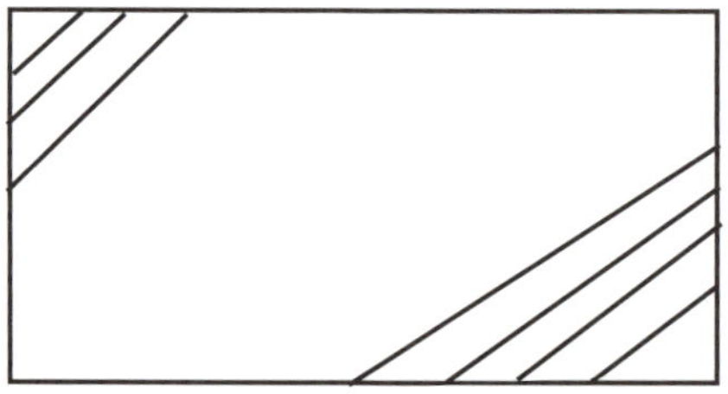

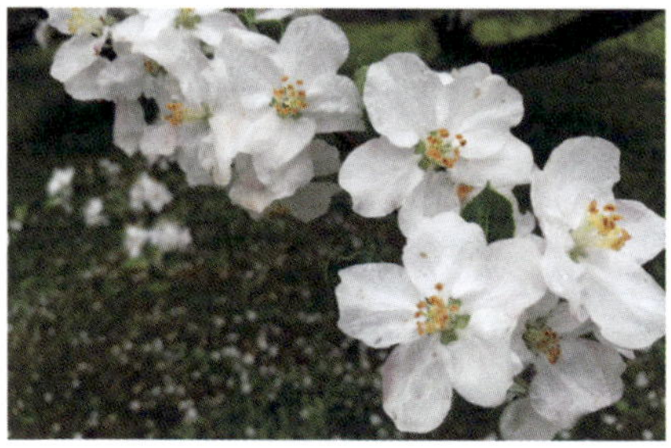

Diese Komposition wird in zwei gegenüberliegenden Ecken angewendet. Entweder durch eine Objektwiederholung oder eine Diagonale, die sich durch das Bild zieht.

Dreieckskomposition

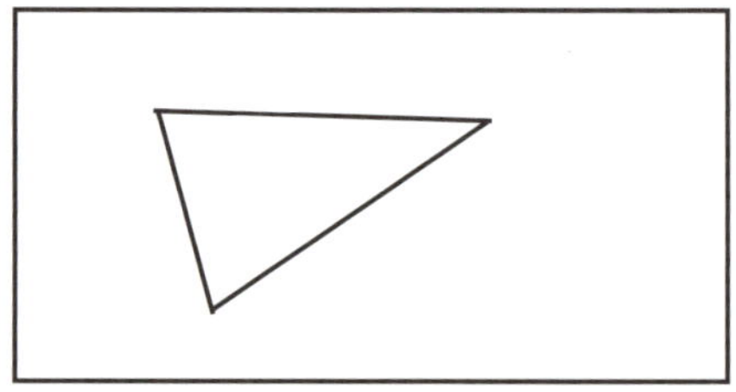

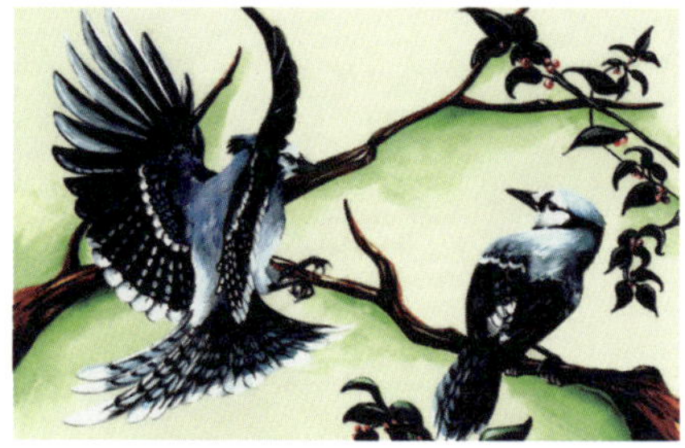

Klassisch, in den meisten alten Malereien zu entdecken. Es können auch mehrere Dreiecke in dem Bild neben- und übereinander liegen.

Spiralkomposition

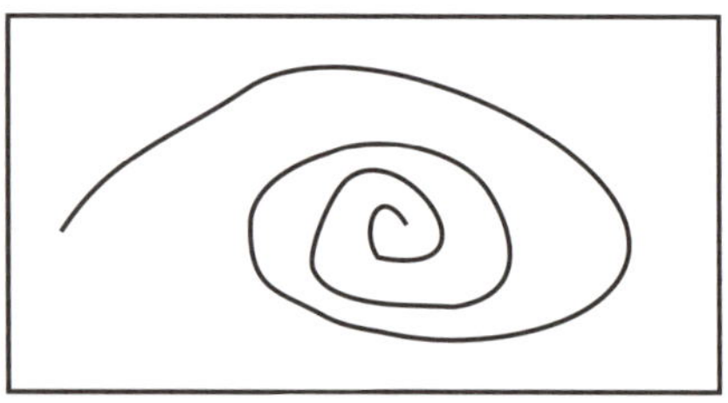

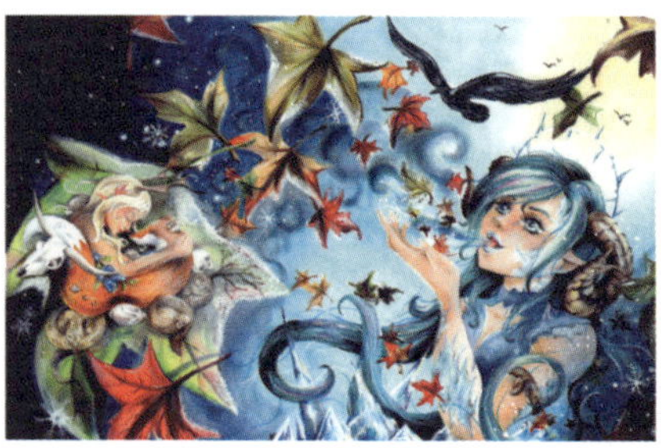

Objekte und/oder Farbe werden an der Spirale ausgerichtet. Es ist eine der schwersten und umständlichsten Kompositionen.

Komposition mit Farbe

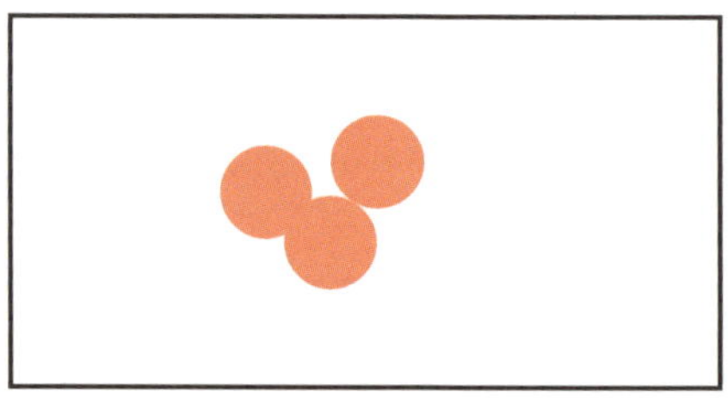

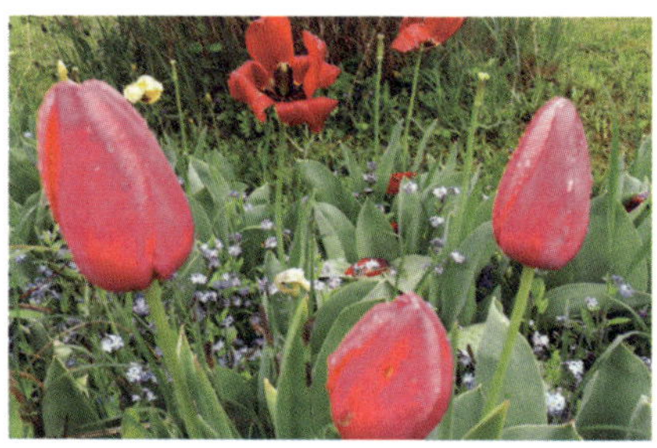

Sie lässt sich mit jeder anderen Komposition verbinden. Durch einige helle Farben wird hier der Blick gebunden und geführt.

Schlangenkomposition

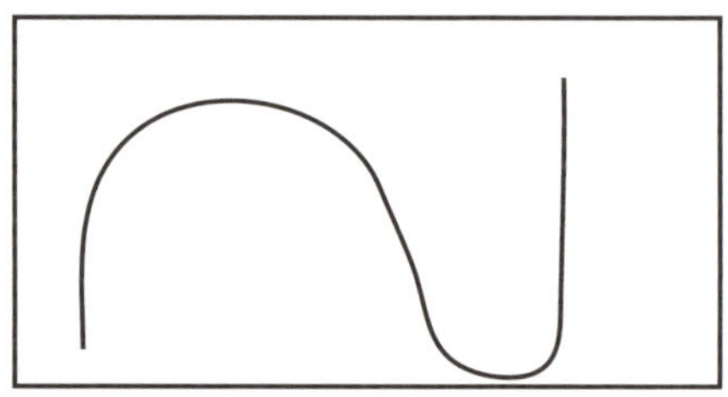

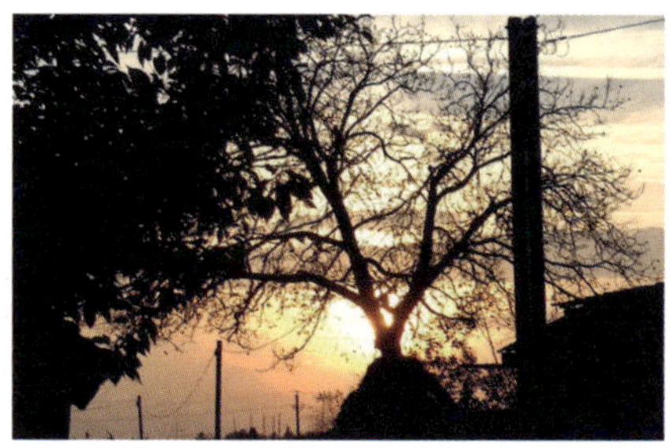

Diese Komposition verläuft in einer Schlangenlinie oder in einer S-Form. Die wichtigsten Objekte sind an dieser ausgerichtet.

Komposition im goldenen Schnitt

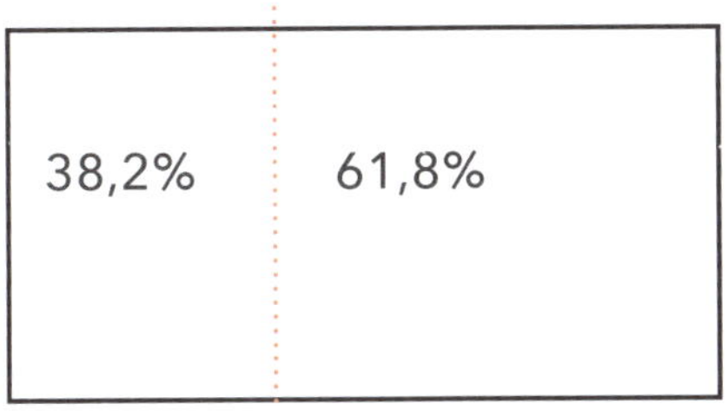

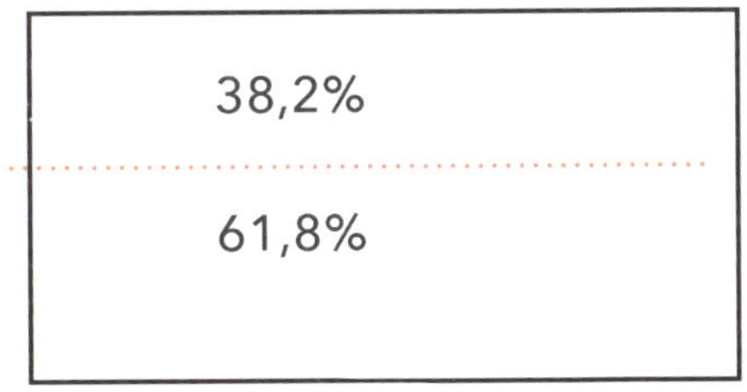

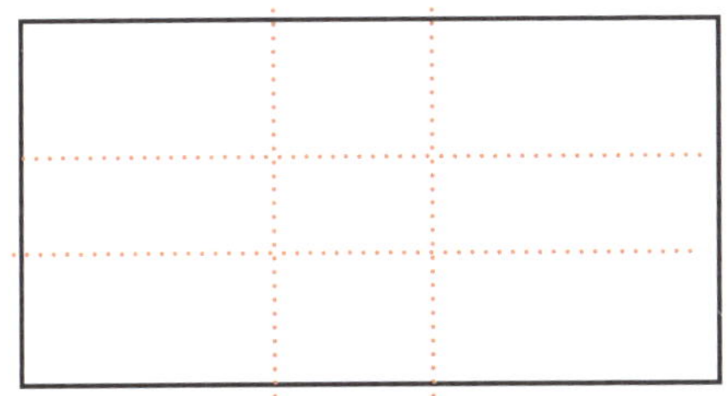

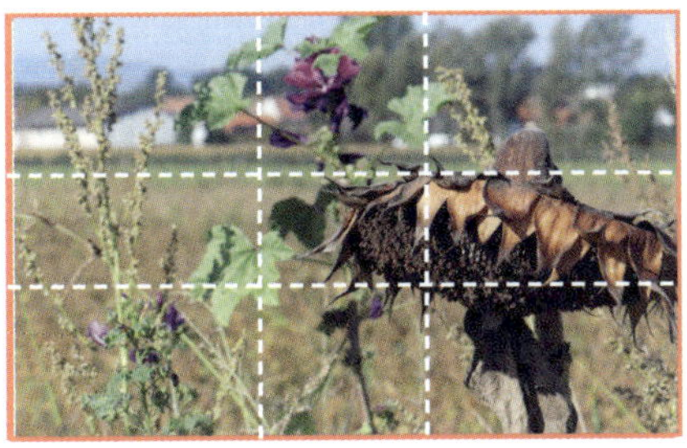
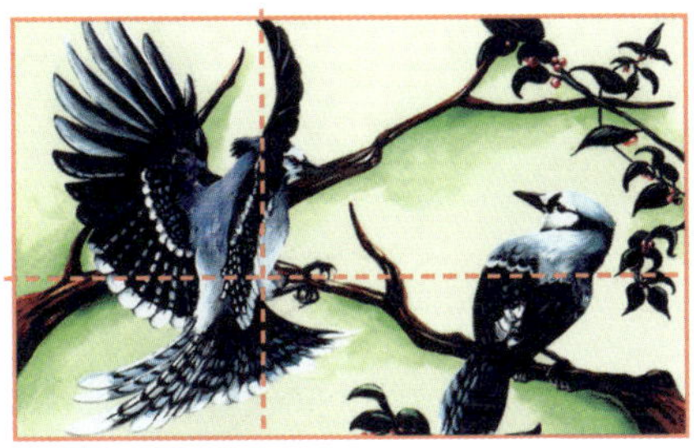
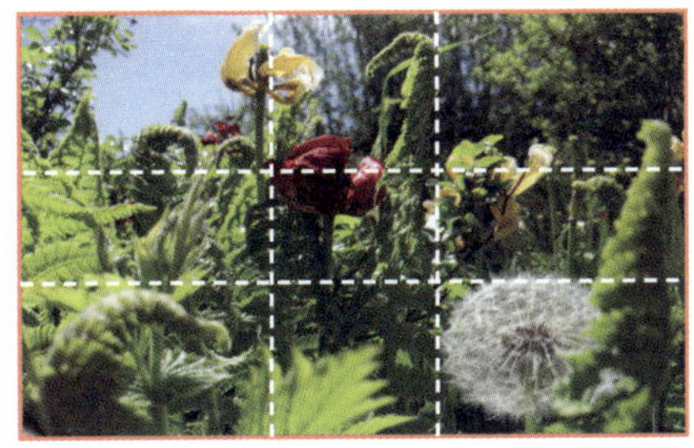

Der goldene Schnitt ist unausgeglichen, was Spannung erzeugt. Er verhält sich wie das Quadrat zum Rechteck: ca 2:3. Grob gesagt Minor 40 % zu Major 60 %. Die alten Meister haben nach diesem Schnitt ihre Bilder komponiert, um mehr Dynamik zu erzeugen. Er ist ein gutes Hilfsmittel, um wichtige Objekte zu platzieren, die vom Betrachter als Erstes wahrgenommen werden sollen. In der Natur ist alles im goldenen Schnitt, sogar eine Ananas hat ihn in ihrer Haut. Durch die Fotografie wird heute auch oft die vereinfachte Drittel-Komposition angewandt. Die goldene Spirale/Schnecke ist auch sehr sehenswert.

Drittel-Komposition

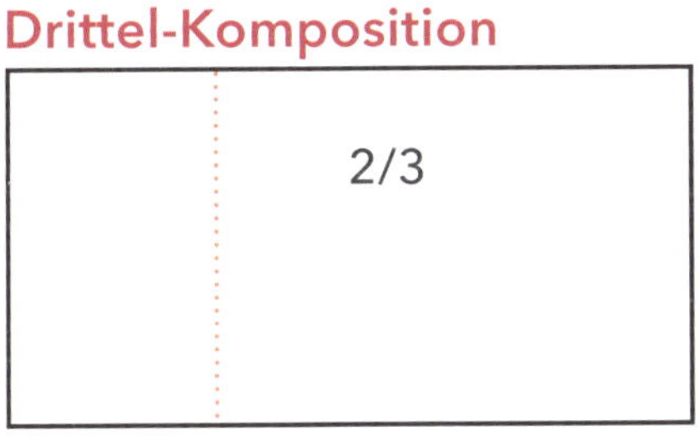

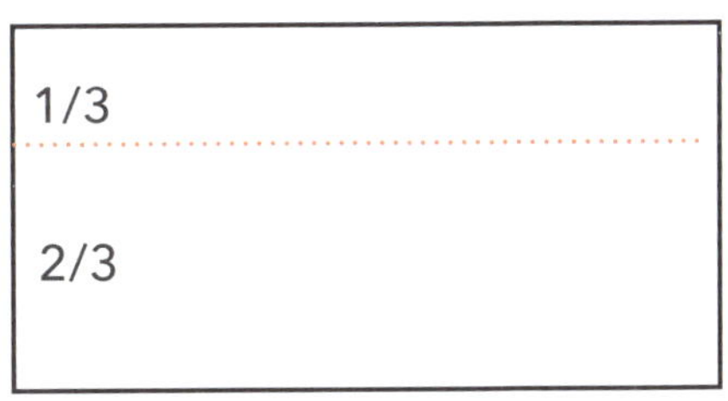

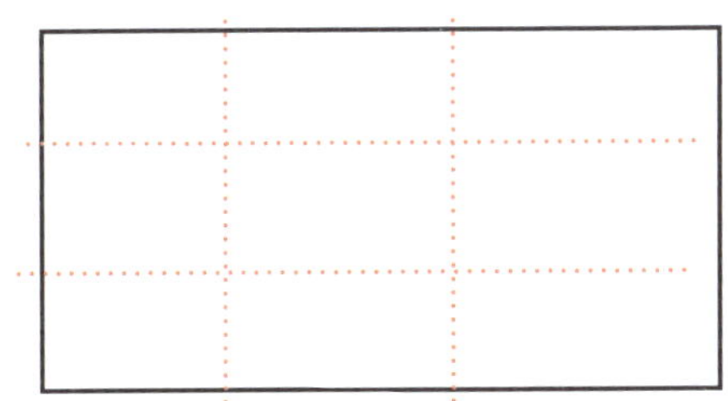

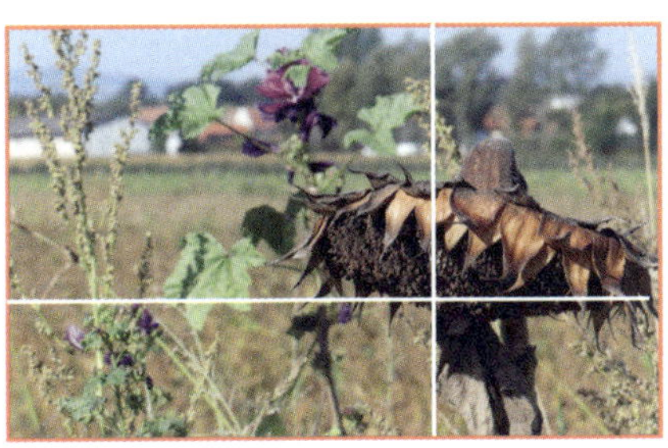
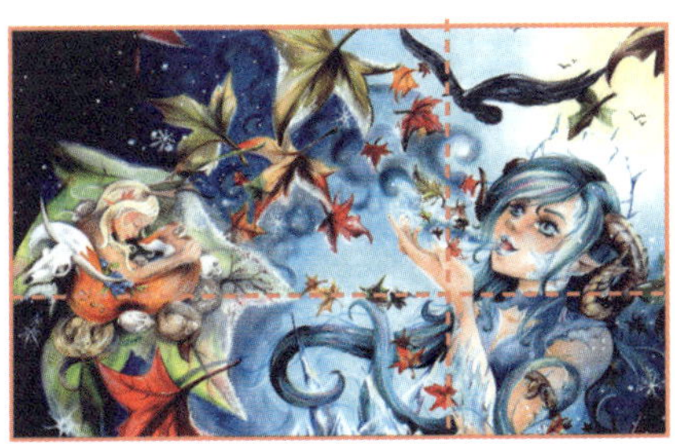
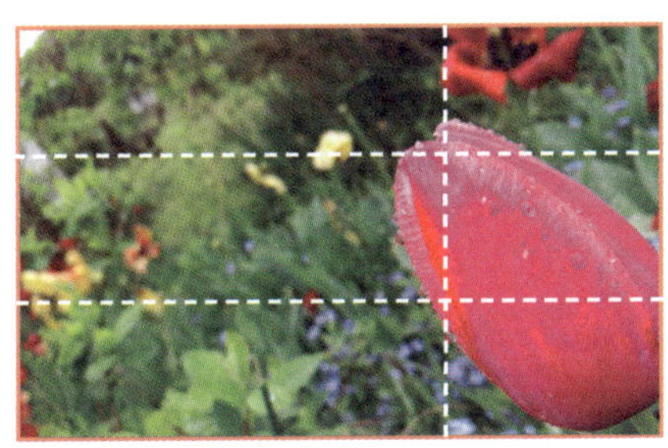

Ich bin kein großer Vertreter der Drittel-Komposition. Allerdings muss man sagen, dass die Unterschiede dieser beiden Kompositionen recht minimal sind und oft beide Kompositionen in ein gemaltes Bild interpretiert werden können, wenn man nicht sicher ist, was der Künstler wirklich angewendet hat. Die Drittel-Regel ist durch die Fotografie immer mehr in die bildende Kunst gedrungen. Verwenden Sie die Komposition, die für Ihr Bild besser passt.

FARBENKOMPOSITION

Primärfarben

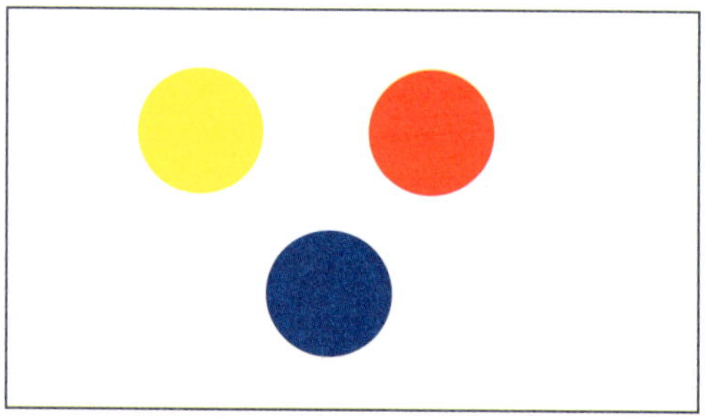

Rot, Gelb, Blau (RGB): Aus diesen Farben können alle Farben gemischt werden. Wobei das nicht hundertprozentig stimmt. In Wirklichkeit lassen sich alle Farben nur aus CMYK mischen. CMYK steht für Cyan (helleres Blau), Magenta (Rosaton), Yellow (Gelb) und K für Black (Schwarz).

Sekundärfarben

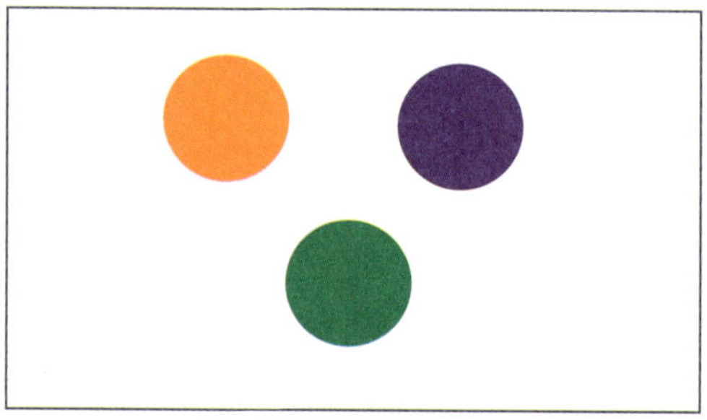

Farben, die beim Mischen von zwei Primärfarben entstehen. Beim Mischen kann man die entstehende Farbe bestimmen, indem man prozentual den Anteil einer Primärfarbe erhöht.
Gelb und Rot = Orange
Rot und Blau = Violett
Blau und Gelb = Grün

Komplementärfarben

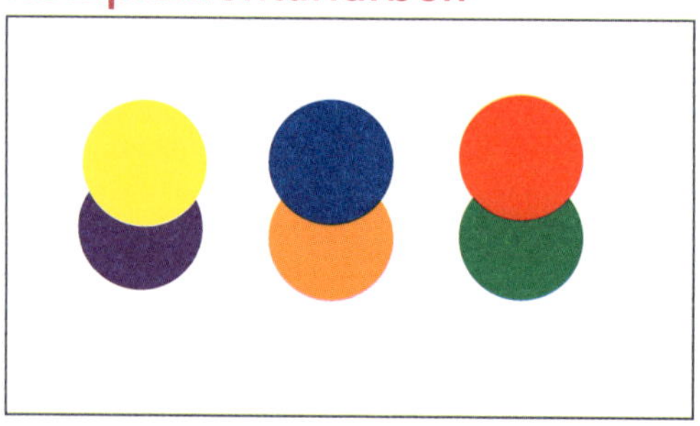

Die Komplementärfarben sind im Farbenkreis gegenüberliegende Farben. Das heißt, es tritt immer eine Primärfarbe auf eine Sekundärfarbe, die nicht aus dieser Primärfarbe gemischt werden kann. Das sorgt für Dynamik, doch dürfen die Farben nicht im gleichen prozentualen Verhältnis verwendet werden.

Tertiärfarben

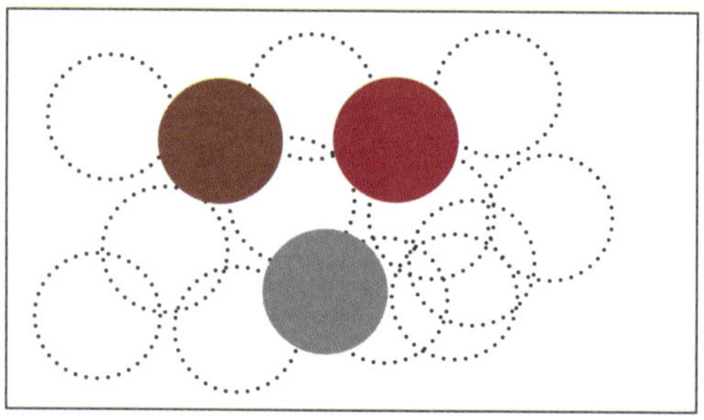

Farben, die durch Mischen aller drei Primärfarben erzeugt werden kann. Hier gibt es sehr viele. Mischt man prozentual alle drei Farben gleich zusammen, bekommt man Grau.

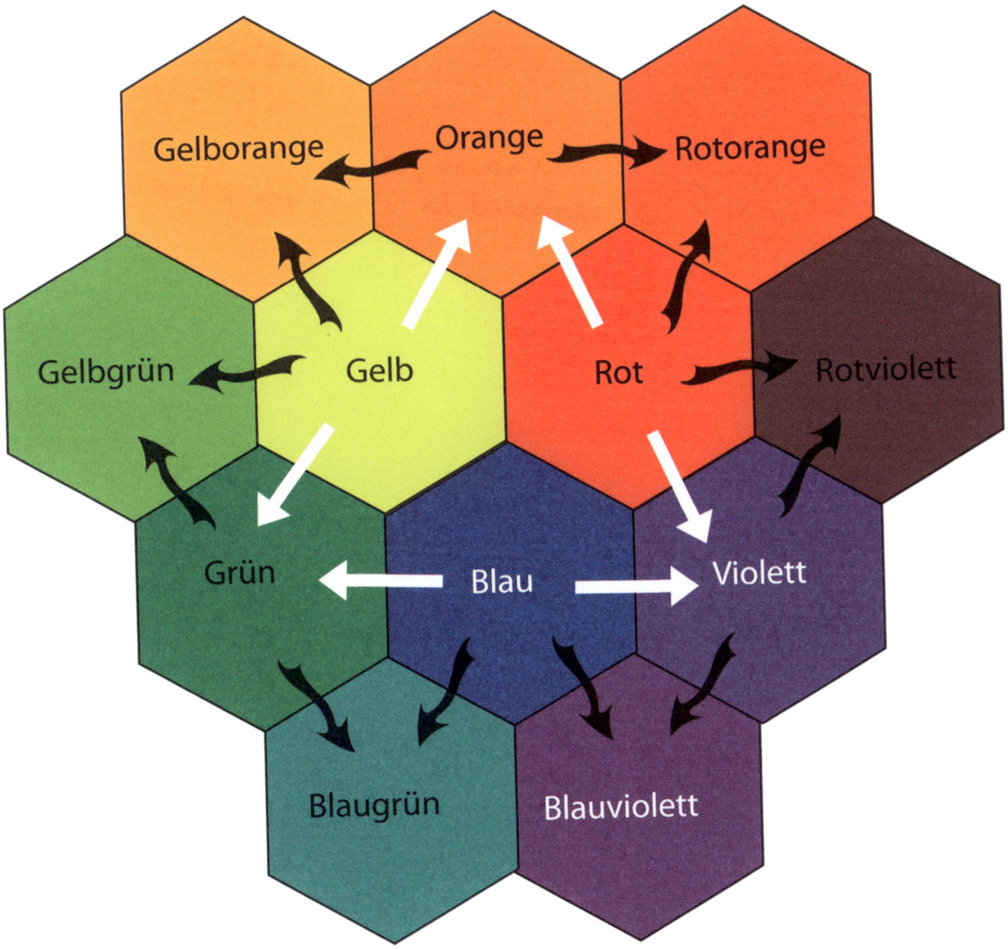

- Farben treffen eine emotionale Aussage.
- Warme Farben wie Rot, Gelb, Orange treten mehr in den Vordergrund.
- Kalte Farben wie Blau (Grün und Violett nur in dunkler Schattierung) treten in den Hintergrund.
- Grün und Violett sind oft sehr neutrale Farben
- Farben nie in einem 50/50-Verhältnis im Bild verteilen. Besser etwa 30 % dunkle Farben, 70 % helle.
- Weiß ist ganz selten weiß! Es besteht auch nicht aus Grau! Es wird oft in sehr hellem Gelb, Rot und Blau dargestellt.
- Schwarz ist selten ganz schwarz. Es besteht aus einem dunklen Blau, Grün, Violett oder Rot, je nach Bildstimmung.

Farbkomposition

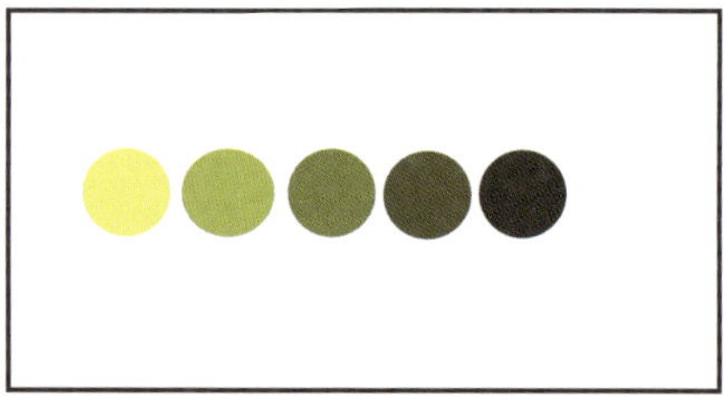

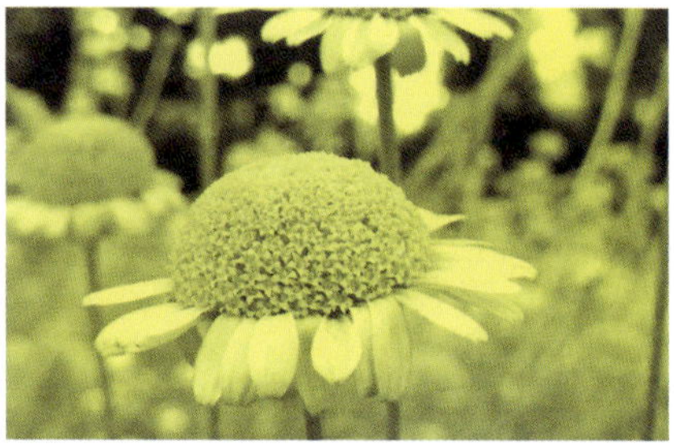

Monochrom:
Bild mit nur einer Farbe. Hell und Dunkel unterscheidet die Szene. Ergibt eine emotionale Aussage.

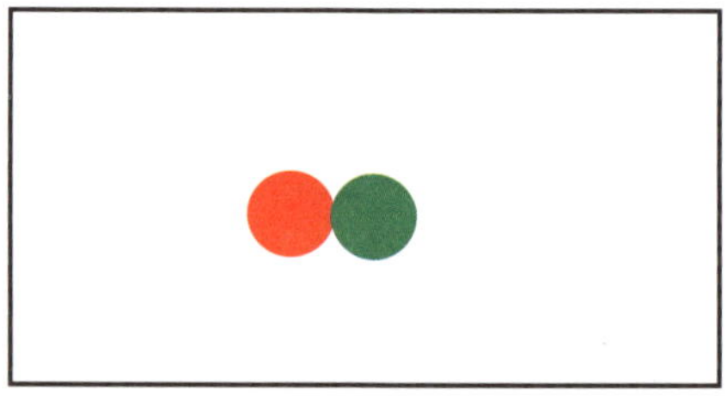

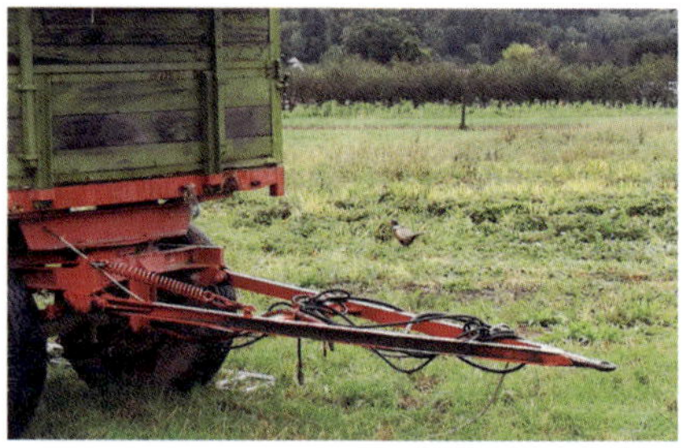

Bild mit zwei Farben:
Eine Primärfarbe und die dazugehörige Komplementärfarbe. Erzeugt Spannung trotz Vereinfachung.

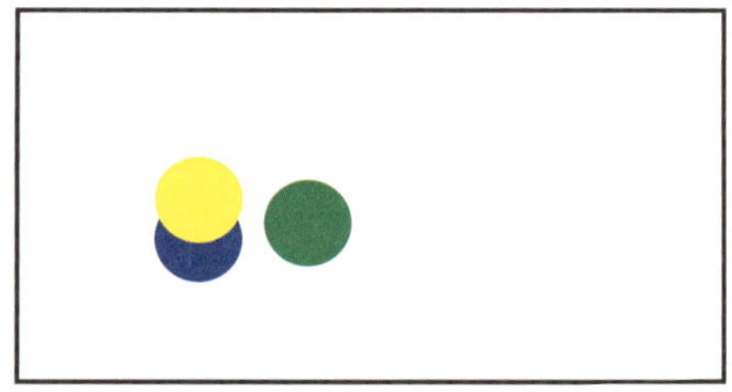

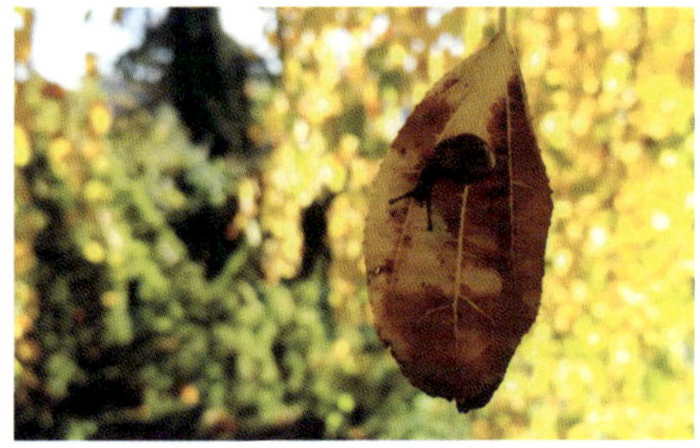

Zwei Primär- und eine nichtpassende Komplementärfarbe:
Erzeugt ein sehr harmonisches, ruhiges Bild (Rot-Violett-Blau / Gelb-Grün-Blau).

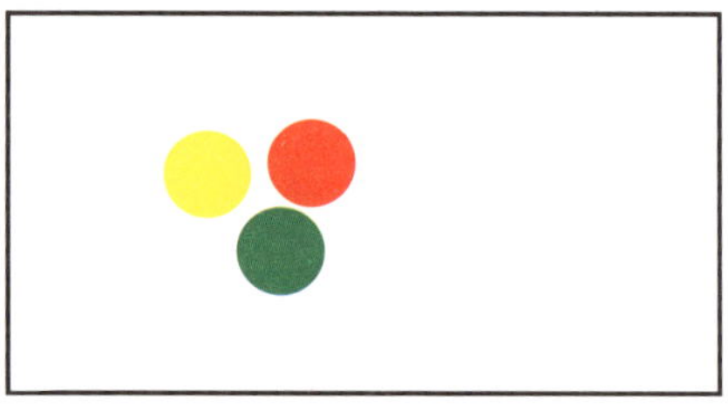

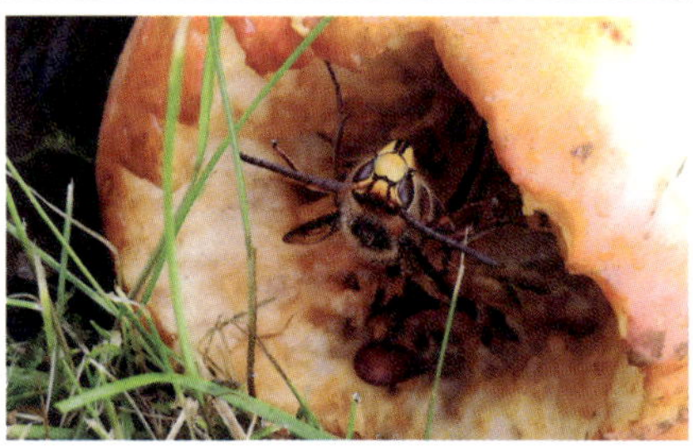

Zwei Primär- und eine dazugehörige Komplementärfarbe:
erzeugt im richtigen Verhältnis eingesetzt sehr viel Spannung. Farbkombinationen: (Rot Gelb Grün /Gelb Violett Orange/ Rot Blau Grün).

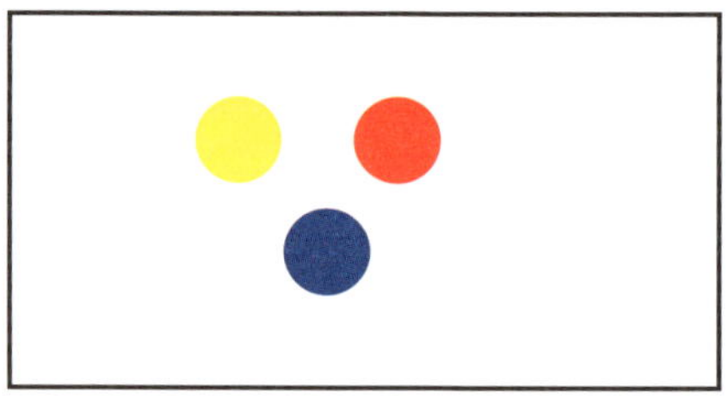

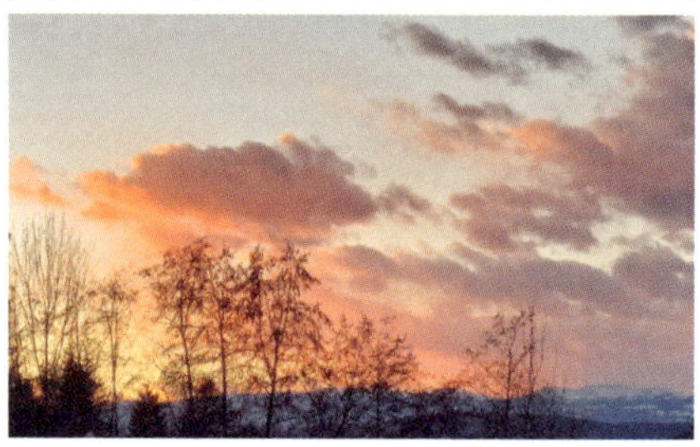

Bilder nur aus Primär- oder Sekundärfarben sind schwer umzusetzen, geben aber eine direkte Aussage, sorgen für viel Widerspruch im Bild. Kann gut für Dynamik verwendet werden.

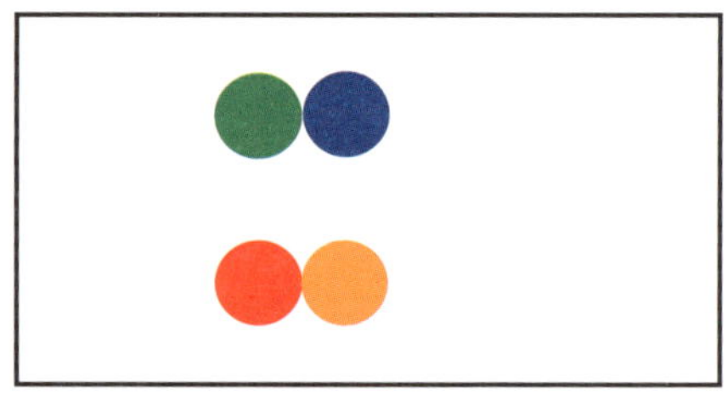

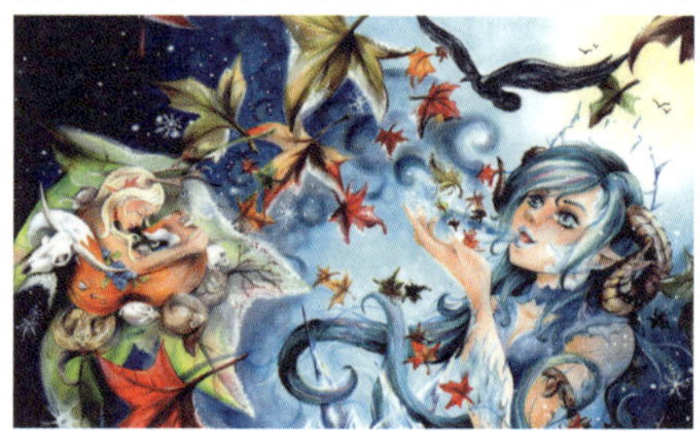

Vier Farben:
zwei gegenteilige Mischfarben gegenüberstellen. Ist sehr gut für Bilder mit Vorder- und Hintergrund geeignet, eine der Farben im Vordergrund die andere im Hintergrund lässt viel Dynamik entstehen.

Farbschema für Bilder erstellen

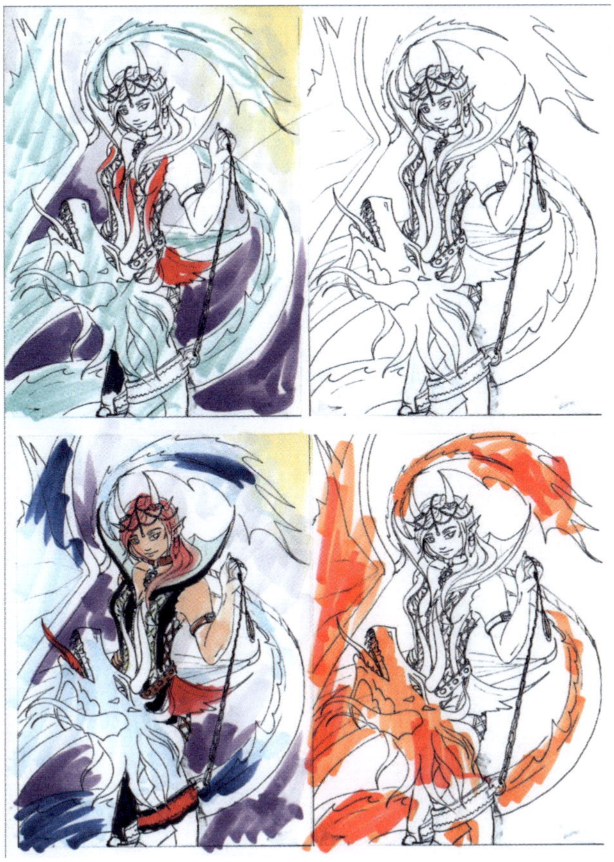

Bekommen Sie nicht gleich beim Zeichnen ein Farbengefühl für Ihr Bild, kann es sehr hilfreich sein, die Skizze einzuscannen und öfter auszudrucken. Jetzt können Sie mit wilden Strichen (mit Markern oder Aquarell) ein Farbenschema erstellen und schauen, welches Ihnen am meisten gefällt. Dabei müssen die Details nicht ausgearbeitet werden, es geht um das große Ganze. Am besten verwenden Sie die mittleren Farbtöne einer Farbe. Manchmal brauchen Sie nur ein Farbenschema, um festzustellen, dass die Farben, die Sie vorgesehen hatten, wirklich zusammenpassen. Manchmal kann die Suche nach der richtigen Farbe auch länger dauern. Beginnen Sie erst mit dem Kolorieren, wenn Sie sich wirklich sicher sind, welche Grundfärbung das Bild haben soll. Nur so können Sie auch die Emotion ausdrücken, die entstehen sollen. Durch das Ausdrucken können Sie experimentieren.

Nach dem Buch

Jetzt haben Sie also das Buch gelesen und hoffentlich auch viele Übungen gemacht. Wie geht es jetzt weiter? Ganz einfach, Sie sollten weiterüben! Nur mit viel Übung werden Sie mit der Zeit die Perspektive verstehen. Also geben Sie nicht auf und machen Sie weiter. Am schönsten wäre es natürlich, wenn Sie sich einen festen Termin eintragen, an dem Sie immer wieder eine perspektivische Übung machen. Wenn es Ihnen möglich ist, dann üben Sie einmal wöchentlich, so werden Sie die schnellsten Ergebnisse erzielen.

Setzen sie sich in ein Café oder in einen Raum, schauen Sie sich um und überlegen jedes Mal, wo jetzt der Horizont ist und was genau Sie sehen. Wie würden Sie die Szene zeichnen? Schulen Sie Ihre Augen. Auch mit Fotos können Sie wunderbar üben und sogar zur Not das Lineal anlegen, falls Sie etwas Unterstützung benötigen.

Schauen Sie sich auch an, welche Komposition ein Foto hat. Welches Farbenschema fasziniert Sie? Wann gefällt Ihnen ein Bild und wann nicht?
Es geht beim Zeichnen nicht nur um die Hand, sondern auch um das Sehen! Viel Erfolg!

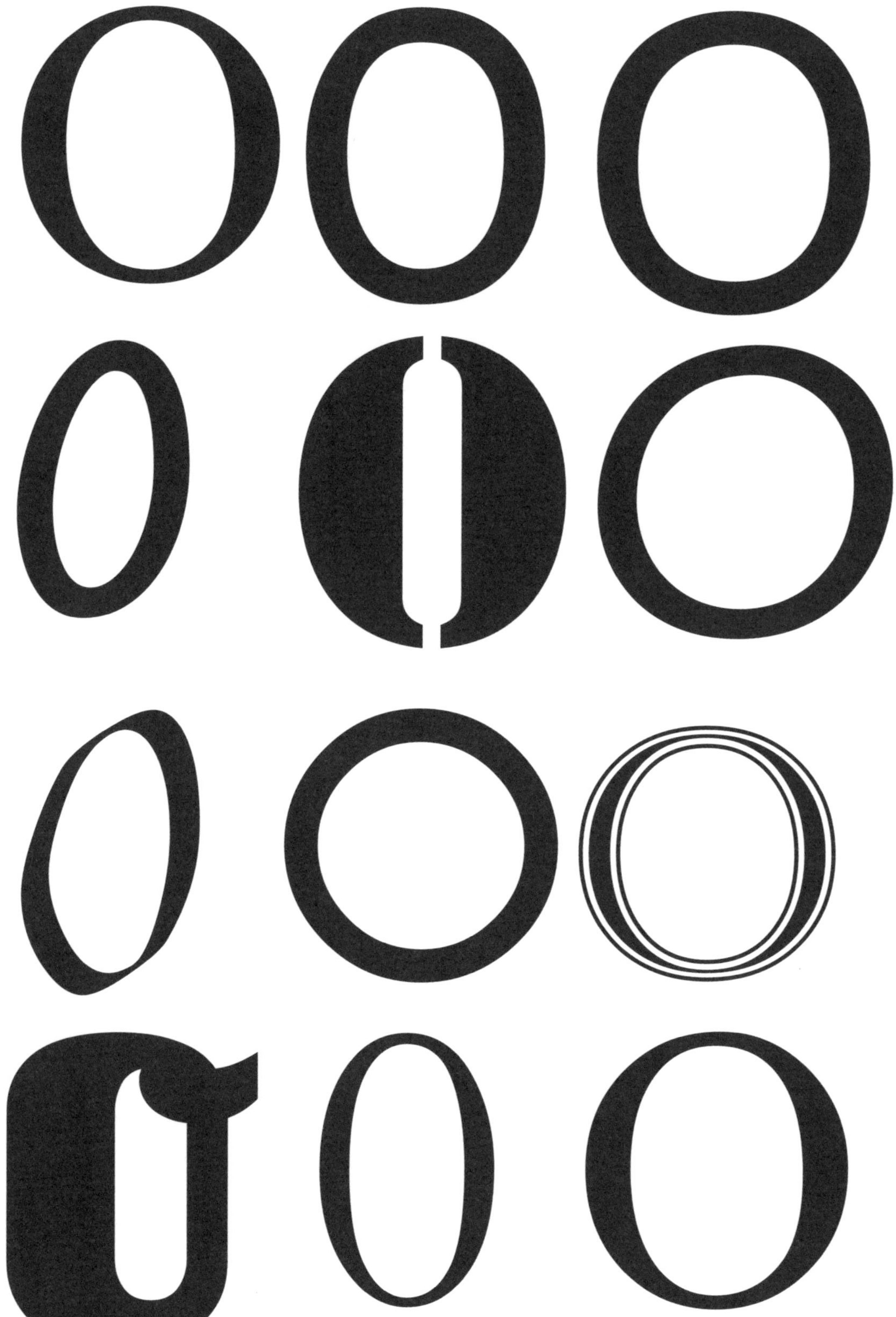

KREATIVITÄT FÖRDERN

Kreativität kann mit Übungen leicht gefördert werden, damit man leichter auf sie zugreifen kann. Hier ein paar Ideen, wie man sie fördern kann.

1. Schaffen Sie Zeit für Ihre Kreativität. Kreativzeit, in der Sie nichts anderes machen, als Ihrem inneren Flow zu folgen.
2. Sollten Sie zu lange an einer Zeichnung arbeiten, begrenzen Sie die Zeit. Setzen Sie sich einen Timer mit 5 Minuten und produzieren Sie alle 5 Minuten eine neue Idee.
3. Versuchen Sie die 25 Kreise/Ovale/Rechtecke-Übung.. Zeichnen Sie 25 identische Formen auf ein Blatt, gerne mithilfe einer Schablone. Dann füllen Sie in 5 Minuten so viele Formen aus, wie möglich. Zur Erhöhung des Schwierigkeitsgrades können Sie auch 25 unterschiedliche Bügeleisen usw. zeichnen.
4. Ideenübung: Lassen Sie sich jeden Tag 6 neue Ideen einfallen und zeichnen Sie diese ohne Wenn und Aber in Ihr Ideen-Heft.
5. Zeichnen Sie jeden Tag die gleiche Sache neu. Etwa immer einen neuen Toster.
6. Kreieren Sie etwas mit so wenigen Linien wie möglich.
7. Suchen Sie Kindergartenzeichnungen online und entwickeln Sie daraus etwas Neues.
8. Machen Sie eine Liste fantastischer Fähigkeiten und zeichnen Sie ein Monster dazu.
9. Suchen Sie sich ein Gemälde und zeichnen Sie es auf Ihre Art, oder zeichnen Sie ein Tier oder ein Monster im Stil des Gemäldes.
10. Nehmen Sie zwei Dinge und fügen sie zusammen. Zum Beispiel zwei Tiere oder ein Tier und der Wäscheständer oder die letzten beiden Bilder auf Ihrem Handy.
11. Wie würde der Gegenstand vor Ihnen als Monster oder Tier aussehen?
12. Kopieren Sie das Blatt auf der Nebenseite. Schneiden Sie diese Os aus und setzen Sie diese zu Logos zusammen. Eines nur mit einem O, eines mit mehreren Os, auch Tiere lassen sich damit darstellen.
13. Zeichnen Sie das, was Sie jetzt gerade sehen, mit nur einer durchgehenden Linie. Setzen Sie den Stift nicht ab.
14. Stellen Sie einen Spiegel neben Ihr Blatt und schauen Sie nur in diesen zum Zeichnen.
15. Zeichnen Sie sich als Comicfigur, als MiniMe oder als Karikatur.
16. Urban-Sketching-Übung: Gehen Sie raus auf die Straße und skizzieren Sie, was Sie sehen.
17. Erfinden Sie ein Piktogramm für das, was vor Ihnen steht, für ein Monster oder eine Marke. Zum Beispiel: Achtung, Monster gräbt sich von unten vorbei! Oder: Achtung, fliegende Bücher kreuzen!
18. Schließen Sie Ihre Augen und zeichnen Sie einen durchgehend gekritzelten Strich auf das Papier, auch die Ecken einbeziehen. Nun öffnen Sie die Augen und versuchen zu sehen, was Sie daraus zeichnen könnten. Nun zeichnen Sie darüber.

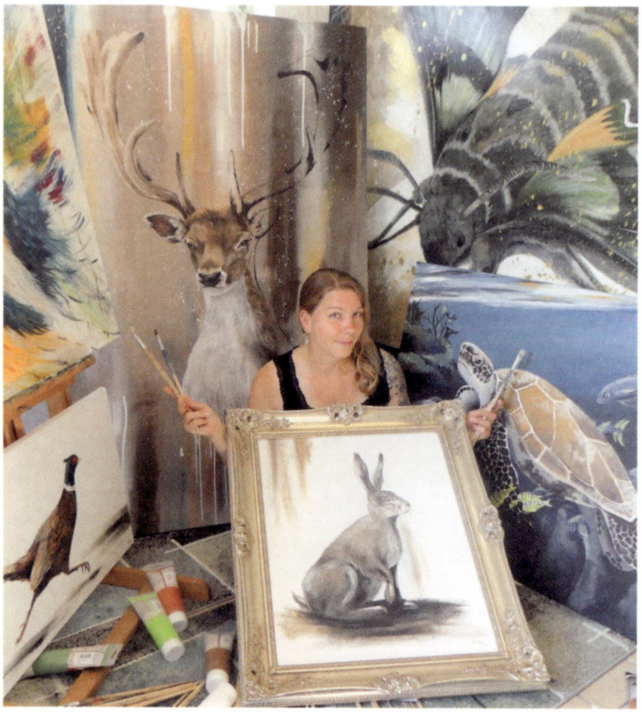

Mein Name ist Elisabeth Poniz, ich wurde 1983 in Wien geboren und in der Manga- und Fantasy-Szene bin ich auch als »Dark Lizzy« bekannt. Dieser Name entstand 2006. Damals passte der Name wunderbar zu meinen Lieblingsthemen, die meist in der Mystik liegen. Mittlerweile ist er zwar nicht mehr ganz passend, aber dennoch gehört er zu mir. So finden Sie mich online unter Darklizzy genauso wie unter Liz Poniz.

Meine Interessen sind sehr weitläufig, weswegen ich in der Kursszene ein sogenannter Allrounder bin. Allerdings muss ich auch alles zeichnen können, da ich eine Geschichtenerzählerin bin und in meinen Werken immer eine Geschichte verpacke. Ich habe mit 14 Jahren begonnen zu zeichnen und seit dieser Zeit lässt es mich nicht mehr los. Ursprünglich habe ich eine Ausbildung als Schneiderin gemacht. Nach vielen Weiterbildungskursen in der Malerei und meiner Grafiker-Ausbildung sowie einer zweijährigen Ausbildung als Bildhauerin machte ich mich 2015 selbstständig als Künstlerin und Kursleiterin. Seitdem durfte ich nicht nur an vielen tollen Projekten arbeiten, sondern auch 2017 mein erstes Zeichenlernbuch herausbringen: *Copic Marker – das große Buch für Manga und Illustration* über den Stiebner Verlag. 2020 erschien dann mein zweites Zeichenlernbuch: *Manga »Der Zeichenkurs« Figuren zeichnen und kolorieren.* Jetzt halten Sie gerade mein drittes Buch in Händen. Das Besondere an diesen Büchern ist die viele Erfahrung, die hineingeflossen ist durch die Fragen meiner Kursteilnehmer:innen bei den Manga- und Perspektivekursen.

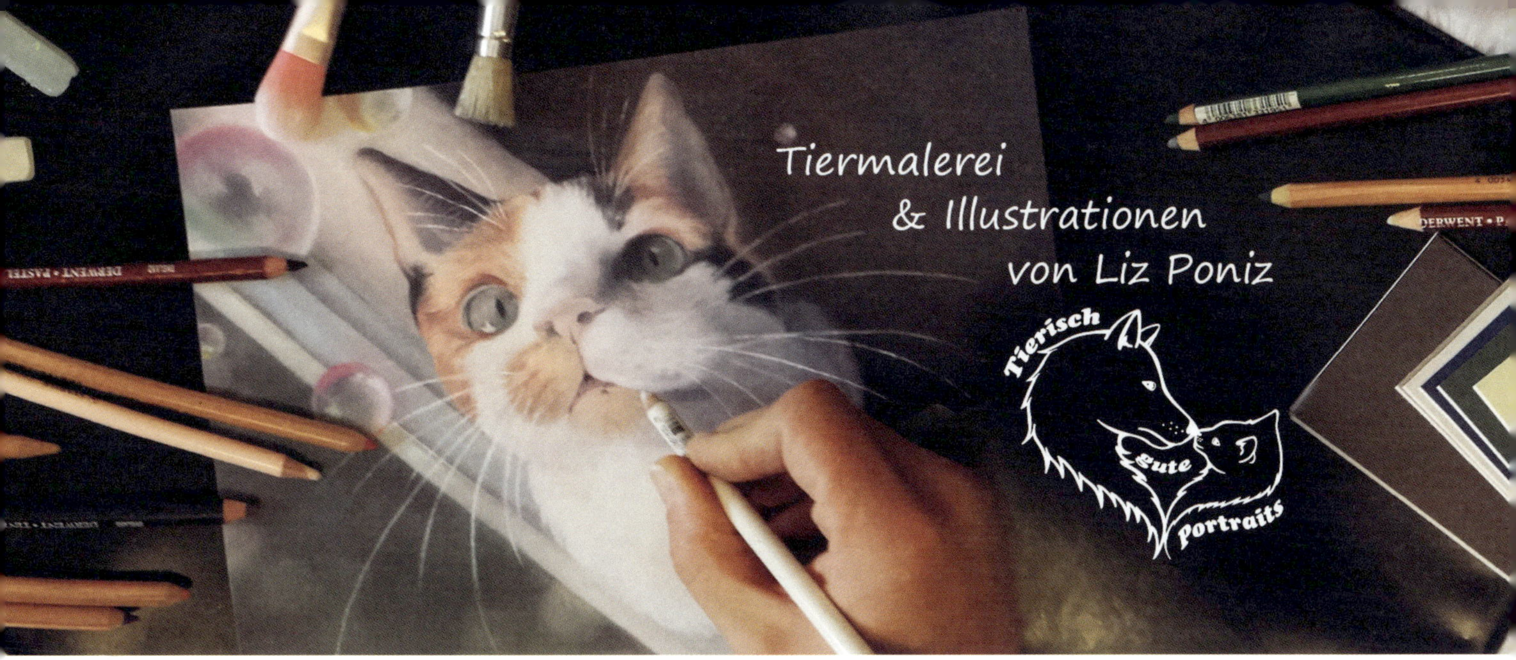

Webseite: www.lizponiz.at

Facebook: www.facebook.com/LizPoniz

Instagram: lizponiz

YouTube: Liz Poniz

Wenn Ihnen mein Buch gefallen hat, hier meine anderen beiden Bücher:

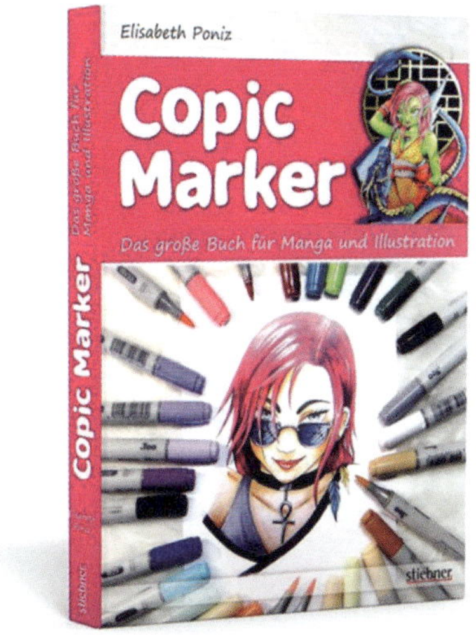

Copic Marker: Das große Buch für Manga und Illustrationen von Elisabeth Poniz
Stiebner Verlag
ISBN-13: 978-3-8307-1442-2

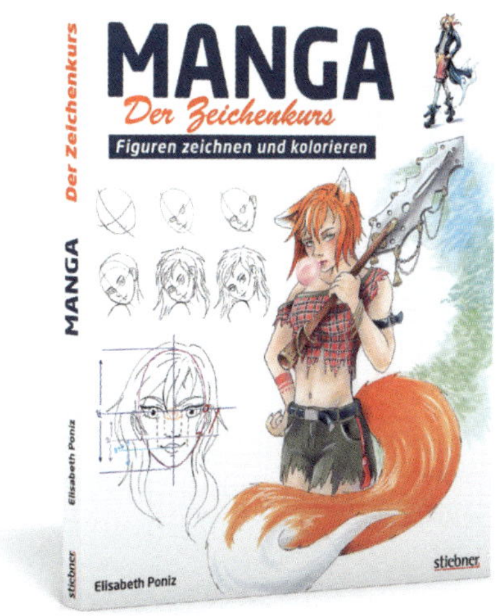

Manga »Der Zeichenkurs« Figuren zeichnen und kolorieren von Elisabeth Poniz
Stiebner Verlag
ISBN-13: 978-3-8307-1453-8

Liebe Leser:innen,
wir freuen uns, dass wir Sie mit diesem Buch inspirieren und Teil Ihrer kreativen Reise sein dürfen.
Noch mehr Inspiration, originelle Ideen und besondere Themen finden Sie auf unserer Verlagsseite www.stiebner.com.

Lassen Sie uns zusammen kreativ werden!
Wir sind immer offen für Ihre Anregungen, Wünsche und Kritik – schreiben Sie uns gerne unter verlag@stiebner.com.
Da geteilte Freude bekanntlich doppelte Freude ist: Zeigen Sie uns Ihre kreativen Ideen und fertigen Projekte auf Social Media! Markieren Sie uns mit @stiebnerverlag oder nutzen Sie die folgenden Hashtags:
#StiebnerVerlag #StiebnerKreativ #PerspektiveZeichnen

Text, Fotografie & Illustration: Elisabeth Poniz
Cover: Danai Afrati
Layout: Elisabeth Poniz
Projektleitung und Lektorat: Stefanie Klapetek
Satz: Stiebner Verlag GmbH
Gedruckt bei Polygraf print, Slowakei

ISBN 978-3-8307-1459-0

Bibliografische Information der Deutschen Nationalbibliothek:
Die Deutsche Nationalbibliothek verzeichnet diese Publikation in der Deutschen Nationalbibliografie; detaillierte bibliografische Daten sind im Internet über http://dnb.dnb.de abrufbar.

Wir produzieren unsere Bücher mit großer Sorgfalt und Genauigkeit. Trotzdem lässt es sich nicht ausschließen, dass uns in Einzelfällen Fehler passieren. Auf unserer Webseite finden sich bei dem jeweiligen Titel eventuelle Korrekturen (Errata). Sollten Sie in diesem Buch einen Fehler finden, so bitten wir um einen Hinweis an verlag@stiebner.com. Für solche Hinweise sind wir sehr dankbar, denn sie helfen uns, besser zu werden.
www.stiebner.com